# 交通経済の
# エッセンス

THE ESSENCE OF
TRANSPORT ECONOMICS

著・田邉勝巳

有斐閣ストゥディア

# はしがき

　おそらくこのテキストを書店で手に取られた皆さんは，交通経済学の授業を履修していて期末テストが近い，あるいは，卒論やレポートで交通を題材に書く必要がある大学生の方，単純に交通（鉄道・飛行機・自動車）が好きな方，生活に身近な交通問題を考えるヒントにしたいと考える社会人の方もいるでしょう。もしかしたら，交通関係の企業にお勤めの方，国や地方自治体で交通政策に携わっている方もいるかもしれません。

　「交通経済学を専門にしています」というと，「そんなマニアックな分野があるのですか，何を研究されているのですか」と聞かれることも少なくありません。交通経済学は，決して趣味の学問ではなく，人と物の移動とそれに関連する幅広い経済現象を分析する応用経済学の一分野です。日本ではビジネスに深く関係する科目として商学部や経営学部に多く設置されてきました。

　国土交通省の資料によれば運輸産業は日本のGDPの7%を超える主要産業の1つです。産業としての重要性に加えて，満員電車や道路渋滞，交通に起因する騒音や環境問題，自動車の税金の高さや列車の遅延の問題，買い物難民や公共交通の撤退，バリアフリーなど，私たちが日々暮らす中でも目にすることの多い社会問題の1つに交通が大きく関わっています。また企業間取引が多いことから馴染みの薄い物流も，社会を陰ながら支える重要なインフラとして不可欠な役割を担っています。海外旅行者急増で話題の観光産業も，交通と密接な関係を持っています。

　このテキストは，交通市場（産業）を経済学で分析するための入門書になります。難易度からいえば，ミクロ経済学を履修した大学2年生以上を対象としており，皆さんに語りかけるような文体で書かれています。分析のアプローチは経済学です。経済学は数式ばかり使っていて難しいと敬遠されがちですが，極力，わかりやすく，読んでいて楽しくなるように心がけて書きました。交通を経済学で分析することが面白いと思われた方は，より高度な内容のテキストが有斐閣から刊行されていますので，次のステップに進んでください（巻末に参考文献を掲載しています）。本書で取り上げた内容は，交通経済全体のほんの

一部（エッセンス）にすぎません。

　交通分野は非常に身近な題材で，新聞記事で何らかの話題を見かけない日がないほどです。そこで，このテキストでは章の最初に新聞の関連記事を要約しています。新聞は生きた情報を手に入れられますが，その経済現象の背後に潜むメカニズムを読み解くには，専門的な知識と考え方が必要です。とくに交通は身近であるゆえに，自己流の偏ったものの見方に固執してしまう危険性があります。章冒頭の新聞記事の要約の直後に3つの問いかけがあります。まずは，本文を読まずにじっくり考えて，自分なりの答えをノートに書き出してみましょう。各章末にある練習問題は，その章の理解度を確認するよいトレーニングです。答えは有斐閣のウェブサポートページに掲載されていますので，あわせて利用していただくとよいと思います。

　経済学アプローチを用いて交通を議論することは，筆者の恩師である慶應義塾大学名誉教授の故藤井弥太郎先生から学んだことが基礎になっています。このテキストの半分は，筆者が学生時代に習った藤井先生の「交通論ノート」がもとになっています。これに加えて，よい意味で正反対の中条潮先生の授業で学んだことや考え方も織り込まれています。また，運輸政策研究所（現運輸総合研究所）の研究員時代にお世話になった土木計画学の大家である中村英夫先生，森地茂先生から学んだ視点も反映されています。また藤井ゼミのOBである山内弘隆先生，寺田一薫先生，太田和博先生，急逝された故伊藤規子先生をはじめとする多くの先生方から学んだことがちりばめられています。お礼を申し上げたい先生はあまたいらっしゃるのですが，紙幅の関係で省略させていただきます。これらを踏まえて，慶應義塾大学商学部，中央大学経済学部，東京海洋大学で講義した内容がこのテキストのベースとなり，筆者なりの交通経済学の入門書になったのではないかと思います。このテキストが「よりよい交通」実現の一助となれたのなら，筆者として望外の喜びです。

　本書は，筆者が留学に行く直前の2013年末から始まりました。元高崎経済大学准教授の味水佑毅先生には，企画当初の段階から，テキストの構成案やコンセプトについて貴重なご意見をいただきました。ここに記して感謝いたします。本書の特徴である，交通をインフラと市場に分けるアイディアや新聞記事をふんだんに使うスタイルは，味水先生との意見交換に基づく成果です。

有斐閣の担当編集者である柴田守，渡部一樹の両氏には，執筆に時間がかかり，通常のテキスト以上のご負担をおかけいたしました。本当にありがとうございました。とくに渡部氏の温かい励ましがなければ，とうてい脱稿することは不可能でした。重ねて深く御礼申し上げます。

　最後に，妻の元美，長女の結衣には，本書を執筆する時間と活力をもらいました。ここに記して感謝します。

　　2017 年 11 月

　　　　　　　　　　　　　　　　　　　　　　　　　　　　　田邉　勝巳

---

**ウェブサポートページ**

各章末に収録されている練習問題の解答例やヒントを掲載しています。
http://www.yuhikaku.co.jp/static/studia_ws/index.html

# 著者紹介

田邉 勝巳（たなべ かつみ）
　現職：慶應義塾大学商学部教授
　略歴：1995 年，慶應義塾大学商学部卒業，99 年，慶應義塾大学大学院商学研究科修士課程修了，2003 年，慶應義塾大学大学院商学研究科博士課程学位取得退学，06 年，博士（商学）号取得。株式会社大和総研，財団法人運輸政策研究所研究員，千葉経済大学経済学部専任講師，慶應義塾大学商学部専任講師・准教授，コロンビア大学ビジネススクール日本経済経営研究所客員研究員を経て，現職。
　専攻：交通経済学，公益事業論，産業組織論
　主な著作：
　　・「一般道路整備における補助金配分と財源構成の決定要因」（共著）『高速道路と自動車』57 巻 7 号，2014 年
　　・「我が国の自動車関係諸税の税体系に関する一考察――走行燃費と自動車保有率を考慮したガソリン消費モデル」『交通学研究（2013 年研究年報）』2014 年
　　・「総収入制約を付与したプライスキャップ規制の社会厚生上の含意――KTO モデルの開発と価格規制政策への示唆」（共著）『交通学研究（2010 年研究年報）』2011 年
　　・「道路交通法改正の経済効果――民間委託導入による路上駐車の削減と最適な駐車政策」『交通学研究（2008 年研究年報）』2009 年
　　・「路上駐車を含む平日の駐車需要分析」『公益事業研究』60 巻 2 号，2008 年
　読者へのメッセージ：
　　この教科書は，交通経済学の入門書です。理解できないと楽しくならないので，可能な限りわかりやすく説明することを心がけて執筆しました。とはいえ，とくに経済学アプローチを用いた内容は一読しただけでは，何となくわかった気持ちになって，完全に理解していないのが普通です。心配しないでください。何度も読んで，練習問題をこなして，現実問題と照らし合わせながら，ゆっくり着実に理解していけば大丈夫です。

# 目　　次

はしがき ……………………………………………………… i
著者紹介 ……………………………………………………… iv

## 第1部　交通経済の基礎

### CHAPTER 1　交通とは何か？　　　　　　　　　　　　　　　2
　　　　　　　　　　　　　　　　　　　　生活と経済を支える交通

**1** 生活と経済を支える交通──イントロダクション ………… 3
　　旅客交通（3）　　観光（4）　　物流（4）　　交通の諸問題（5）

**2** 旅客交通 ……………………………………………………… 6
　　交通全体の動き（6）　　都市内交通（7）　　都市間交通（9）
　　国際旅客交通（10）

**3** 物　流 ………………………………………………………… 13
　　国内物流（13）　　国内物流の輸送機関別シェアの国際比較
　　（14）　　国際物流（15）

**4** 交通経済のエッセンス──このテキストの構成 ………… 16
　　運搬具と通路（16）　　本書の構成（17）

　　| Column ❶-1　新しい都市内交通──ウーバー　　5
　　|　　　　❶-2　これからの成長産業──観光　　12

### CHAPTER 2　交通サービスの特徴と交通需要　　　　　　　19

**1** 交通の特徴 …………………………………………………… 20
　　派生需要（20）　　即地財・即時財（21）　　需要の波動性
　　（21）　　自給可能性（22）

## 2　交通手段の選択と犠牲量モデル …………… 23
機会費用と時間価値（23）　犠牲量モデル（24）　交通手段の選択要因（26）

## 3　交通需要予測 ………………………………… 28
四段階推定法（28）　発生・集中交通量（28）　分布交通量（29）　分担交通量（31）　配分交通量（32）

## 4　交通需要予測の利用と課題 ………………… 32
需要予測とトレードオフ（32）　交通需要予測の困難性（33）

> Column ❷-1　運賃と料金と価格　27

---

# CHAPTER 3　交通の供給と費用　　36
市場から見た交通

## 1　需要と供給の基礎 …………………………… 37
需要と供給（37）　需要と供給のグラフと市場均衡（38）　余剰（39）　高すぎる運賃とは？（40）

## 2　交通サービスの特徴(1)──規模の経済 …… 42
固定要素が大きな交通サービス（42）　規模の経済（42）　規模の経済の程度（44）　規模の経済の影響（45）　固定費用を可変費用に変える交通事業者（45）　密度の経済（46）

## 3　交通サービスの特徴(2)──範囲の経済と自然独占 ……… 47
範囲の経済（47）　複数のサービスを生産する場合の自然独占（49）

## 4　交通サービスの供給の問題点 ……………… 49
交通サービス市場の実際（49）　独占事業者の行動（50）　独占市場がもたらす問題（52）

> Column ❸-1　実証分析における資本費　46
> 　　　　❸-2　並行在来線は切り離すべきか？　48

# 第2部 交通インフラ

## CHAPTER 4 交通インフラの特徴　56

### 1 社会資本とその特性　57
社会資本とは？（57）　道路（58）　港湾（59）　空港（59）

### 2 交通インフラ整備の評価手法　61
フロー効果とストック効果（61）　発生ベースと帰着ベース（62）　産業連関分析（63）　応用一般均衡モデル（64）

### 3 公的部門のインフラ整備　65
公共財とは？（65）　フリーライダー問題（66）　道路は公共財か？（67）

### 4 交通インフラの供給量と費用負担　68
公共財の最適な供給量（68）　応能原則と応益原則（69）　特定財源と目的税（69）　最適な税率と投資額（70）

### 5 現役世代と将来世代の負担　73
公債の役割（73）　償還制度と時間的内部補助（74）

Column ❹-1　二重課税の問題　70
　　　　❹-2　ガソリン税から走行距離課金へ　74

## CHAPTER 5 交通インフラの評価と費用便益分析　76

### 1 費用便益分析の理論的背景　77
費用便益分析とは？（77）　パレート最適（77）　補償原理（78）

### 2 交通インフラの便益と費用の計測　79
分析の手順（79）　利用者便益の計測（79）　時間価値（80）　人命の金銭評価（81）　仮想評価法（82）　オプション価値と存在価値（83）

## 3 波及効果 ……………………………………………………… 84
波及効果をどう考えるか？（**84**）　波及先の価格が変化する場合（**85**）　市場に歪みがある場合（**86**）

## 4 投資の優先順位 ………………………………………………… 87
割引率の設定（**87**）　純現在価値法（**88**）　費用便益比率（**88**）　内部収益率法（**89**）

## 5 費用便益分析の注意点と課題 ………………………………… 90
何と何を比較するか？（**90**）　公的資金の限界費用（**91**）　実務上の問題（**92**）

> Column ❺-1　用地買収と強制収用　78
> 　　　　❺-2　費用便益分析の具体例　92

# CHAPTER 6　交通インフラの財源と運営　95

## 1 交通インフラの財源システム ………………………………… 96
交通インフラ整備の経済主体（**96**）　国のインフラ整備の財源（**97**）　地方のインフラ整備の財源（**98**）　国と地方公共団体の役割（**99**）

## 2 政府間補助と交通インフラ整備 ……………………………… 100
スピルオーバー（**100**）　国庫支出金の働き（**102**）　国庫支出金の問題（**103**）

## 3 地方公共財としての交通インフラ …………………………… 104
地方公共財（**104**）　クラブ財の最適な供給（**105**）　地方公共団体同士の競争（**106**）

## 4 交通インフラと地価 …………………………………………… 107
新線開業と地価（**107**）　便益帰着表（**107**）　開発利益の還元（**108**）　集積の経済（**109**）

## 5 交通インフラ整備・運営の改革 ……………………………… 110
公企業と第三セクター（**110**）　公設民営（**110**）　PFI と PPP（**111**）　バリュー・フォー・マネー（**112**）　リスク分担（**114**）　コンセッションと指定管理者制度（**114**）　民間企業の交通インフラ整備と補助（**115**）

# 第3部 交通サービス

## CHAPTER 7 交通サービスの規制と競争政策　118

### 1 経済的規制と社会的規制　119
交通サービスの規制の枠組み（119）　公的規制の分類（119）

### 2 経済的規制　121
運賃規制（121）　需給調整規制（121）　数量規制（122）　参入・退出規制（123）　過剰参入（125）　参入規制の問題（126）

### 3 社会的規制と間接規制　128
社会的規制を行う理由——情報の非対称性と外部性（128）　安全規制（128）　社会的規制の方法（130）　社会的規制の課題（131）　間接規制（132）

### 4 公的供給　133
公的供給とその種類（133）　公企業の問題（134）　第三セクター（135）

> Column ❼-1　退出規制　127
> ❼-2　シートベルトの相殺効果　130
> ❼-3　無駄な規制　132

## CHAPTER 8 交通サービスの運賃規制　137

### 1 運賃規制　138
限界費用価格規制（138）　限界費用価格規制の問題（139）　平均費用価格規制（139）

### 2 総括原価方式　140
総括原価方式の考え方（140）　適正利潤の決め方（141）　上限認可制（142）　総括原価方式の問題点（142）

### 3 インセンティブ規制　143

インセンティブ規制とは？（143）　ヤードスティック規制（144）　プライス・キャップ規制（145）　成果基準規制（148）

## 4 フランチャイズ入札 ……………………………………… 149
独占権をめぐる競争（149）　フランチャイズ入札の問題点（150）

> Column ❽-1　乗合バス事業の運賃規制　144
> 　　　　❽-2　経営の厳しい乗合バス事業　147
> 　　　　❽-3　搭乗率保証　150

# CHAPTER 9　交通サービスの料金体系　152

## 1 料金体系とその分類 ……………………………………… 153

## 2 二部料金 ………………………………………………… 156
二部料金のメリット（156）　二部料金の問題（157）　選択的二部料金と逓減料金（158）

## 3 グループ別価格差別 ……………………………………… 159
3つの価格差別（159）　価格差別の成功の条件（160）　独占的価格差別（161）

## 4 ラムゼイ価格 ……………………………………………… 162
最善の価格と次善の価格（162）　ラムゼイ価格の問題（163）

## 5 ピーク・ロード・プライシング ………………………… 165
ピーク・ロード・プライシングの仕組み（165）　ピーク・ロード・プライシングの問題（166）

> Column ❾-1　タクシーの初乗り料金変更　156
> 　　　　❾-2　航空券の価格差別　160
> 　　　　❾-3　プライス・キャップ規制とラムゼイ価格　164
> 　　　　❾-4　ワシントンDCの地下鉄のピーク・ロード・プライシング　166
> 　　　　❾-5　二面性市場　167

## CHAPTER 10 交通サービスの課税と補助　　169

### 1 交通の外部性 …………………………………… 170
外部性（170）　道路混雑（171）　道路混雑の経済的損失（171）　道路混雑と外部不経済（172）

### 2 混 雑 料 金 …………………………………… 174
外部不経済の内部化（174）　ピーク・ロード・プライシングとの違い（176）　混雑料金の実施例（176）　交通量減少のメカニズム（177）　次善の混雑料金（177）　混雑料金の問題（178）

### 3 その他の混雑対策 …………………………… 179
混雑道路への道路投資（179）　道路投資が与える公共交通への影響（180）　道路への流量調整（181）　流量調整の効果（181）　駐車政策（183）　公共交通との連携と補助（184）

### 4 外 部 補 助 …………………………………… 185
外部補助を行う理由（185）　外部補助の問題（186）

> Column ⑩-1　空港と鉄道の混雑　　183

## 第4部　交通経済の展開

## CHAPTER 11 規制緩和と残された課題　　190

### 1 規制緩和の背景と経緯 ……………………… 191
コンテスタビリティ理論（191）　規制緩和の背景（193）　規制緩和の歴史（194）

### 2 規制緩和の経済効果 ………………………… 196
需給調整規制の緩和（196）　運賃・料金規制の緩和（197）　規制緩和の経済効果（198）

3 寡占市場における競争政策 ……………………………… 199
　寡占市場（199）　独占禁止法と競争政策（200）　生産性の向上（202）

4 その後の規制改革 ………………………………………… 204
　残された課題（204）　日本道路公団の民営化（205）
　タクシーの規制再強化（206）　安全規制の強化（207）
　新しい技術と規制緩和（208）

| Column ⑪-1　国鉄のサービス　195 |
| ⑪-2　略奪的価格　202 |

## CHAPTER 12　人口減少・高齢化社会における地域交通のあり方　210

1 交通不便地域の現状 ……………………………………… 211
　過疎地域での交通（211）　なぜ交通不便地域になったのか？（212）　誰が困っているのか？（213）　移動制約者（214）

2 移動の公平性 ……………………………………………… 215
　効率性と公平性（215）　移動の公平性（215）　都心部の交通不便地域（216）　都市間交通の交通不便地域（216）

3 地域交通の維持策 ………………………………………… 218
　補助金を用いた移動制約者対策（218）　補助金の問題（218）　サービス別補助と現金給付（219）　サービス別補助の利点と問題（220）　コミュニティバス（221）

4 内部補助 …………………………………………………… 222
　社会的内部補助（222）　内部補助テスト（223）　内部補助の問題（225）

| Column ⑫-1　公平性の基準　217 |
| ⑫-2　イギリスのバスサービスの補助金入札　219 |
| ⑫-3　高齢者の移動と割引運賃　227 |
| ⑫-4　給油所過疎地　228 |

## CHAPTER 13 物流（ロジスティックス） 229

### 1 物流の機能 ……………………………………………… 230
物流の具体例（230） 貨物輸送の特徴（230） 物流の機能（231） ロジスティックスとサプライチェーン（232）

### 2 物流の費用 ……………………………………………… 233
荷主から見た物流費（233） サードパーティ・ロジスティックス（234） 物流における費用のトレードオフ（234） 在庫管理（235） 物流の一般化費用（236） 産業別物流費の割合（238）

### 3 交通機関別に見た物流市場 ……………………………… 239
トラック輸送（239） トラック輸送の費用（240） 外航海運（240） 内航海運（242）

### 4 物流政策と物流の問題 …………………………………… 244
日本の物流政策（244） 物流産業における労働力不足（245） 荷主との関係（247）

参 考 文 献 …………………………………………………… 249
索　　　引 …………………………………………………… 252

---

本書のコピー，スキャン，デジタル化等の無断複製は著作権法上での例外を除き禁じられています。本書を代行業者等の第三者に依頼してスキャンやデジタル化することは，たとえ個人や家庭内での利用でも著作権法違反です。

# 第1部
# 交通経済の基礎

PART 1

CHAPTER
1 交通とは何か？
2 交通サービスの特徴と交通需要
3 交通の供給と費用
4
5
6
7
8
9
10
11
12
13

# CHAPTER

## 第 1 章

# 交通とは何か？

## 生活と経済を支える交通

ニューヨークの自転車シェア「シティバイク」（AFP＝時事提供）

## INTRODUCTION

　1章はさまざまな交通サービスの市場とその特徴を学びます。交通は大きく人の移動（旅客）と物の移動（貨物）に分けられます。旅客の移動は日常的な移動と非日常的な移動，すなわち観光に分類されます。さらに移動の距離に応じて，都市内交通，都市間交通，国際交通に分類できます。1章では，さまざまなデータを用いて，主に日本における移動の特徴，とくに利用される交通機関の違いについて学びます。最後に本書の構成を示します。

**新聞記事** 自転車シェア普及足踏み

　コミュニティ・サイクルは，一定のエリアに複数の貸出・返却拠点を設け，利便性を高めた貸自転車システムです。神戸市が2015年に始めた「こうべリンクル」は，電動アシスト自転車70台をそろえ，料金は初乗り1時間100円，以降は30分ごとに100円加算されます。しかし，利用は伸び悩み，採算ラインを下回っています。海外ではサイクルポートや自転車専用道路の整備が進み，コミュニティ・サイクルが都市の新たな公共交通手段として認知されています。

（2016年1月9日付『日本経済新聞』大阪夕刊，19面をもとに作成）

① 日本ではどの交通機関が最も多く利用されているでしょうか。
② 都市内交通と都市間交通の違いは何でしょうか。
③ 通勤・通学の交通と観光交通の違いは何でしょうか。

# 1　生活と経済を支える交通

▶ イントロダクション

## 旅客交通

　交通（transport）とは，人や物，情報などが空間的に移動する現象を指します。私たちが日々暮らしていく中で，知らず知らずのうちに交通サービスを利用していて，生活や経済を支えています。

　大学生の皆さんがアルバイト先や大学に行く場合，都心部に暮らしていれば，自宅から歩いて，もしくはバスに乗って駅まで向かい，電車に乗って目的地の駅まで行くでしょう。通勤・通学といった日常の交通では，ほとんどの場合，都市内移動になります。大半の鉄道サービスは，民間企業が有料でサービスを提供しています。定期券を使う場合もあれば，ICカードで決済する人もいるでしょう。地域によっては，複数の路線の中から最短経路を選択することもできます。駅までの道路や歩道は，政府が税金を使って無料でサービスを提供しています。移動者は目的地で何かの目的（授業を受ける，アルバイトをする）を実現するために，そして早く到着するために，有料の交通サービスを購入します。トリップとは出発地から目的地までの移動のことをいい，営業職の社会人は複数の業務トリップを行いますが，最終的には出発地である自宅に戻ってこ

なければなりません。交通の利便性は長期的には居住地の選択（移住・移民）にもつながります。

## 観　光

一方，週末や夏休みに観光地へ訪れる移動は非日常の交通です。お休みの日に電車に乗ってターミナル駅近くの商業施設で買い物をしたり，食事をしたり，映画やコンサートに行くことで，自宅周辺にはないサービスを享受します。週末は普段使わない自動車で遠出する人も多いでしょう。都心部では自動車を保有する費用が高いため，レンタカーやカーシェアリングを利用して出かける人もいるでしょう。

長期休暇ではもっと遠い目的地が選択肢に入ります。海外旅行に出かけるため，最寄りの空港まで電車やバス，自動車で向かい飛行機に乗って出国します。LCC（ローコスト・キャリア：格安航空会社）の登場は飛行機の利用をぐっと身近にしました。地方から東京に進学した皆さんは夏季休暇中に，実家へ里帰りする人も多いでしょう。こうした私用・帰省も移動の大きな目的になります。また長期間の「観光」は，二地域居住といって，移動と移住の中間的な位置づけになります。

近年，海外からの訪日客（インバウンド）が増えているというニュースを聞いたことがあると思います。観光は立派な産業で，交通以外にも地域の宿泊業や飲食業を潤します。観光庁によれば，2015年の旅行消費額は25.5兆円で，この波及効果は2015年名目GDPの4.9％に相当します。そのうち，87％は日本人の観光ですが，残りの13％が訪日外国人旅行者になります。

## 物　流

生産物を生産者から消費者へ引き渡す物流も私たちの生活や経済を大きく支える，まさに社会のインフラストラクチャー（インフラ）です。皆さんがスーパーやコンビニで新鮮な食料品やお惣菜を購入できるのも，トラック物流が円滑に物を輸送する仕組みがあってこそ成り立ちます。また，実店舗におもむかなくても，パソコンやスマートフォンで買い物をすることができるのは，小売業者から自宅まで商品を安価に迅速に運搬することができるからです。

そもそも天然資源の少ない日本が経済的に豊かになった理由の1つは海外の

> **Column ❶-1　新しい都市内交通──ウーバー**
>
> アメリカで生まれたIT企業のウーバー（Uber）は，スマートフォンのアプリを通じて，乗客と運転手を仲介する（マッチング）サービスを提供しています。これはライドシェアと呼ばれています。利用者は，タクシーの到着時間とおおよその料金などがスマホから確認でき，タクシー料金よりも安い場合が多いことから，急速に利用者数を増やしています。近年，複数の利用者が乗車する相乗り，荷物の輸送の仲介にも乗り出しています。日本でもウーバーはサービスを提供していますが，一部の過疎地域を除き，既存のタクシー事業者の車が配車されるため，ライドシェアとは異なるサービス形態になっています。
>
>
>
> （dpa/ 時事通信フォト提供）

国々との加工貿易であると社会科の授業で習った人も多いでしょう。貿易は物流を伴います。とくにグローバリゼーションの進展に伴い，製造業の国際分業が進み，国家間の物の取引は飛躍的に増えました。円滑かつ安価な国際物流は競争政策上も重要な要素の1つといえます。

### 交通の諸問題

　以上のように，交通は身近な存在であり，経済を陰ながら支える重要な機関であり，そのため新聞紙上を賑わす話題でいっぱいです。反面，さまざまな問題を抱えており，皆さんも不満に思うこともあるでしょう。たとえば，東京都心であれば，通勤ラッシュ時の車内混雑や，遅延の問題，駅構内の混雑，そして長距離通勤・通学などです。道路渋滞や交通事故，騒音は古くて今もなお重要な社会問題です。

　一方，地方では人口減少が進み，年度末のダイヤ改正のたびに，鉄道やバスの便数が減少している地域や，すでに公共交通がなくなってしまい，自動車を利用できない高齢者の方が病院に行けない，あるいは「買い物難民」が発生している地域も少なくありません。これは典型的な過疎と過密の問題です。

交通分野ではイノベーションも進んでいます。ライドシェアはスマートフォンから簡単に車を呼び寄せて移動することができます（Column❶-1 参照）。しかし，ウーバーは既存のタクシー業界との摩擦という新しい問題を生み出しました。また，自動車の自動運転は，最近問題になっているトラック運転手不足の問題を解決する可能性を秘めています。ハイテクでなくとも，冒頭の新聞記事で取り上げたようなコミュニティ・サイクルは自動車を使わないエコな都市空間の創造に一役買う可能性があります。

　より深く交通の特徴を理解するため，2節以降は，人と物の動きについてデータに基づいて全体像を概観します。2節では人の動きである旅客交通を都市内・都市間・国際・観光の4つの視点で分析します。3節では物の動きである貨物交通を国内・国際の2つの視点で分析します。以上を踏まえて，4節では本書の構成について紹介します。

#  旅客交通

## 交通全体の動き

　人の移動量を示す指標として，**旅客数**と**旅客人キロ**がよく用いられます。図1.1は日本の輸送機関別のシェアの推移を示したグラフです。単位は輸送人員です。つまり，電車で1駅乗っても，札幌から沖縄に飛行機で移動しても輸送人員は1名となります。鉄道や飛行機は，基本的に有償で旅客を運ぶことから，全数のデータとなっています。この中には徒歩や自転車は含まれていませんが，自家用車は含まれています。自動車はサンプル調査による推測値になっています。ただし，2010年に自家用乗用車，軽自動車が調査から除外されたため，これ以降，データの連続性はありません。図1.1より，自動車のシェアが増え続け，近年は鉄道と自動車が1：3の割合で変化がないことが読み取れます。2009年度，国内航空（定期便のみ）は約8400万人の利用者を運びましたが，全体の輸送人員は約900億人で，シェアは0.1％程度です。これは，およそ1日につき1人あたり1.9回移動している計算になります。

　図1.2は輸送機関別の人キロ・シェアを時系列で示したものです。旅客人キロは旅客人員に平均移動距離を乗じた，もう1つの人の移動量を示す指標です。

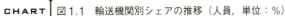

図1.1 輸送機関別シェアの推移(人員,単位:%)

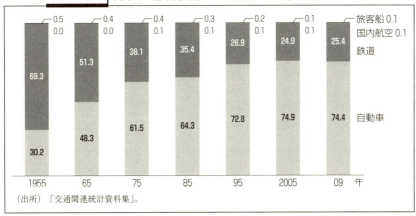

(出所)「交通関連統計資料集」。

図1.2 輸送機関別シェアの推移(人キロ,単位:%)

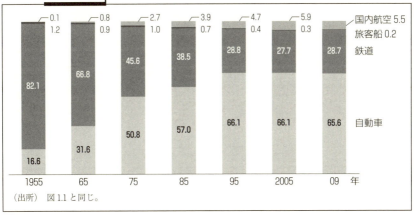

(出所) 図1.1と同じ。

図1.1と図1.2を比べると,自動車のシェアが減り,鉄道のシェアが若干増え,国内航空のシェアが大きく増えていることがわかります。これは1旅客あたりの平均移動距離が,2009年度で平均15.3 km,鉄道13.5 km,自動車17.3 km,旅客船33.3 km,国内航空896.6 kmとなっているためです。なお,平均移動距離は近年減少傾向にあります。

## 都市内交通

次に都市内交通の人の動きを見ていきましょう。先ほどのデータは,都市内の動き,すなわち通勤や通学といった日常の移動と,都市間の動き,すなわち

**CHART** 表 1.1 「パーソントリップ調査」の主な調査項目

| 誰が | 住所，性別，年齢，職業，産業など |
|---|---|
| いつ | 出発時刻 |
| どこから | 出発時の住所，施設の種類 |
| どこへ | 到着地の住所，施設の種類 |
| 何の目的で | 目的の種類（通勤，通学，買い物）など |
| どのような手段で | 交通機関の種類（鉄道，バス，自動車など），同行者数など |
| 何分かかって | 到着時刻，手段ごとの所要時間，乗換地点など |

（出所）甲府都市圏総合都市交通体系調査より筆者作成。

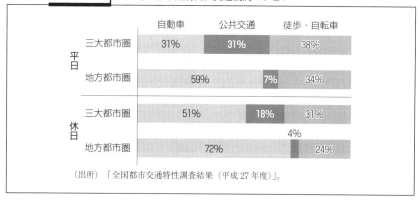

**CHART** 図 1.3 都市圏別代表交通機関のシェア

（出所）「全国都市交通特性調査結果（平成 27 年度）」。

旅行や帰省といった非日常の移動の両者が含まれます。また，同じ都市内の移動でも，都心部や郊外部ではまったく異なります。ここでは，都市内交通の現状について学びます。

都市内交通の人や物の動きを調査するものとして，**パーソントリップ調査**があります。表 1.1 は人（person）の移動を調査するパーソントリップ調査の主な調査項目を示しています。

図 1.3 は「全国都市交通特性調査」の世帯における三大都市圏・地方都市圏別，平日・休日別の代表交通機関のシェアを示しています。「交通全体の動き」と異なるのは，二輪車や徒歩といった移動手段も含まれている点です。表より，平日の三大都市圏でも，徒歩・自転車のシェアが最も高いことがわかります。そして，都市部よりも地方は自動車の利用率が高いこと，鉄道やバスなどの公

CHART 表1.2 1日1人あたりの総所要移動時間（単位：分/人・日）

|  | 三大都市圏 | | | 地方中枢都市圏 | | 地方中心都市圏 |
| --- | --- | --- | --- | --- | --- | --- |
|  | 中心都市 | 周辺都市1 | 周辺都市2 | 中心都市 | 周辺都市 |  |
| 平日 | 78.3 | 77.2 | 66.3 | 63.2 | 58.8 | 48.4 |
| 休日 | 63.6 | 63.4 | 59.3 | 55.0 | 51.4 | 51.9 |

（注）周辺都市1とは中心からの距離が東京の場合40km未満，京阪神の場合30km未満の都市，周辺都市2とは中心からの距離が東京の場合40km以上，京阪神の場合30km以上，中京の場合全域の都市を指す。
（出所）「全国都市交通特性調査」。

共交通の利用がきわめて小さいといえます。また，両地域とも休日の方が平日よりも自動車の利用率が高いことがわかります。ただし，三大都市圏では2015年度に自動車のシェアは減少に転じました。一方，地方都市圏では自動車の利用率は増加しています。

表1.2は都市の規模別・1日1人あたり総所要移動時間を示しています。平日平均65分，移動に時間をかけています。人口の多い地域ほど，移動に費やす時間（主に通勤・通学）が長くなることがわかります。そして，平日の方が移動時間は長いことが読み取れます。

## 都市間交通

次に都市間移動で利用される交通機関の現状を見てみましょう。国が5年に1回，実施する「全国幹線旅客純流動調査」では，「通勤・通学以外の目的で，航空，新幹線等特急列車あるいは高速バス等幹線交通機関を利用する，日常生活圏を越える国内旅客流動」を調査対象としています。

2010年の結果から，都道府県を越える移動を国民1人あたり年間約13回行っています。交通機関別のシェアを見ると，自動車74.5％，鉄道18.1％，航空5.2％となっており，先ほどの都市内交通よりも自動車のシェアが高いことが読み取れます。

図1.4は距離帯別の代表交通機関別シェア（年間）を示しています。300km以内の都市間移動では圧倒的に自動車が多いことがわかります。またトリップの80％は300km以内の移動になっています。移動距離が500kmから700kmの範囲は鉄道（新幹線）の優位性が目立ちます（東京駅から岡山駅が新幹線で733kmになります）。移動距離が700kmから1000kmでは，鉄道と飛行機が互

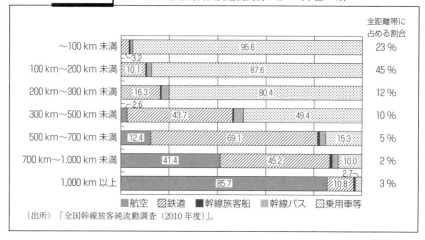

図1.4 距離帯別代表交通機関別シェア（単位：%）

(出所)「全国幹線旅客純流動調査（2010年度）」。

角のシェアとなり，1000 km以上では飛行機が圧倒的な競争力を持つことがわかります。国土交通省・都市整備局によれば，日本は欧米諸国と比べて，中距離帯での鉄道シェアが高いという特徴があります。

平日の流動量は353万人で，旅行目的は仕事35.3%，観光25.5%，私用・帰省19.6%と続きます。一方，休日の流動量は平日の約2倍である671万人で，旅行目的は仕事6.0%，観光50.4%，私用・帰省26.3%と続きます。これをさらに交通機関別で見ると，平日では旅行目的が仕事である比率は鉄道56.1%，航空68.3%に対して，幹線バス33.5%，乗用車等26.2%と低くなっています。この傾向は休日にも見られます。このことから，旅行目的が仕事の場合，公共交通機関を利用し，観光や私用・帰省では自動車を選択する旅行特性が垣間見られます。

### 国際旅客交通

国際旅客交通の多くは航空機による移動です。図1.5(1)は国際線定期旅客数の推移を示しています。2000年まで順調に推移してきた旅客数が10年ほど低迷し，2011年ごろから回復基調を示しています。平均移動距離は5000 km（東京からバンコクぐらい）から徐々に低下しており，近隣諸国と日本との間の移動が増加していることがわかります。2016年で比較すると，国内線と国際線の旅客数の比率は5：1になります。

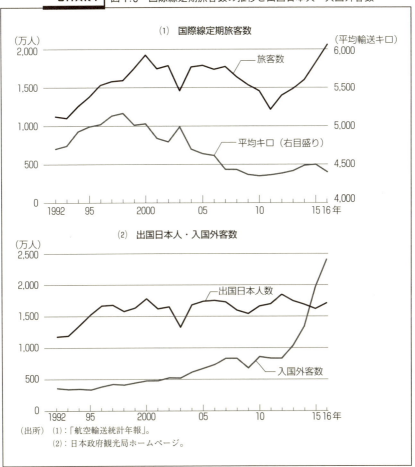

図1.5 国際線定期旅客数の推移と出国日本人・入国外客数

　一方，図1.5(2)は出国日本人数と入国外客数の推移を示しています。2013年から急激に外国人旅行者の入国数が増え，2015年に入国外客数が出国日本人数を逆転したことがわかります。この理由は，第1に，円安になり日本への旅行が相対的に安くなったこと，第2に，近隣のアジア諸国が経済発展し，余暇需要が増加したこと，第3に，ビザ条件が緩和されたことなどが考えられます。

　「観光白書」（平成29年版）によれば，観光客の増加は日本だけの現象でなく，世界的に増加傾向にあり，2016年の世界全体の国際観光客到着数は12.4億人を記録しています。また，同じく「観光白書」によれば2016年の国・地域別

## Column ❶-2 これからの成長産業──観光

　日本の交通市場は少子高齢化もあり，その多くは長期的な需要増を望めません。例外が国際旅客市場です。ここでは交通と密接な関係がある観光産業について説明したいと思います。「観光白書」(平成29年版)によれば，2015年の日本の旅行消費額は25.5兆円で，うち運輸業は6.58兆円と業種別で最も大きな比重を占めます。国内旅行消費額の大半は日本人による消費で，訪日外国人旅行は3.3兆円(13.0%)にすぎません。旅行消費が日本国内にもたらす経済効果は，直接効果だけで付加価値効果12.1兆円(GDPの2.3%)，雇用効果231万人(全雇用の3.5%)と試算されています。

　観光産業は幅広い産業に波及する点で今後の重要な成長産業と位置づけられます。しかし，増えてきたとはいえ，日本のインバウンド(訪日旅行者)数は世界と比較すると成長の余地があります。2015年の海外旅行者数ランキングで日本は世界で16位，アジアで5位になっています。また，観光は貴重な外貨獲得手段でもあります。下図は2015年の国際観光収支の状況ですが，日本の国際観光収入はインドより大きく，オーストラリアより少ない程度になっています。中国やアメリカには遠く及ばず，タイの半分強くらいの位置づけです。

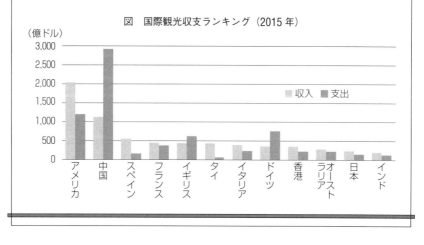

図　国際観光収支ランキング (2015年)

の訪日外国人旅行者は，中国26.5%，韓国21.2%，台湾17.3%，香港7.7%，アメリカ5.2%とアジアが全体の83.6%を占めています。観光目的の72.7%が観光・レジャーで，17.4%が業務目的，その他9.9%となっています。近い国ほど観光目的の比率が高い傾向を示しています。

### CHECK POINT

- □ 1 人の移動を表す指標として，旅客数と旅客人キロがあります。
- □ 2 都市内交通において，人口密度が高い都心部では鉄道が，それ以外は自動車が主たる交通手段になっています。
- □ 3 都市間交通では距離によって利用される交通機関が変わります。

# 3 物 流

## 国内物流

物の移動量を示す指標として，移動件数と重量，および金額がよく用いられます。また，輸送トンキロのように移動距離を掛け合わせた指標も同様によく用いられます。図1.6は，日本国内の輸送機関別の輸送トン，および輸送トンキロのシェアの推移が示されています。輸送トンベースでは，圧倒的にトラックによる輸送が多く，次いで内航海運が続きます。トンキロベースでは，内航海運のシェアも少なくありませんが，近年は減少傾向にあることがわかります。戦後直後，鉄道は貨物輸送において重要な地位を占めていましたが，近年，その役割はきわめて小さくなったことがグラフから読み取れます。

図1.7(1)は「全国貨物純流動調査」（物流センサス）の年間貨物純流動量の推移を出荷産業別に示したものです。単位はトン数です。年々貨物の流量が低下

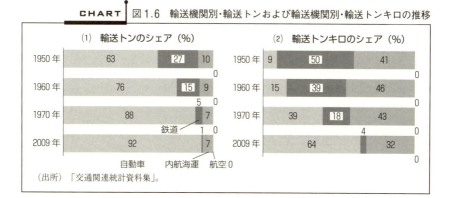

CHART 図1.6 輸送機関別・輸送トンおよび輸送機関別・輸送トンキロの推移

(出所)「交通関連統計資料集」。

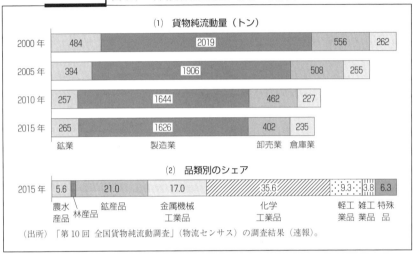

**図1.7　年間貨物純流動量の推移と品類別のシェア**

(出所)「第10回 全国貨物純流動調査」(物流センサス)の調査結果(速報)。

していることがわかります。また、産業別には製造業が最も多く、2015年で全体の3分の2 (64%) を占めます。次いで卸売業、鉱業と続きます。図1.7 (2)は品類別にシェアを見たグラフですが、化学工業品が35.6%のシェアを占め、次いで鉱産品、金属機械工業品などが国内の主な物流であるといえます。

一方、物流件数は増加傾向にあります。この理由は宅配便の取扱個数の増加にあります。Eコマース市場の拡大に伴い、直接、消費者の自宅まで商品を届ける宅配便のニーズが急増しました (詳細は13章で学びます)。この結果もあり、貨物の小口化 (小ロット化) が進んでいます。1990年に1件あたり2.43トンだった重量は、2015年には0.98トンに減少しています。産業別では鉱業が91.8トン/件と圧倒的に重く、次いで製造業1.78トン、倉庫業1.73トン、卸売業0.26トンとなっています。代表輸送機関別に見るとトラック (自家用トラック0.94トン、営業用トラック0.75トン) は小ロット化が進む一方、鉄道コンテナ (5.08トン)、荷物を積んだトレーラーやトラックなどがそのまま運べる船であるRORO船 (10.06トン)、その他船舶 (369.6トン) などは貨物1件あたりの重量が大きいことがわかります。

## 国内物流の輸送機関別シェアの国際比較

図1.8は国内旅客と物流の輸送機関別シェアを国際比較したものです。旅客のシェアを見ると各国とも自動車が非常に大きな割合を占めていること、日本

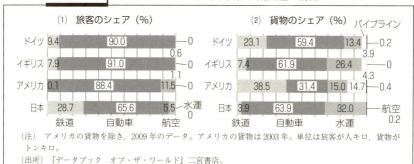

**CHART** 図1.8 主な国の輸送機関別国内輸送量の割合

(注) アメリカの貨物を除き，2009年のデータ。アメリカの貨物は2003年。単位は旅客が人キロ，貨物がトンキロ。
(出所) 『データブック オブ・ザ・ワールド』二宮書店。

は顕著に鉄道の比率が高く，アメリカは航空の比率が高いことがわかります。一方，貨物のシェアを見ると，日本は水運の比率が高いこと，鉄道やパイプラインの比率が低いことがわかります。アメリカは旅客では圧倒的な自動車のシェアであったものが，貨物では鉄道や水運，パイプラインのシェアが高いといった特徴が読み取れます。ヨーロッパでは国際河川や運河など，内陸水路を航行する河川交通が輸送路として重要な地位を占めています。

### 国際物流

次に国家間の物の流れを見てみましょう。日本の場合，国際物流は海運か，空運かどちらかになります。図1.9は2008年の輸送機関別・輸入輸出別の件数，重量，金額のシェアを示したものです。件数ベースでは両者はほぼ互角で，輸出では若干，航空輸送が多いことがわかります。重量ベースではほぼ100％が海運による輸送になります。金額ベースでは，輸出が30％，輸入の20％程度が航空であることがわかります。付加価値の高い機械部品のような小さな財が航空輸送で輸出されていることがわかります。一見，航空輸送が増加傾向にあるように思えますが，図1.10のように，金額ベースで見る限り，海運による輸送が2010年以降，増加傾向にあります。

**CHECK POINT**

☐ 1 Eコマースの進展に伴い宅配便の取扱個数が急増し，貨物の小ロット化が進んでいます。

☐ 2 国際物流では，とくに日本からの輸出で航空機を使った輸送比率が高いです。

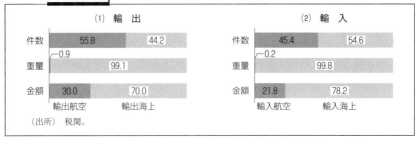

CHART 図1.9 輸出入における輸送機関別シェア（2008年，単位：%）

（出所）税関。

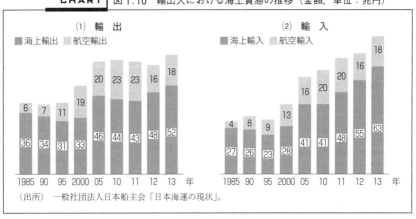

CHART 図1.10 輸出入における海上貿易の推移（金額，単位：兆円）

（出所）一般社団法人日本船主会「日本海運の現状」。

# 4 交通経済のエッセンス

▶ このテキストの構成

## 運搬具と通路

　以上，見てきたように，交通は多種多様かつ複雑な経済現象で，さまざまな見方，分類の仕方があります。たとえば，交通を運搬具，動力，通路という3つの要素に整理する考え方があります。交通機関（手段）は**運搬具**（鉄道車両，自動車，航空機，船舶など）と**動力**（ガソリン，軽油，ジェット燃料など）の組み合わせで，**通路**を通って移動します。通路とは道路や線路を指します。人工の通路は交通インフラと呼ばれ，インフラは2地点間を結ぶ**リンク**（線路や道路）と**結節点**の**ノード**（駅や港）から構成されるネットワークを形作っています。また，交通は別の見方をすると，交通主体（人や物），交通施設，交通手段から

**CHART** 表1.3 交通サービスと対応するインフラ

| 交通機関 | | インフラ |
|---|---|---|
| 旅 客 | 物 流 | |
| 自家用自動車, タクシー, バス | トラック | 道路・駅前広場 |
| 二輪車, 歩行者 | | 街 路 |
| 航空旅客 | 航空貨物 | 空港（空路） |
| 旅客船（フェリー） | 外航海運, 内航海運 | 港湾（航路） |
| 鉄道・地下鉄・路面電車 | 鉄道貨物 | 駅・線路 |
| | 石 油 | パイプライン |

**CHART** 図1.11 交通経済学の主な関連分野

```
      空間                公共
   都市経済学          公共経済学
   地域経済学          財政学
   国際経済学          法と経済学
          ┌─────┐
          │ 交通 │
          └─────┘
      市場                工学
   産業組織論          土木工学
   規制の経済学        交通工学
```

構成されているといえます。これを簡単に整理したものが**表1.3**になります。

## 本書の構成

　本書はこの表の考え方に基づき，交通を「インフラ」と「そのインフラを利用する交通サービス」に分けて議論します。第1部で基礎的な交通の特徴について論じます。そして第2部でインフラの整備・運営に関して，第3部でインフラを利用する交通サービスの市場を分析します。第4部で交通政策の課題と物流について簡単に整理します。

　交通は経済学と相性のよい研究分野です。なぜなら，交通サービスは比較的同質的で抽象的なモデルで表現しやすいからです。本書は，そのため，可能な限り経済学のアプローチで分析します。図1.11は交通経済学の関連分野を示しています。経済分野だけでも都市経済学・地域経済学・産業組織論・公共経済学などがあり，工学分野も密接に関係します。物流などのように，経営学や流通論に深く関わる分野もあります。また，地理学や社会学とも関連します。

交通経済学は交通を経済学的に分析する学問領域ですが，理論・実証・政策に分類できます。理論は大きく分けて，①交通分野特有の現象，②交通分野だけではないものの交通分野が代表的なもの，③ほかの産業・市場とも共通する内容，の3つに分かれます。①の代表が道路混雑です。②は運賃規制などが該当します。③は身近な交通を通じて経済学を学ぶという側面もあります。もちろん，理論だけでは現実の複雑な経済現象を説明できません。近年は利用可能なデータが増え，コンピューターの能力が向上し，さまざまな計量経済学の手法が開発されています。それら実証研究の知見も随時紹介していきます。最後に，政策論です。2部や3部で学ぶように，交通は政治とも密接に関係します。社会をよりよくする政策とは何か，具体的にはどのような政策が行われているのかについても，本書で明らかになるでしょう。

## EXERCISE ●練習問題

1. 以下の文章の空欄に入る適切な用語を考えましょう。
　　人の移動量を示す指標として（　①　）と（　②　）が，物の移動量を示す指標として（　③　）と（　④　）があり，貿易の場合，（　⑤　）も輸送機関別の指標の1つとして利用されます。
2. 旅客の都市間移動で自動車，鉄道，飛行機のシェアが最も大きくなる移動距離をそれぞれあげなさい。
3. なぜ国際航空旅客の平均移動距離が短くなっているのでしょうか。その理由を考えてみましょう。
4. なぜ，都心の方が通勤・通学時間が長いのだと思いますか。その理由を考えてみましょう。
5. 最近，自動車のシェアが低下しているのはどのような地域でしょうか。そして，その原因は何だと思いますか。その理由を考えてみましょう。

# CHAPTER

## 第 2 章

## 交通サービスの特徴と交通需要

鉄道のラッシュアワーは交通サービスの代表的な特徴の1つ「需要の波動性」から生まれます。

### INTRODUCTION

この章では交通サービスの特徴と交通需要を説明します。最初に，交通の4つの特徴を確認します。次に利用者が交通機関を選択する原理の考え方を学びます。3節では，交通需要の特徴をより深く理解するために交通需要予測モデルを学びます。4節で交通需要予測を利用する際の注意点を論じます。

> **新聞記事** 上野東京ライン，変わる人の流れ，北関東‐東京‐神奈川
>
> JR 東日本は 2015 年 3 月に，宇都宮線・高崎線・常磐線と東海道線を結ぶ「上野東京ライン」の運行を始めました。従来，上野駅止まりだった北関東方面からの在来線が東京駅以南まで乗り入れることになりました。オフィス仲介会社によると，品川駅の臨海部の大規模ビルの平均賃料は 2013～14 年の 1 坪あたり 1 万 2000 円台から 2015 年 1 月 1 日時点で 1 万 7000 円に上昇し，空室率も低下したということです。横浜の中華街にあるホテルは遠方からの来訪客増を期待しているようです。
> （2015 年 2 月 25 日付『日本経済新聞』地方経済面，東京，15 面をもとに作成）
> ① ほかの市場と比べて交通需要にはどのような特徴があるでしょうか。
> ② 交通手段の選択ではどのような要因が重要といえるでしょうか。
> ③ 将来の交通需要を予測するために，どのような情報が必要でしょうか。

# 1 交通の特徴

1 章で見たように，交通とは人や物資の空間的な移動を意味します。たとえば，大学生が自宅からキャンパスまで行くのも，外国から輸入された小麦粉が港から工場までトラックで運ばれるのも，いずれも交通です。この交通を需要者（移動者）から見たときの主な特徴は 4 つあります。

### 派生需要

交通サービスの第 1 の特徴は**派生需要**です。派生需要とは，交通サービスの消費自体が目的ではなく，ほかの目的を達成するためにやむをえずに消費する需要であることを意味します。たとえば，通勤・通学のための鉄道移動は，職場での業務や，学校で勉強するために生じる需要です。その一方で，職場で働くことや，学校で授業を受けることを**本源的需要**と呼びます。本源的需要がなければ派生需要は生じません。ただし，交通サービスが本源的需要になる場合もあります。とくに目的もなくドライブに出かけるという交通行動は，本源的需要です。また，観光・旅行における移動は，それ自体が観光の魅力の 1 つであり，本源的需要といえます。

ただし派生需要は交通サービスに限った特徴ではありません。たとえば企業が財・サービスを生産する際に，ほかの企業から購入する財・サービス（中間投入財）も派生需要です。スマートフォンの製造メーカーは部品メーカーから半導体や液晶を購入します。スマートフォンを販売して利益を生み出すことが本源的需要とすれば，部品を購入することは派生需要です。

### 即地財・即時財

　交通の第2の特徴は，即地財・即時財です。**即地財**とは，生産される場所と消費される場所が同じでなければならない財です。また**即時財**とは，生産される時点と消費される時点が同じでなければならない財です。東京駅10時発新大阪駅行きの新幹線のぞみという交通サービスは，10時までに東京駅に行くことができる人にしか供給できません。この特徴は**貯蔵不可能性**とも呼ばれます。

　ただし，この即地財・即時財という特徴は，交通サービスに限りません。たとえば，映画館で映画を見る場合，上映開始時刻までに映画館に行かなければ，その回の上映は見られませんし，遅刻に厳しい大学教授の授業では，授業開始時刻に入室できなければその授業を受けることができません。

### 需要の波動性

　交通の第3の特徴は**需要の波動性**です。需要の波動性とは，需要が一定ではなく，時刻によって大きさが異なることを意味します。図2.1は首都圏（おおよそ東京駅から鉄道で2時間以内）における時間帯ごとの鉄道利用者の利用状況を示したものです。ここでは，鉄道利用者数が，乗車中の人・駅にいる人・駅から目的地へ向かっている人に分類されています。具体的には朝8時台に鉄道移動の需要が多く生じています。このように多くの需要が生じている状態をピークと呼びます。図2.1からは朝8時台のほかに夕方18～19時台にもピークが発生していることがわかります。ただし，夕方のピークは朝のピークに比べて緩やかです。

　なぜ，交通は需要の波動（ピークとオフピーク）が発生するのでしょうか。第1の特徴で示したように，基本的に交通は派生需要であり，消費する場所や時間は本源的需要に依存します。さらに，第2の特徴で示したように即地財・即

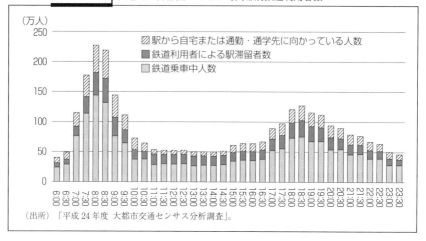

**CHART** 図2.1 首都圏における時間帯別鉄道利用者数

(出所)「平成24年度 大都市交通センサス分析調査」。

時財という特徴から，交通は事前に購入・消費しておくことができません。朝9時ごろを始業時刻とする職場や学校が多いため，図2.1に示すように朝8時台に大きな需要が生じるのです。なお，需要の波動性の発生状況は地域や方面，交通機関によっても大きく異なります。

この需要の波動性は2つの問題を引き起こします。1つ目の問題が混雑の発生です。交通は，貯蔵が困難なだけでなく，供給量を弾力的に変更することもできません。これを供給の硬直性と呼びます。たとえば鉄道会社は朝のピーク時間帯に，最大限の車両を投入して，交通サービスを供給しますが，少なくとも短期的には，これ以上供給量を増やすことができません。この結果，通勤ラッシュや交通渋滞などの混雑が発生するのです。なお混雑は，外部性という典型的な市場の失敗の1つです（詳しくは10章で見ます）。2つ目の問題が費用の上昇です。たとえば鉄道の場合，オフピークの昼間には，車両や施設を十分に活用できません。その結果，3章で示すように，平均費用が高くなってしまいます。

### 自給可能性

交通の第4の特徴は**自給可能性**です。自給可能性とは，移動者自身が自らに対して供給できることを意味します。交通サービスは運賃・料金を支払って交通事業者から購入する以外に，自ら生産・供給することができます。マイカー

やバイク,自転車,徒歩による移動は,交通の自給可能性の典型例です。また,生産した交通サービスをほかの人に供給することもできます。雨の日にマイカーで家族を駅まで送るという移動が典型例です。

ただし,自給可能性も交通に限りません。洗濯や調理も自給することが可能です。また,マイカー通勤が交通渋滞の原因になるなど,負の側面も見逃せません(詳しくは10章で見ます)。

**CHECK POINT**

□ 交通の特徴を需要者(移動者)から見ると,派生需要,即地財・即時財,需要の波動性,自給可能性の4つがあります。

## 交通手段の選択と犠牲量モデル

交通問題の原因を理解し,解決するためには,交通の需要構造,すなわち移動者の行動原理を理解することが必要です。1章で見たように,私たちは出発地から目的地まで,選択可能な範囲の中で,最も適した交通手段(交通機関およびマイカー,徒歩など)を選択し,移動します。本節では交通手段選択の基礎的な原理である犠牲量モデルを用いて,交通需要の構造を理解するのに役立つ考え方を学びます。

### 機会費用と時間価値

**犠牲量モデル**とは,移動者が交通手段を選択する際に,自らの総合的な負担(犠牲量)が最も小さい交通手段を選択すると仮定するモデルです。単純に書くと,以下のような式で示すことができます。

ある交通手段を選択した移動者の犠牲量(円)
　=交通の移動時間(分)×移動者の時間価値(円/分)
　+交通手段の運賃・料金(円)　　　　　　　　　　　　(2.1)

(2.1)式で犠牲量とは,交通手段の移動時間と移動者の時間価値の積(時間費用)および交通手段の運賃・料金(金銭的費用)の合計になります。ここで移

動者の**時間価値**とは，1分を節約するために支払ってもよいと移動者が考える金銭評価額を意味します。時間価値は移動者によって異なりますし，同じ人でも時間帯や移動目的によって異なります。もし，時間価値が40円/分ならば，30分の移動時間の節約は1200円と同じ価値だと考えます。同じ交通手段を選択しても移動者によって時間価値は異なりますから，結果として犠牲量も移動者によって異なります。同様に同じ移動者であっても，選択した交通手段によって運賃・料金が異なりますから，結果として犠牲量は異なってきます。なお，犠牲量は運賃という利用者にとっての費用と時間費用の合計ですので，**一般化費用**とも呼ばれます。

　時間価値はミクロ経済学で習う機会費用に基づいて決まります。機会費用とは，たとえば，大学生が授業に出席する費用は授業料や大学までの交通費だけではなく，その時間を使って働いたときに得られるアルバイト代も費用に加えるという概念です。一般的に社会人が大学生よりも時間価値が高い理由は，社会人の方が時間あたりの所得が高いからといえます。

## 犠牲量モデル

　犠牲量モデルの考え方を図示したものが**図 2.2**です。いま，ある出発地から目的地への交通手段として，徒歩，バス，鉄道の3種類があるとします。図の横軸は時間価値を表しており，右に行くほど時間価値が高い人を意味します。移動時間は交通手段ごとに異なります。徒歩の場合，お金がかかりませんが（運賃・料金がゼロ円），移動速度が遅いので，移動時間が長くなります。そのため，時間価値がゼロに近い人にとって徒歩は犠牲量もほとんどゼロですが，時間価値が高い人にとっては非常に大きな犠牲量になります。徒歩の犠牲量は，原点から右上に伸びる線で図示できます。徒歩の移動時間はすべての人に共通ですが，時間価値が異なるため，この直線の傾きは機会費用の大きさを表しています。次に，バスの場合，比較的安い運賃で，かつ徒歩よりも短い移動時間で目的地に到着することができます。そのため，バスの犠牲量は，原点よりも上の点から徒歩の犠牲量よりも小さい（緩やかな）傾きで右上に伸びる直線で図示できます。このとき，切片の大きさがバスの運賃・料金を表します。そして，鉄道の場合，運賃は最も高いものの，移動時間は最も短いため，鉄道の犠牲量は，バスよりも大きな切片で，バスよりも小さい傾きの線で図示できます。

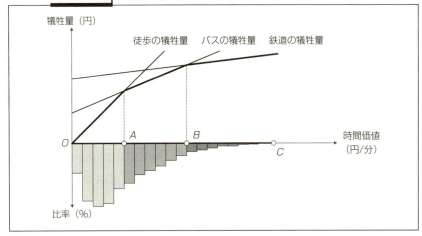

**CHART 図2.2 犠牲量モデルの概念図**

1節で見たように,交通はやむをえず行う行動ですから,移動者が合理的な主体であれば,犠牲量が最小になる交通手段を選択すると考えられます。ここで,犠牲量が最小になる交通手段は移動者の時間価値によって異なります。時間価値が $A$ 以下の移動者は徒歩が最も犠牲量が小さいため,徒歩を選択するでしょう。同様に時間価値が $A \sim B$ の移動者はバスを,時間価値が $B$ 以上の移動者は鉄道を選択するでしょう。まとめると,図の太い線が時間価値ごとに選択される交通手段の犠牲量を示すことになります。

仮に,時間価値が 2 円/分の人から 100 円/分の人まで 2 円刻みで 1 人ずついるとします(移動者は全員で 50 人)。点 $A$ の時間価値が 31 円/分,点 $B$ の時間価値が 61 円/分,点 $C$ の時間価値が 100 円/分だとします。点 $A$ は徒歩の犠牲量とバスの犠牲量が交わっています。この場合,点 $A$ より左側の時間価値の移動者は徒歩を選択し,点 $A$ より右側の時間価値の移動者はバスを選択すると考えます。なお,ちょうど点 $A$ と同じ時間価値の移動者は徒歩とバスと半々に分かれると考えます。同じように,点 $B$ はバスと鉄道を選択する人たちを分ける境界になります。まとめると,原点 $O$ から $A$ が徒歩,$A$ から $B$ がバス,$B$ から $C$ が鉄道を選択する移動者の数(割合)を表すことになり,徒歩は 15 人,バスは 15 人,鉄道は 20 人に選択されます。

ここで,移動者が時間価値 2 円/分刻みで等間隔に存在するという状況はあくまでも仮想的なものです。所得が高い人ほど時間価値が高い傾向にあるため,

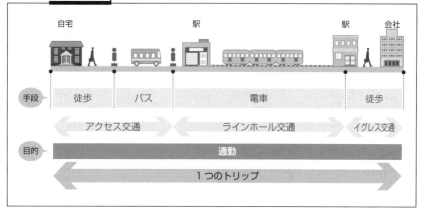
図2.3 アクセス交通とイグレス交通

時間価値の分布もこれと同じような分布であると仮定しましょう。これを上下逆さまにして重ねたものが図2.2の下半分の棒グラフです。上下逆さまにしたのは単純に重ねると図が見づらくなるためです。OA間の棒グラフの面積が徒歩を選択した移動者の割合です。同様に，AB間の棒グラフの面積がバスを，BC間の棒グラフの面積が鉄道を選択した移動者の割合を表しています。この場合，徒歩を選択する移動者が多いことがわかります。

### 交通手段の選択要因

犠牲量モデルでは選択要因として，単に交通手段の移動時間と運賃・料金を取り上げましたが，実際の交通手段選択はもっと複雑です。ここでは，交通手段のその他の選択要因として，移動時間と運賃・料金，サービスについて，考えてみましょう。

《移動時間》　第1が，**アクセス交通**と**イグレス交通**です。どのような交通手段にも起点と終点となる交通結接点があり，移動者は利用する交通手段の起点まで移動し，また終点からさらに移動しなければなりません。この出発地から結節点（起点）までの交通をアクセス交通，結節点（終点）から目的地までの交通をイグレス交通と呼びます（図2.3）。なお主な移動手段のことを**ラインホール交通**と呼ぶことがあります。図2.3の場合，主な交通手段は鉄道であり，アクセス交通は徒歩とバス，イグレス交通は徒歩となります。そして，出発地

> **Column ❷-1　運賃と料金と価格**
>
> 　交通サービスの価格は，運賃や料金という名称で呼ばれます。鉄道の場合，運賃とは，「人又は物品の運送に対する対価」と定義され，普通旅客運賃や定期旅客運賃が該当します。「料金」とは，「運送以外の設備の利用や付加サービス，役務の提供に対する対価」と定義され，特別急行料金，急行料金や特別車両料金（グリーン料金等），寝台料金，入場料金，払戻し手数料などが該当します（国土交通省「旅客鉄道の運賃料金制度について」より）。本書における「運賃や料金」は「価格」と置き換えることができます。

から目的地までの移動をトリップと呼びます。アクセス交通やイグレス交通での移動時間も，ラインホール交通の選択要因になります。

　第2が，運行頻度です。運行頻度が高ければ，待ち時間は短くなるため，その交通手段を選択する確率は高まります。同様に，運行の遅延が頻発すれば，その交通手段の平均的な移動時間は長くなり，信頼性が低下しその交通手段を選択する確率は低くなります。第3が，乗り換えです。乗り換え回数が多くなったり，乗り換える際の水平・垂直の移動距離が長くなると，選択確率は低下します。

《**運賃・料金**》　運賃・料金は割引されることがあります。たとえば，航空会社のマイレージ・サービスでは，一定の利用条件のもとで複数回利用することで，無料で移動できる権利が付与されます。このようなマイレージ・サービスは移動者にとって魅力的です。また通学・通勤定期券は通常の運賃よりも割引されており，かつ何度利用しても追加の運賃は発生しません（これは**料金体系**の議論です。9章で詳しく学びます）。

《**サービス**》　快適性も重要な選択要因の1つです。たとえば，鉄道のグリーン車や飛行機のファーストクラスのように，交通手段の移動時間は変わらずとも，より高品質で快適な交通サービスを供給する場合があります。また，日本ではあまり意識されませんが，安全性も交通手段選択の重要な要因の1つです。

　このように，交通手段の選択要因はさまざまです。

**CHECK POINT**

□ 1　交通手段の選択の基礎的な原理として犠牲量モデルがあります。
□ 2　交通手段の選択では，移動時間と運賃・料金が重要な要素です。

# 3　交通需要予測

## 四段階推定法

　この節では，より詳細に交通需要予測の方法について学びます。新しい交通インフラを建設する場合や新しい交通政策を導入する際，需要を正確に予測することが非常に重要になります。**交通需要予測**とは，過去から現在までの情報を用いて将来の交通需要を予測することです。一般的な需要関数よりも複雑ですが，交通需要の本質をより深く理解することができるので，ここで説明します。

　需要予測には**トリップ・データ**を用います。トリップ・データは，出発地をorigin，目的地をdestinationということからODデータとも呼ばれます。実際にすべての人や物の移動を記録することは不可能なため，実際にはアンケート調査などでトリップ・データのサンプルを収集します。主な収集項目は出発地，目的地，移動目的，移動手段，移動時間などであり，特定の地域や交通機関ごとにアンケート調査が行われます（表1.1を参照してください）。

　交通需要予測の代表的な方法に**四段階推定法**があります（図2.4）。四段階推定法とは，①移動がどこで生まれ，どこに集まるのかを示す発生・集中交通量，②生まれた交通がどこに向かうのかを示す分布交通量，③どのような交通機関で移動するのかを示す分担交通量，④どういった経路を使って移動するかを示す配分交通量，の4段階で個々の交通量を求める手法です。

## 発生・集中交通量

　ある地域から出発するトリップ数を**発生交通量**，ある地域に到着するトリップ数を**集中交通量**と呼びます。両者の合計が**生成交通量**になります。生成交通量は，ある地域で発生するすべてのトリップ数を意味します。仮に地域Aの

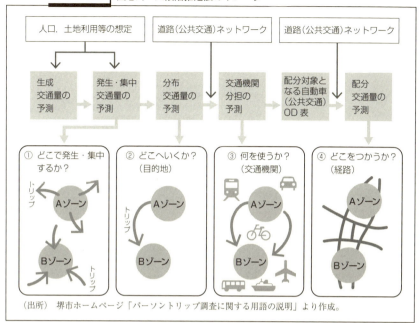

CHART 図2.4 四段階推定法のイメージ

（出所）堺市ホームページ「パーソントリップ調査に関する用語の説明」より作成。

人がまったく移動しなくても，その他の地域の人が地域Aを訪れれば，地域Aでトリップが生成されることになります。

　生成交通量は人口やGDPが増えると増加する関係，すなわち関数として表せます。人口の将来予測値を用いることで，将来の生成交通量をある程度予想することができます。また就業者数や自動車免許保有率なども交通量を多く生み出す要因として考慮されます。そのうえで，生成交通量は，人口や土地利用などの変数をもとに，地域ごとの発生・集中交通量に分けられます。たとえば郊外のニュータウン沿線では，発生交通量は多くても集中交通量は多くありません。十分な人口がなければ，発生交通量はもちろん，集中交通量も少なく，交通量自体が少なくなります。

## 分布交通量

　**分布交通量**とは，ある地域から別のある地域に向けて発生しているトリップ数を意味します。東京が出発地の人は，神奈川，埼玉，千葉など，さまざまな目的地に向けて移動します。表2.1は首都圏の都道府県単位での分布交通量の

**CHART** 表2.1 分布交通量のデータ（OD表）のイメージ

|  |  | 目的地 | | | |
|---|---|---|---|---|---|
|  |  | 東京 | 神奈川 | 埼玉 | 千葉 |
| 出発地 | 東京 | 36.8% | 2.5% | 2.1% | 1.6% |
|  | 神奈川 | 2.5% | 20.4% | 0.1% | 0.1% |
|  | 埼玉 | 2.1% | 0.1% | 15.8% | 0.2% |
|  | 千葉 | 1.5% | 0.1% | 0.2% | 13.9% |

（出所）「平成20年 東京都市圏パーソントリップ調査」より筆者作成。

割合を示しています（この表をOD表と呼びます）。東京を出発した人の大半の目的地は東京で，次いで神奈川，埼玉，千葉となっていることがわかります。これは東京自体に業務先，通学先，商業施設，観光地などの目的地が多いことや，相対的に近いことがその要因です。

分布交通量を求める手法の1つが**重力モデル**（グラビティ・モデル）です。分布交通量は発生交通量，集中交通量，交通の利便性などの関数で表されます。交通の利便性は距離が長くなると低下することから逆の見方をすれば距離抵抗ともいえます。たとえば東京のように発生交通量や集中交通量が多い地域は，分布交通量も多くなります。一般に，より利便性が高く，高速で低廉な交通機関が多数存在する地域では分布交通量が多くなり，出発地と目的地の距離が長くなると分布交通量は減ります。このように，地域$i$と地域$j$間の分布交通量が，2つの物体の重量と距離に依存して決まる物理学の重力の法則に従っているように見えることから，重力モデルと呼ばれています。具体的には以下のような式になります。

$$\text{地域}i\text{と地域}j\text{の交通量} = \frac{k \times \text{地域}i\text{の発生交通量}^{\alpha} \times \text{地域}j\text{の集中交通量}^{\beta}}{\text{距離抵抗}}$$

$k, \alpha, \beta$は推定で得られるパラメーターで，距離抵抗には距離や一般化費用などが利用されます。さまざまな関数が利用されますが，距離抵抗＝距離$^{\gamma}$とすれば，$\gamma$が1より大きいとき，2地点間の距離が長くなるほど分布交通量の低下率が逓増することになります。$\alpha$や$\beta$が1より大きければ，発生交通量・集

中交通量が増加すると分布交通量の増加率が逓増することになります。

なお，商業施設で何を買うかといった移動の目的によって，同じ人でも距離抵抗は変わります。たとえば日用品の買い物は，大型家電製品などに比べて距離抵抗が大きくなります。この結果，コンビニは商圏が狭く，大型家電量販店は商圏が広くなるのです。

## 分担交通量

**分担交通量**とは，分布交通量のうち，利用する交通機関ごとのトリップ数を意味します。分担交通量を求める手法は利用するデータの種類に応じて，集計モデルと非集計モデルに大別されます。

たとえば表2.1で見た「パーソントリップ調査」は，特定の地域の人の動きを大規模アンケートで明らかにするサンプル調査で，ゾーンごと，ODごとに集計されたデータが公表されていることが一般的です。これを集計データと呼び，それを用いる分析が**集計モデル**です。一方，**非集計モデル**は，個別のサンプルの調査結果（これを個票データと呼びます）を用いる分析ですが，プライバシー確保などの観点から，誰もが個票データを利用できる環境にはありません。どちらかのデータを利用して，移動者の交通機関の選択行動を説明するパラメーターを推定します。これにより，たとえば新しく新幹線が開業したときに，航空や自動車からどのくらいの交通量が転換するかを予測できます。代表的な手法が，2節で学んだ犠牲量モデルのほかにロジット・モデルがあります。

**ロジット・モデル**とは，ある交通手段を選択した場合の効用（満足度）を一般化費用と誤差項（一般化費用では表現できない各移動者の満足度に影響を与える要因）の和で表現します。こうすることで，たとえば乗換回数や荷物の量の多さ，天候や健康志向などによって，必ずしも一般化費用が最小の交通手段を選択していない現実を，分析に反映できます。非集計データを計量分析で利用する場合，被説明変数は交通手段シェアのような連続変数ではなく，「バスを選んだ」「鉄道を選んだ」「自動車を選んだ」といった0か1の値になっています。こうしたデータで交通手段の選択を分析する代表的な手法がロジット・モデルになります。近年では交通手段の選択の分析方法としては犠牲量モデルよりもロジット・モデルが用いられます。

### 配分交通量

　配分交通量とは，分担交通量のうち，選択する経路ごとのトリップ数を意味します。たとえば，自動車であれば，新しくバイパスが整備されたときに，既存の経路の交通量とバイパスの交通量がどうなるかを求めます。

　代表的な手法に，**ワードロップの原理**があります。いま，出発地から目的地まで道路が経路Aと経路Bの2経路あるとします。たとえば，経路Aの車線数が片側1車線で，経路Bが片側2車線だとします。経路Aと経路Bは同じ道路距離です。混雑していなければ移動時間は同じです。経路Aは車線数が少ないので，混雑しやすい道路といえます。しかし，経路Aを嫌って，多くの自動車が経路Bを選べば，今度は経路Bで混雑が発生します。この結果，長い目で見れば，経路Aと経路Bの移動時間はおおよそ同じになると考えられます。車線数に代表される道路容量と交通量がわかれば，その道路での移動速度は予測できるため，出発地から目的地に自動車で移動する交通量がわかれば，すべての経路で同じ移動時間になるように交通量を配分した結果が，各経路の交通量になります。

---

**CHECK POINT**

☐ 1　交通需要予測とは，過去から現在までの情報を用いて将来の交通需要を予測することです。

☐ 2　交通需要予測の代表的な手法として四段階推定法があります。

---

# 4 交通需要予測の利用と課題

### 需要予測とトレードオフ

　本節では冒頭の新聞記事で見た，鉄道の新線開業を，先の四段階推定法を用いて解釈してみましょう。上野東京ラインの開業によって，高崎や宇都宮などから乗り換えなしで東京駅まで移動することが可能になりました。これにより，同じOD間の移動でほかの経路を選択していた移動者が，上野東京ラインに移ります。この結果，ほかの経路の移動者は減少するため，車内の混雑は改善

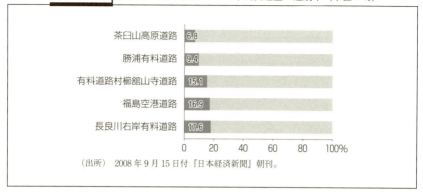

図2.5 有料道路における予測交通量の達成率（単位：%）

(出所) 2008年9月15日付『日本経済新聞』朝刊。

される可能性があります。これは配分交通量の段階での影響といえます。次に分担交通量の段階での影響には、移動時間が短くなったことから、自動車やバスなどの鉄道以外の交通機関を選択していた移動者が鉄道に転換することがあげられます。さらに分布交通量の段階での影響としては、埼玉や北関東から上野に来ていた人が減り、東京や品川などに来る人が増えることが考えられます。最後に、埼玉や北関東の地域は一部の目的地への利便性が高まったため、居住人口が増える可能性が高まったといえます。これは発生・集中交通量の段階での影響といえます。

このように、ある交通サービスの利便性が向上した場合、代替的な交通サービスの利用が減ります。さらにいえば、ある目的地までの利便性の向上は、ある別の目的地を訪れる人が減ることを意味します。これはトレードオフの関係で、すべての状況が改善するわけではありません。

### 交通需要予測の困難性

交通需要予測は手法が確立されているとはいえ、簡単ではありません。図2.5は第三セクター（官民が共同で出資した法人）の有料道路における予測交通量（計画交通量）の達成率です。岡本（2008）の調査によれば、2007年度で道路公社が運営する有料道路148路線のうち107の路線で需要予測を下回り、計画の50%以下の路線が33路線、20%以下の路線も6路線あったと報じました。ガソリン価格の高騰などの外的要因もありましたが、甘い需要予測も原因の1つでした。たとえば、福井県の河野海岸有料道路は計画交通量の3割にすぎず、毎年2億円の運営補助金でも総経費を賄えず、結果的に道路は無料化されまし

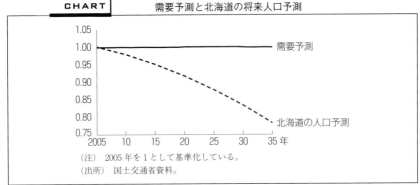

図2.6 北海道横断自動車道網走線・美幌バイパスの需要予測と北海道の将来人口予測

(注) 2005年を1として基準化している。
(出所) 国土交通省資料。

た。残された負債は自治体が税金で負担することになりました。

実際の交通量が予測交通量を下回る理由は3つあります。第1に、発生・集中交通量の長期予測が非常に難しい点です。たとえば道路であれば、その地域の50年後までの経済・人口の成長率を予測しなければなりません。

第2に、交通需要予測の前提条件を甘く設定する危険がある点です。図2.6は北海道横断自動車道網走線の美幌バイパスの需要予測と北海道の将来人口予測を示しています。発生・集中交通量の説明で示したように、交通量の発生と人口には密接な関係があり、どのような人口予測を用いるかによって、大幅に予測交通量は変わります。もし、交通インフラの整備に必要な資金(予算)が確保される見込みがある場合、道路の作り手は交通需要予測の前提条件を甘く設定してしまう危険性があります。

第3に、他の交通手段や企業の戦略が読みにくい点です。たとえば愛知県小牧市の新交通システムの桃花台線は、競合するJRの駅へのバス運行などの影響を考慮せず交通需要予測を行った結果、1991年の開業後に予測どおりの需要が実現できず、結果的に2006年に廃止になりました。また、空港の需要は、航空会社の戦略や経営状況による路線の開設・撤退の影響を受けやすいため、需要予測は容易ではありません。

なお、交通需要予測は必ず過大にはずれるとは限りません。両側4車線で整備された東名高速道路は当初は無駄という評価をされたこともありましたが、交通量が急増したため、新東名高速道路を整備することになりました。このように、交通需要予測は一定の困難さを持っていることを十分理解したうえで実施・利用することが重要です。

### CHECK POINT

- □ 1 ある交通サービスの利便性の向上は，代替的な交通サービスの利用の減少をもたらします。
- □ 2 交通需要予測を難しくする要因には，経済・人口の将来予測，前提条件の設定およびほかの交通サービスとの競合関係があります。

### EXERCISE ●練習問題

1. 以下の文章の空欄に入る適切な用語を考えましょう。
   東京から金沢まで北陸新幹線が開業したことによって，東京からの航空旅客数が減少しました。これは四段階推定法の（ ① ）と関連が深い現象です。また，金沢の人が関西への旅行回数を減らし，東京への旅行回数を増やしました。これは（ ② ）と関連が深い現象です。
2. 交通サービスは即時財・即地財のため，輸入することはできません。ですが，間接的に交通サービスを輸入することもできます。この理由を考えてみてください。
3. ラッシュアワーを避けるため，なぜ私たちは早朝，決まった時間よりも数時間早く起きて目的地に向けて出発しないのでしょうか。これを一般化費用の概念を用いて説明してください。
4. どのような人が時間価値の高い人でしょうか。例をあげて答えてください。

# CHAPTER

第 **3** 章

# 交通の供給と費用

市場から見た交通

コンテナ船：島国の日本では海運が貿易の重要な役割を果たします。

## INTRODUCTION

　この章では交通サービスを市場という視点で分析していきます。民間の交通サービス事業者が有料で交通サービスを提供し，移動する人（消費者・需要者）が対価を支払います。最初に完全競争市場の場合の需要と供給，余剰というミクロ経済学の道具が交通市場でも適用できることを学びます。そして，交通事業者が交通サービスを提供する際の費用の特性について学び，交通市場が独占になりやすい性質を持った市場であることを述べます。4節では，独占事業者の行動について理解を深めます。

> **新聞記事** 日本郵船・商船三井・川崎汽船，コンテナ船統合
>
> 　日本郵船，商船三井，川崎汽船の海運大手3社は2016年11月31日，コンテナ船事業を統合すると発表しました。世界的な海運市況の低迷が長引いており，急激な採算悪化が原因の1つでした。コンテナ船は各社の売上高の3〜5割を占める主力事業で，顧客がさまざまな物品を詰め込んだコンテナを定期路線で世界に輸送しています。基本事業だけに市場参加企業の数が多く，もともと競争が激しかったところに中国，ヨーロッパの経済の減速が直撃しました。日本郵船は2017年3月期の連結最終損益が2657億円の赤字になり，商船三井も連結純利益を下方修正し，川崎汽船は1395億円の連結最終赤字となりました。採算の極度の悪化が，3社の事業統合を後押ししました。
>
> （2016年11月1日付『日経産業新聞』3面をもとに作成）
>
> ① 鉄道サービスの供給面での特徴として何があげられるでしょうか。
> ② 旅客と貨物サービスを同時に供給するメリットは何でしょうか。
> ③ どのような条件がそろった場合，独占市場になりやすいといえるでしょうか。

# 1 需要と供給の基礎

## 需要と供給

　1章で見たように，交通サービスは人や物の移動を実現するために交通事業者によって提供されるサービスです。一般的なサービスと同じように交通サービスも市場で取引されます。市場とは，売り手と買い手が財・サービスを貨幣と交換する概念的な場です。交通サービスの場合，売り手は交通事業者であり，買い手は移動者です。ここで買い手である移動者は，目的地に早く到着するために，交通事業者に運賃や料金（価格）を支払い，交通サービスを消費します。利用できる交通サービスが複数ある場合，移動者は価格として支払っても構わないと思える最大の金額と実際の価格との差が最も大きな交通サービスを選択します。つまり，移動者は一定の予算の範囲内で自らの満足度を最大にする交通サービスを合理的に選択します。こうした移動者1人ひとりの合理的な意思決定を，価格の関数で表したものを個別需要関数と呼びます（詳細は安藤至大『ミクロ経済学の第一歩』有斐閣ストゥディア，の3章3節を参照してください）。価格

が高ければその交通サービスの利用量は減り，運賃や料金が安ければその交通サービスの利用量は増えるでしょう。個別需要曲線を市場全体で足し合わせたものを**需要関数**と呼びます。

また，売り手である交通事業者は，交通サービスの需要量を想定したうえで，交通サービスを供給します。交通事業者の目的は，可能な限り最大の利潤を得ることです。そのため，運賃や料金と**限界費用**（交通サービスを追加的に1単位供給するのに必要な費用）が等しくなる供給量を選択するとともに，総費用を最小化するように行動します。交通サービスを生産するためには，交通事業者もさまざまな財・サービスを購入する必要があります。つまり，交通事業者は最も費用が少なくなるよう，合理的に労働者を雇い，資本，燃料などを購入します。こうした交通事業者の合理的な意思決定を，運賃や料金の関数で表したものを個別供給関数と呼びます（詳細は前掲書3章4節を参照してください）。個別供給関数を市場全体で足し合わせたものを**供給関数**と呼びます。

## 需要と供給のグラフと市場均衡

交通サービス市場において，複数の売り手（交通事業者）と複数の買い手（移動者）が運賃や料金を通じて交通サービスを取引し，交通サービスの運賃や料金と量が決定します。なお，以下では料金は考えないとします。図3.1は交通サービス市場の需要曲線，供給曲線を単純化して示したものです。需要曲線，供給曲線ともに価格の関数のグラフです（需要曲線と供給曲線が直線なのは単純化のためです）。市場に売り手・買い手が多数存在しており，市場への参入・退出が自由で，かつ取引するサービスが同質的で，さらにその価格と品質などの情報を売り手も買い手もよく知っている状態を**完全競争市場**といいます（前掲書3章1節を参照）。この場合，交通サービスの価格と量は需要曲線と供給曲線の交点で決まります。この状態のことを**均衡**と呼び，もうこれ以上動かないということを意味します。たとえば，ある売り手が，もっと高い価格を設定して利潤を増やしたいと考えたとします。もし，市場で取引される交通サービスが完全に同質的ならば，移動者は高い価格の交通サービスを選択する理由はありません。そのため，この売り手も結局は価格を**均衡価格**まで下げるでしょう。

もし，何らかの理由ですべての売り手が図3.1の均衡価格 $p^*$ よりも高い価格 $p'$ を設定したとします。この場合，売り手は供給量を $q'_S$ に増やしますが，

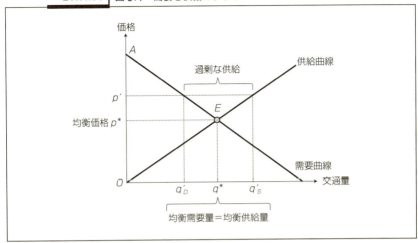

CHART 図3.1 需要と供給のグラフ

買い手は消費量を $q'_D$ に減らすため，交通サービスの売れ残り（過剰な供給）が生じます。新幹線や飛行機，バスなどの座席ががらがらで運行（運航）されている状況をイメージしてください。売れ残ったとしても，サービスを供給するための費用は生じるため，売り手はすべてを売り切るために価格を下げるでしょう。結局，売る量（供給量）と買う量（需要量）が等しくなるまで，価格は下がります。これが均衡価格の意味であり，売り手が自由に価格を設定しているのに，自らの意思とは異なる，市場で決まった価格を受け入れている状態です。このように完全競争市場では，売り手も買い手も**価格受容者**（プライス・テーカー）になります。

## 余　剰

　余剰とは，移動者と，交通事業者の取引による金銭評価した幸せを意味し，市場の効率性を示す指標として用いられます。移動者（消費者）の幸せを**消費者余剰**と呼びます。たとえば，徒歩だと1時間かかる目的地まで，200円を支払って鉄道に乗り，20分で移動したとします。この移動者は鉄道を利用することで40分得したわけですから，少なくとも200円，またはそれ以上，その鉄道の利用に支払ってもよいと考えていたはずです。この交通サービスを利用することの価値を**支払意思額**と呼びます。もし，この移動者の支払意思額が1000円の場合，この移動者は800円（1000円－200円）の消費者余剰を得たと考えます。

1　需要と供給の基礎

このことを図3.1で確認します。需要曲線が右下がりですが，これは支払意思額が高い移動者を左から順に並べていると考えることができます。そのため，需要曲線より下の面積は支払意思額の合計を表します。この交通サービスがどのくらい消費されるかによって，支払意思額の合計は変わりますが，均衡需要量の場合，支払意思額の合計は台形 $AEq^*O$ の面積になります。移動者が支払う価格の合計（$p^* \times q^*$）は四角形 $p^*Eq^*O$ の面積であるため，消費者余剰の合計は三角形 $AEp^*$ の面積で表されます。

交通事業者（生産者）の幸せも同じように表すことができます。同じように図3.1で確認しましょう。供給曲線が右上がりですが，これは供給してもよいと考える価格が低い順に交通事業者を左から並べていると考えることができます。低い価格で供給してもよいと考える理由は，その交通サービスを供給するのに必要な費用が低いからです。100円しか費用がかかっていないときに，1000円で供給できたら900円（1000円−100円）分の得になります。これが**生産者余剰**です。

供給曲線の下側の面積は交通事業者の可変費用を表します。そのため生産者余剰は交通事業者の収入（四角形 $p^*Eq^*O$）から可変費用（三角形 $Eq^*O$）を引いた三角形 $p^*EO$ になります。なお交通事業者の利潤はこの生産者余剰から図示されていない固定費用を引いたものです。

**総余剰**は消費者余剰と生産者余剰の合計で定義されます。厳密にいえば，この合計から固定費用を引いたものが総余剰になります。上でも示したように，図3.1は固定費用を示せていませんが，供給量が変わっても，固定費用は変化しないため，余剰分析では消費者余剰と生産者余剰だけでも十分役立ちます。均衡状態の価格と量の場合，固定費用を無視すると，総余剰は三角形 $AEO$ の面積で表されます。これ以上，総余剰を大きくすることはできないため，最も効率的に資源配分がなされているといえます。完全競争市場では，政府が市場に介入しなくても，最も効率的な資源配分が実現されます。なお，完全競争市場の場合，政策介入を行うと，かえって状況が悪くなる場合があります。その代表例が7章で学ぶ数量規制です。

## 高すぎる運賃とは？

交通サービスに対する不満として，「運賃や料金が高い」「便数が少ない」と

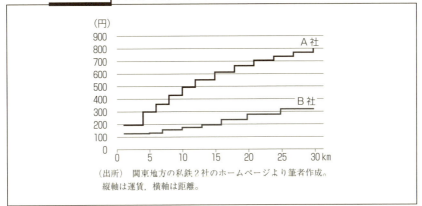
CHART 図3.2 関東地方の私鉄2社の距離別運賃

(出所) 関東地方の私鉄2社のホームページより筆者作成。
縦軸は運賃, 横軸は距離。

いった意見が見受けられます。しかし, 運賃が絶対的に高いという議論は経済学的に意味がありません。費用が高ければ, 運賃が高くなることは当然であり, 移動者が少なければ便数が少なくなることも当然です。

図3.2は関東地方のある私鉄2社（A社とB社）の距離別運賃（ICカード運賃）を示したものです。同じ距離でも交通事業者A社の運賃がB社の運賃より高く, 距離が長くなるとその差が大きくなることがわかります。A社の運賃は, あまりにも高すぎるために裁判になったほどです。この裁判では, 高い運賃が通勤や通学など日常生活の基盤を揺るがす損害が生じる懸念が指摘されました。ただし交通事業者が供給する交通サービスの運賃は, 8章で学ぶように規制されていますが, 基本的には需要と供給の関係で決まり, それはA社の場合も同様です。交通事業者A社の場合, 当初の予想よりも沿線人口が増えず, 利用者数が低迷しました。この状況は, 図3.1の需要曲線がより左に位置していると考えられます。その場合, $p^*$よりも高い価格と少ない供給量が最善になります。

## CHECK POINT

- □ 1 交通サービスは, 価格を対価として供給者（売り手）である交通事業者から需要者（買い手）である移動者に提供されるものです。
- □ 2 完全競争市場では, 需要量と供給量が等しくなる水準で価格が決定されます。
- □ 3 完全競争市場では, 政府が介入しなくても, 最も効率的な資源配分が実現されます。

交通サービスの特徴 (1)

▶ 規模の経済

### 固定要素が大きな交通サービス

2節では，供給者（交通事業者）から見た交通サービスの特徴を考えます。1章で見たように，人や物の移動を実現するために交通事業者によって供給されるサービスが**交通サービス**であり，輸送を供給する**輸送サービス**と，交通インフラを供給する**インフラ・サービス**に分けられます。

このうち，とくにインフラ・サービスでは，大規模な設備投資が必要になります（詳しくは第2部で見ます）。これは，交通インフラが，ネットワークとして整備されてはじめてその価値を最大限に発揮することができるためです。

ここで交通サービスの費用構造（費用関数）を考えてみましょう。交通サービスの供給に必要なすべての費用を意味する総費用は，固定費用と可変費用に分けられます（3.1式）。

$$総費用＝固定費用＋可変費用 \quad (3.1)$$

ここで固定費用とは，供給する交通サービスの量にかかわらず生じる費用を意味します。また可変費用とは，供給する交通サービスの量に応じて変化する費用を意味します。上で見た交通インフラの性格によって，交通サービスの総費用に占める固定費用の割合は大きくなります。

### 規模の経済

総費用に占める固定費用の割合が大きいという状態がもたらす最大の特徴が**規模の経済**の存在です。ここで規模の経済とは，**長期平均費用**が供給量の増加につれて逓減する状態を意味します。なお長期とは，固定的な生産要素の投入量を変えられるくらい長い期間という意味です。

議論を簡単にするために，可変費用がかからない場合を考えてみましょう。この場合，交通サービス1単位を供給するのに必要な費用を意味する平均費用は，固定費用を供給量で割ることで求められます。これを図示したものが図3.3(1)の平均費用曲線であり，反比例の形状になります。

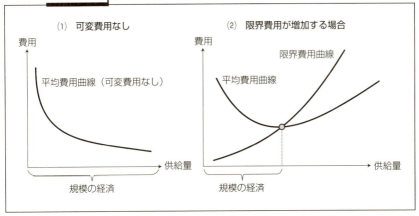

**CHART** 図3.3 規模の経済

すなわち，供給量が少ないときには，平均費用は非常に大きいのに対して，供給量が多くなるにつれ，平均費用は逓減します。ここで逓減とはだんだん減少するという意味であり，平均費用が逓減している状態を規模の経済があると表現します。とくに図3.3(1)の平均費用曲線は反比例の形状なので，途中から増加することはありません。そのため，すべての供給量で規模の経済があるといえます。この平均費用曲線の形状は，可変費用があり，かつ限界費用が一定の場合も同じです。この場合，平均費用曲線が上に平行移動するだけです。

それでは限界費用が増加する場合はどうでしょうか。この場合の平均費用曲線と限界費用曲線を図示したものが図3.3(2)です。図3.3(1)との違いは2つあります。第1に，平均費用曲線が下に出っ張っていることです。第2に，限界費用曲線が右上がりの形状であることです。

ここで，平均費用曲線の最低点を限界費用曲線が通っていますが，これはなぜでしょうか。直感的にわかりやすい例をあげましょう。いま，交通論の定期試験の平均点が50点だったとします。そして病気で定期試験を受けられなかったA君が追試試験を受けたとします。A君の得点が50点より高ければ定期試験の平均点は上がりますが，もしA君の得点が50点より低ければ定期試験の平均点は下がります。これと同様に，ある供給量の平均費用よりも高い限界費用が加われば，平均費用は上がります。平均費用曲線と限界費用曲線の交点より右側の平均費用曲線が上昇しているのはこのためです。

規模の経済があるのは平均費用曲線と限界費用曲線の交点より左側の供給量

の場合です．反対に，平均費用曲線と限界費用曲線の交点より右側の供給曲線の場合，規模の経済はありません．すなわち，同じ費用関数でも，供給量によって規模の経済が生じるときと生じないときがあります．なお供給量は，交通サービスに対する需要と後述する市場での競争状態によって決まります．

## 規模の経済の程度

規模の経済がある範囲でも，その影響は一定ではありません．図3.3(2)の平均費用曲線の最低点よりわずかに左の供給量では，平均費用曲線の傾きはほとんど水平です．この場合，規模の経済が弱く働いていると考えます．その一方で，原点に近い水準の供給量では，平均費用曲線の傾きはとても急です．この場合，規模の経済は強く働いていると考えます．一般に，タクシー産業やバス産業での規模の経済は弱く，固定費用の大きな鉄道産業は規模の経済が強く働きます．

規模の経済の程度は数値化できます．生産量に関する総費用の弾力性という指標です．これは以下の式で表されます．

$$\text{生産量に関する総費用の弾力性} = \frac{\text{総費用の変化率}}{\text{生産量の変化率}} = \frac{\text{限界費用}}{\text{平均費用}}$$

もし生産量が1%増加した場合，総費用も1%増加したならば，規模の経済はありません．生産量に関する総費用の弾力性は1です．簡単な計算をすると，この指標は平均費用と限界費用の比の値になります．生産量に関する総費用の弾力性が1のとき，平均費用と限界費用は一致します．もし，生産量が1%増加した場合，総費用が0.5%しか増加しなかったならば，これは規模の経済があります．このとき，生産量に関する総費用の弾力性は0.5になります．つまり，平均費用は限界費用の2倍になります．図3.3(2)の平均費用曲線の傾きが右下の領域です．すなわち，平均費用＞限界費用のとき，規模の経済があります．生産量に関する総費用の弾力性が0.95でも0.5でも，両方，規模の経済がありますが，後者の方がより強く規模の経済があるといえます．

この指標は費用関数から簡単に求められます．いま，被説明変数を総費用，説明変数を生産量やインプット価格とする費用関数を回帰分析で推定するとします．総費用を総費用の自然対数，生産量を生産量の自然対数とすると，推定の結果，得られた生産量の自然対数のパラメーターが生産量に関する総費用の

弾力性そのものになります。これは簡単な計算で示せますが,ここでは省略します。

### 規模の経済の影響

このように規模の経済が強く働く市場では,複数社の交通事業者が少しずつ交通サービスを供給するよりも,1社の交通事業者が市場全体の需要を満たすだけの量の交通サービスを供給する方が,総費用が少なくなることを意味します（なお,正確にはこのときの条件として,同じ市場の交通事業者の費用構造が同じであることが求められます）。この場合,**自然独占**がある,または**費用の劣加法性**があると表現します。

自然独占がある市場の場合,自由競争の結果として,市場が独占状態になる可能性が高くなります。たとえば鉄道産業の場合,サービス供給のためにトンネルを掘ったとします。この費用は供給量にかかわらず生じる固定費ですが,この市場から撤退した事業者は,その費用を回収できません。このような費用を**埋没費用**（サンク・コスト）と呼びます。このため交通事業者は撤退しなくてよいように激しい競争を繰り広げることになります。この競争を破滅的競争（**過当競争**）と呼びます。これに対して日本では,過当競争の回避を目的として競争を避ける規制政策を採用してきました。そのため,交通産業は規制とは切っても切り離せない産業です（詳しくは8章で見ます）。

なお,自然独占は市場の範囲をどう捉えるかによっても変わる点に注意が必要です。たとえば,自動車産業も固定費の割合は小さくありませんが,国内だけでなく世界を市場と捉えると,規模の経済の働きは弱くなります。ただし,交通産業は,市場が空間的に限定されており,**地域独占**になりやすい性質を持っているといえるでしょう。

### 固定費用を可変費用に変える交通事業者

すべての交通事業者が交通サービスの固定費用部分に対して固定的な価格を負担しているとは限りません。

たとえば陸上交通の場合,バスやタクシー,トラックなどの輸送サービスを供給する交通事業者は,一般道路や高速道路などの交通インフラを利用して輸送サービスを移動者に供給します。このとき交通インフラを利用する対価とし

> **Column ❸-1　実証分析における資本費**
>
> 　多くの場合，固定費は土地代や資本費のことを指す場合が多いようです。資本費は人件費よりもわかりにくい概念ですが，費用関数の実証分析でどのように資本費が求められているか見ておくのは，ここでの議論を理解しやすくするでしょう。
>
> 　企業は銀行借入や社債の発行などで調達した資金を用いて，車両や建物といった資本を形成します。しかし，これがすべて取得年の資本費になるわけではありません。車両や建物のような時間の経過とともに資産価値が減少する固定資産を購入した際に，その耐久年数に応じて費用計上する会計手法を減価償却といいます。1億円で購入した車両が5年使える場合，1年ごとの減価償却額は2000万円です。これに利子率を考慮した値が最も単純に考えた，その年の資本費となります。

て，燃料税をはじめとする自動車関係諸税や高速道路料金などを負担します。このことは，インフラ・サービスを利用する事業者によって，交通サービスの固定費用の部分が可変費用に変換されていると見ることができるでしょう。その結果として交通事業者の固定費用の割合は低くなります。

### 密度の経済

　規模の経済と似た概念に**密度の経済**があります。密度の経済とはネットワークが同じときに，供給量の増加率よりも総費用の増加率が低いことを意味します。鉄道や航空路線のある1区間で供給量を増やすと，その区間での平均費用が低下することを意味します。規模の経済は交通事業者単位で考えた規模の効果を意味していたのに対して，密度の経済はある企業の一定範囲内の事業での規模の効果を意味します。

　この密度の経済を活かした，交通ネットワークの形状が**ハブ・アンド・スポーク・システム**で，航空・海運・トラック市場などで見られます。ネットワークの形状を車輪のハブとスポークにたとえたものです。航空の場合，路線が集中する空港をハブ空港と呼びます。図3.4はこれを示したものです。図の右側のように，ハブ空港間の路線に便数を集中させ，密度の経済により全体の費用を削減します。また，より大きな機材で運搬することを可能にします。

CHART 図3.4 ハブ・アンド・スポーク

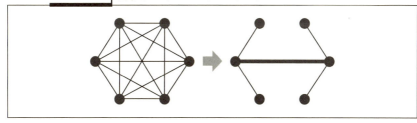

　密度の経済の対になる概念が**ネットワーク規模の経済**です。これは密度の経済が一定であるとき，ネットワークが増えた場合の指標です。密度の経済とネットワーク規模の経済を包含したものが規模の経済といえます。なお，**ネットワーク外部性**とは，利用者が増えると，利用者の限界便益が増加する需要サイドの外部性を意味するもので違う概念である点に注意してください。ネットワーク外部性がある場合，ハブ空港は利用者にとってより魅力的な空港になる可能性があります。

CHECK POINT

- □１　交通サービスは固定費用が大きなサービスです。
- □２　総費用に占める固定費用の割合が大きいと，規模の経済が生じやすくなります。
- □３　規模の経済が強く働く市場では自然独占が生じやすくなります。

##  交通サービスの特徴(2)
**▶ 範囲の経済と自然独占**

### 範囲の経済

　交通事業者は，1種類のサービスだけではなく，複数の種類のサービスを同時に供給する場合が少なくありません。たとえば鉄道会社は，旅客を対象とした輸送サービスを供給するとともに，貨物を対象とした輸送サービスを供給したり，駅ビルやホテルなど関連事業を運営する場合があります。このとき，ある1つの市場（たとえば旅客輸送サービス）への供給には規模の経済があっても，供給するすべてのサービス全体で見ると，自然独占が成り立たない場合があります。

> **Column ❸-2　並行在来線は切り離すべきか？**
>
> 　新しい新幹線の開業は，その地域の悲願で喜ばしいニュースである反面，地元のすべての利用者の状態がよくなるわけではありません。JR は新幹線と並行して走る在来線を同時に経営することが厳しく，経営を分離して第三セクター鉄道として存続している場合があります。須田・依田（2004）は，民営化後の JR 旅客 6 社の新幹線と在来線の費用関数を推定し，新幹線と在来線の間に範囲の経済が存在しているとはいえないことを明らかにしています。これは並行在来線を分離する政策に対する一定の評価を示すと考えられます。

　いま，ある鉄道会社が旅客輸送サービスと貨物輸送サービスを供給しているとします。以下の関係が成り立つ場合，**範囲の経済**があると考えます。

旅客輸送サービスと貨物輸送サービスを同時に供給する費用　<　旅客輸送サービスのみを供給する費用　＋　貨物輸送サービスのみを供給する費用

　このとき，範囲の経済が生じる最大の要因が**共通費**（結合費）の存在です。たとえば，線路や駅舎は旅客輸送サービスにも貨物輸送サービスにも使う共通の経営資源です。仮に貨物輸送サービスを供給しなくても，この共通の経営資源に必要な費用である共通費の額は変わりません。もし，この鉄道会社が旅客鉄道会社と貨物鉄道会社に分離した場合，それぞれの会社が線路や駅舎を建設する必要が生じるため，2 社の費用の合計は 1 社のときの費用よりも大きくなります。

　ただし，範囲の不経済が存在することもあります。それは，**費用の補完性**がない場合です。費用の補完性とは，あるサービスの供給量が増加すると，ほかのサービスを供給する限界費用が低下する性質のことです。たとえば，旅客輸送サービスを増やすために，これまで貨物輸送サービスが利用していた夜の時間帯に旅客輸送サービスを供給するとします。旅客輸送サービスと貨物輸送サービスが利用する線路は同じであるため，貨物サービスは今までよりも遅い深夜にサービスを供給する必要が生じてしまいます。この場合，交通事業者は労働者に対して，深夜手当を含めた，より多くの賃金を支払わなければなりま

せん。このことは貨物輸送サービスの限界費用が増加することを意味し，このとき費用の補完性は存在しません。この影響が共通費の効果よりも大きければ，範囲の経済がないことも考えられます。一般的な企業の場合，範囲の経済がなければ分社化するかもしれませんし，範囲の経済が見込まれるときは，企業は多角化に乗り出すかもしれません。

### 複数のサービスを生産する場合の自然独占

複数の種類のサービスを提供する交通事業者に自然独占があるかどうかは，規模の経済と範囲の経済の2つの側面から判定できます。厳密な議論ではありませんが，規模の経済と範囲の経済が両方あるときに，はじめて自然独占があるといえます。

自然独占は規制の根拠としてとても重要です（詳しくは8章で見ます）。本当に自然独占が存在しているのか，そしてどの程度の自然独占があるのかを，慎重に議論する必要があります。仮に自然独占があるとしても，その程度が小さければ，市場は独占状態にならないかもしれません。また，自然独占の程度が大きくても，インフラの部分を国が整備し，輸送サービスの運営のみを民間の交通事業者が担うことで，民間の交通事業者の総費用に占める固定費の割合を低下させることで，競争が機能しやすい市場をつくり出すという考え方もあります。なお，この考え方を**上下分離**といいます（詳しくは6章で見ます）。

**CHECK POINT**
- □1 範囲の経済が生じる要因として共通費の存在があります。
- □2 費用の補完性がない場合，範囲の不経済が生じる可能性があります。
- □3 規模の経済と範囲の経済がある場合，自然独占があります。
- □4 自然独占は独占を招く要因となります。

## 交通サービスの供給の問題点

### 交通サービス市場の実際

1節で見たように，完全競争市場では政府が市場に介入しなくても最も効率

的な資源配分が実現されます。しかし，現実の交通サービスの市場は完全競争市場ではありません。また，交通サービスの市場は地域独占になりやすい特徴を持っています。

　交通事業者の一例として鉄道会社を考えてみましょう。日本には数多くの鉄道会社がありますが，移動者はそれらすべての鉄道会社の中から利用する鉄道会社を選ぶわけではありません。たとえば，新宿（東京都）から八王子（東京都）に移動する人にとっては，JR東日本（中央線）や京王電鉄（京王線）を選択することができますが，新宿から大宮（埼玉県）に移動する人にとっては，JR東日本（埼京線，湘南新宿ラインなど）しか鉄道会社を選ぶことができません。このとき新宿－大宮間の鉄道市場は独占市場といえます。

　この独占がもたらす影響について，独占事業者（独占市場の交通事業者）の行動を通じて考えてみましょう。

## 独占事業者の行動

　交通事業者の主な目的は，利潤の最大化であり，この点では独占事業者も完全競争市場の交通事業者（競争事業者）も同じです。異なる点は，独占事業者には市場に競争相手がいないことです。競争事業者は，利潤を増やすために価格を高く設定したくても，競争相手がいるため，市場で決まる価格を上回る価格を設定できません。これに対して，独占事業者は競争相手がいないので，自らの利潤最大化のみを考えた価格と供給量を設定することができます。ここで重要な概念が，限界収入と限界費用の2つです。**限界収入**とは供給量を追加的に1単位増やすことで得られる収入です。

　独占事業者が設定する価格（独占価格）を示したものが図3.5です。競争事業者の場合，価格は市場で決まるため，供給量を変化させても価格は変化せず，需要曲線は水平になります。そのため，限界収入は価格と等しくなります。これに対して，独占事業者の場合，価格を上げると需要量が減るため，限界収入は低下します。たとえば，価格を100円から10円値上げしても，一部の人は購入しなくなるので，限界収入は110円よりも低くなってしまいます。需要曲線を直線で示した図3.5の場合，限界収入曲線は「需要曲線と切片が等しく，傾きが2倍の直線」になります。需要曲線よりも限界収入曲線が低い位置にあることがわかります。

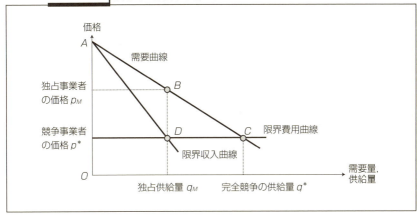

**CHART** 図3.5　独占事業者の価格決定

**CHART** 表3.1　独占市場と完全競争市場における余剰の違い

|  | 独占市場 | 完全競争市場 | 独占市場−完全競争市場 |
| --- | --- | --- | --- |
| 消費者余剰 | $ABp_M$ | $ACp^*$ | $-p_MBCp^*$ |
| 生産者余剰 | $p_MBDp^*$ | 0 | $p_MBDp^*$ |
| 総余剰 | $ABDp^*$ | $ACp^*$ | $-BCD$ |

　このことを簡単な数式で示しましょう。まず独占事業者の収入は価格×供給量です。この価格と供給量の組み合せは需要曲線上の1つの点で示されます。これは需要曲線を上回る価格と供給量を設定しても，そのような組み合わせは実現できないためです。図3.5で需要曲線は直線のため，「価格＝傾き×供給量＋切片」と表せます。つまり，

$$独占事業者の収入 = (傾き×供給量＋切片)×供給量$$
$$= (傾き)×(供給量)^2＋切片×供給量$$

と示すことができます。限界収入は，収入を供給量で微分することで求められます。すなわち，「限界収入＝2×傾き×供給量＋切片」と示すことができるため，「需要曲線と切片が等しく，傾きが2倍の直線」を意味するのです。

　独占事業者も競争事業者と同様に，限界収入と限界費用が等しくなる供給量に制限することで利潤を最大化できます。図3.5の場合，限界収入曲線と限界費用曲線とが交わる点$D$で供給量$q_M$が決まり，このときの需要曲線の水準で

ある点 $B$ から独占価格 $p_M$ が定まります。すなわち、独占事業者の価格 $p_M$ は競争事業者の価格 $p^*$ よりも高く、供給量 $q_M$ は競争事業者の供給量 $q^*$ よりも少なくなります。言い換えると、独占事業者は利潤の最大化のために、完全競争市場の場合に比べて供給量を少なくし、価格を高く設定するのです。

図3.5は需要曲線と限界費用曲線が直線であることを想定したものでしたが、一般に独占事業者の価格（独占価格）には以下の式が成立します。

$$独占価格 = 1 + \left( \frac{1}{需要の価格弾力性 - 1} \right) \times 限界費用$$

ここで**需要の価格弾力性**とは価格の変化に対してどれだけ需要が変化するかを表したものです。分数の分母に需要の価格弾力性があるので、価格の変化に比べて需要の変化が小さい必需的な交通サービスであればあるほど、独占価格は大きくなります。

つまり、独占事業者は必需的な交通サービスほど高い価格を設定します。すなわち通勤や通学で利用される鉄道やバスのように需要の価格弾力性が小さい交通サービスの場合ほど、独占事業者は価格を引き上げる行動をとる可能性があります。

## 独占市場がもたらす問題

独占事業者が競争事業者に比べて価格を高く設定することは、移動者にとって困ったことですが、そのこと自体は問題ではありません。経済学的な問題は2つあります。第1の問題は市場で実現される総余剰が小さくなることです。独占市場において実現される総余剰は、消費者余剰 $ABp_M$ と生産者余剰 $p_M BD p^*$ の合計 $ABDp^*$ です。これに対して、完全競争市場において実現される総余剰は、図3.5の場合、消費者余剰 $ACp^*$ と等しくなります（このとき生産者余剰はゼロです）。すなわち、独占市場の場合、完全競争市場の場合に比べて $BCD$ の面積の分だけ総余剰が小さくなります（表3.1）。市場メカニズムにゆだねると効率的な資源配分がうまくいかない、いわゆる市場の失敗の典型例であり、政府による規制を必要とする根拠の1つです（詳しくは8章で見ます）。

第2の問題は、独占事業者が非効率な経営を行い、費用水準が高くなってしまうことです。通常、競争事業者は、利潤を最大化すると同時に、費用を最小化します。これは、競争相手に比べて費用が高い交通事業者は、市場で決まる

価格でサービスを供給すると赤字になり,市場から淘汰されてしまう可能性が高まるためです。その一方で,独占事業者には市場から淘汰される心配がないため,費用を最小化する動機が存在しません。そのため過剰な投資や高い賃金など何らかの要因に基づく非効率(**X非効率**と呼ばれます)が生じがちです。この結果,独占市場では,余剰がさらに減少するという問題が生じるのです。

## CHECK POINT

- □ 1 交通サービスの市場は地域独占になりやすい特徴を持っています。
- □ 2 独占事業者は利潤の最大化のため,競争事業者より供給量を減らして価格を高く設定します。
- □ 3 独占市場がもたらす問題には,総余剰の減少と費用水準の上昇があります。

## EXERCISE ●練習問題

1. 以下の文章の空欄に入る適切な用語を考えましょう。
   独占企業は( ① )を最大化するため,限界収入と( ② )が同じになるように供給します。独占価格は需要の価格弾力性の( ③ )に比例するので,通勤通学に利用される鉄道サービスのような( ④ )的な財の場合,きわめて高い価格が設定されます。
2. 交通産業の中で,どのような交通機関が完全競争市場に近いといえるでしょうか。それはなぜでしょうか。理由とともに答えてください。
3. 長期と短期の費用関数の違いについて述べなさい。
4. 費用関数が $C = 100 + 10q$ で与えられるとき($q$ は供給量),供給量が5のとき,規模の経済があるか確認しなさい。
5. 費用関数が $C=2+2q$ で与えられ,需要関数が $D=10-p$ で与えられるとき($q$ は供給量,$p$ は価格),独占価格とそのときの企業の利潤,余剰の損失をそれぞれ求めなさい。

# 第 2 部
# 交通インフラ

PART 2

CHAPTER
4 交通インフラの特徴
5 交通インフラの評価と費用便益分析
6 交通インフラの財源と運営

# CHAPTER

## 第4章

# 交通インフラの特徴

北陸新幹線の開通：交通インフラは国や地域の経済成長を支える重要な社会資本です。（時事提供）

## INTRODUCTION

4章では交通インフラの特徴と経済効果について考えます。最初に交通インフラの4つの特徴を整理し，道路・港湾・空港・鉄道に関するインフラ整備の現状について学びます。次に交通インフラの経済効果について，さまざまな見方があることを学習します。多くの交通インフラは公的部門が整備しますが，その理由は何か，そして最後に整備費用をどのように負担しているのか，するべきなのかについて学びます。

> **新聞記事** 観光関連，幅広く恩恵，北陸新幹線開業1年，ホテル・駐車場・公共交通…，収容力不足が課題
>
> 　北陸新幹線が開業して1年後の2016年，北陸3県は観光客が増加し，宿泊業を中心にビジネスに恩恵を受けました。石川県では，兼六園の入園者数が6割増加し，金沢城公園は9割増加しました。金沢から離れた輪島市の輪島朝市の客数も25％増加しました。一方，ホテルの不足や「シングル1泊3万円」といった料金高騰の問題が起こりました。また，新幹線と直接競合する，小松，富山－羽田便が2往復，減便されました。
>
> （2016年3月15日付『日本経済新聞』地方経済面，北陸，8面をもとに作成）
>
> ① 新幹線や高速道路のような交通インフラにはどのような特徴があるでしょうか。
> ② 交通インフラの整備効果はどのような種類に分類できるでしょうか。
> ③ 最適な交通インフラの供給量とは，どのように考えればよいでしょうか。
> ④ 交通インフラの整備費用はすべて現役世代が負担するべきでしょうか。

# 1 社会資本とその特性

## 社会資本とは？

　社会資本とは英語で**インフラストラクチャー**，略してインフラで，社会基盤とも訳されるように，文字どおりあらゆる経済活動の基盤を担うものです。国土交通省は交通インフラの役割や目的を，①成長インフラ（生産拡大効果を高める），②生活インフラ（生活の質の向上），③安心安全インフラ（人命と財産を守る）に分類しています。交通インフラの代表が道路，港湾，空港，鉄道，地下鉄で，その多くは公的部門が整備を行います。これらのインフラを利用して，第3部で論じる交通サービスが企業により提供されます。交通以外の社会資本には上下水道，都市公園，治山治水施設，公共賃貸住宅などがあります。

　交通インフラを大規模インフラ（リニア新幹線など）と小規模インフラ（生活道路など）に分類しましょう。前者の特徴として，①初期投資額が莫大で，計画から建設・供用開始までに時間がかかることがあります。これにより，②最終的な整備費用と，供用開始後の需要が不確実になります。また，費用を回収できないサンク・コストの比率が高いため，投資リスクが高くなります。小規模なインフラも同様ですが，③平均耐用年数が長く，効果が長時間持続します。

**CHART** 表4.1 主な交通インフラの耐用年数とストック額

|  | 道路 | 港湾 | 空港 | 鉄道 | 地下鉄 |
|---|---|---|---|---|---|
| 耐用年数 | 50 | 47 | 16 | 26 | 33 |
| 純ストック額<br>(10億円) | 164,406 | 17,628 | 1,916 | 3,288 | 5,187 |

(注) 鉄道は鉄道建設・運輸施設整備支援機構等。純ストック額は2009年（試算③－2）の値。
(出所) 「日本の社会資本2012」。

**CHART** 表4.2 主な交通インフラと運営者

|  | 詳細 | 運営者 |
|---|---|---|
| 道路 | 有料道路 | 高速道路株式会社，地方道路公社 |
|  | 一般道路 | 国，都道府県，政令市，市町村 |
| 港湾 |  | 国，港務局，地方公共団体 |
| 空港 |  | 国，地方公共団体，空港会社 |
| 鉄道 |  | 民間事業者，第三セクター，（独）鉄道建設・運輸施設整備支援機構 |
|  | 地下鉄 | 民間事業者，地方公共団体 |

表4.1は主な交通インフラの耐用年数を示しています。交通インフラは時間の経過に伴いその価値が低下していく減価償却資産ですが，利用に耐えられる年数が長いことがわかります。そのため，民間資本に比べて資本減耗率が低いといわれます。最後に，小規模なインフラの一部は，④後述する公共財的性質を持つものがあります。

インフラの新設改良の毎年の投資額を合計して，供用年数の経過による除却および減価を差し引いて得た推計値を純ストック額といいます。表4.1から，5分野の中では圧倒的に道路ストックが大きく160兆円を超える規模になります。

表4.2に主な交通インフラとその運営者が示されています。日本では存在感が薄いのですが，海外ではパイプラインも重要な物流インフラとして機能しています。以下，交通インフラ別に日本の現状を見ていきましょう。

## 道路

道路は一般道路と有料道路に分かれ，前者は国土交通省の道路局が管轄する国道，県道，市町村道と都市整備局が管轄する街路，そして農林水産省が管轄

する農道・林道も含まれます。有料道路は6つの高速道路会社，そして公企業である地方道路公社が運営しています。

「道路統計年報2016」によれば，2015年4月1日現在，日本の道路延長は実延長で122万km整備されており，そのうちの84％が市町村道です。高速道路は8652kmで実延長の1％のシェアもありませんが，「平成22年度 道路交通センサス」によれば，走行台キロの10.5％を占めています。

日本の道路ストックは他国と比べると，一般道路の実延長に関しては他の先進国並みといえますが，高速道路延長は相対的に少なく，とくに首都の環状道路の整備率は低い状態です。ただし，他国との比較は面積や人口，経済規模の違いにより，単純比較はできない点に注意が必要です。

## 港　湾

港湾は大きく国土交通省が管轄する港湾法に基づく約1000の港湾と，農林水産省が管轄する漁港法に基づく2866の漁港があります（2017年時点）。港湾は外国貿易の拠点であり，かつ国内物流ネットワークの拠点でもあります。またフェリーなど海上旅客輸送の拠点としての機能もあります。港湾の管理者は国ではなく，地方公共団体（都道府県や市町村など）です。ただし，国は補助金を通じて港湾整備に重要な役割を果たしています。

港湾整備は大きく，①港湾整備事業（水域，外郭等の基本施設設備），②港湾機能施設整備事業（上屋，荷役機械等の設置），③臨海部土地造成事業（臨海部の用地造成）の3事業に分かれます（図4.1参照）。2009年度の主要8港の収入の内訳を見ると，入港料などの使用料収入は24.8％にすぎず，負担金（6％）や一般財源からの繰り入れ（19.3％）比率が高いことが特徴です。

港湾整備者は地方公共団体にとどまりません。埠頭とは，港湾で船を横づけにし，旅客の乗り降りや貨物の積み卸しをするための場所を一般的に指します。内貿埠頭，外貿埠頭，コンテナ埠頭などがあり，民間企業や第三セクター，公社などが，港湾に関連するサービスを提供しています。

## 空　港

日本には約100の空港があり，運営主体によって4つに分類されます。1つ目が会社管理空港で，成田，関空，中部など大規模国際空港がこれに該当しま

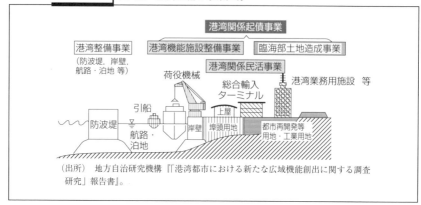

CHART 図4.1 港湾整備の事業区分

(出所) 地方自治研究機構『「港湾都市における新たな広域機能創出に関する調査研究」報告書』。

す。会社といっても，普通の民間企業と異なり，成田国際空港株式会社法など空港個別の法律で規制されています。また，株式も未上場で国が株を保有しています。2つ目が国管理空港です。羽田や新千歳，福岡，那覇などが該当します。国管理空港は空港ごとに会計を独立させずに，1つの会計として計上しており，4節で議論するプール制となっています。国管理空港の一部はコンセッションという事実上の民営化が進行中です。3つ目の地方管理空港は神戸や静岡などが該当し，都道府県が管理します。4つ目は，自衛隊との共用空港です。

会社管理空港以外のすべての空港は，管制塔や滑走路などの空港本体の機能が公的部門により供給されていますが，併設する空港ビルは民間企業，もしくは官と民が共同出資した会社である第三セクター方式によってサービスが提供されており，両者の経営が分離されています。

CHECK POINT

□ 交通インフラの特徴として，初期投資額が莫大で，供用開始までに時間がかかり需要も費用も不確実で，平均耐用年数が長く，一部は公共財である点があげられます。

# 2 交通インフラ整備の評価手法

### フロー効果とストック効果

社会資本を整備することを**公共投資**や**公共事業**と呼びます。図4.2は近年の公共事業費の推移を示したグラフです。1998年度をピークに徐々に公共事業費が減少傾向にあることがわかります。それでも毎年6兆円規模の公共事業が行われています。

交通インフラの整備には大きな費用がかかる反面、多様な経済効果が期待できます。整備効果の評価手法はさまざまなものが開発されてきました。経済効果は大きくフロー効果とストック効果に分類されます。

**フロー効果**は需要創出効果とも呼ばれ、公共投資により、原材料や労働力といった有効需要を増やし、建設部門以外の幅広い産業部門の経済活動を誘発し、経済全体を拡大させる短期的な効果を一般に指します。

**ストック効果**は整備効果とも呼ばれ、移動時間の短縮や輸送費用の削減などの効果をいいます。ストック効果は、直接効果と間接効果に分かれます。**直接効果**は、人や物の移動を円滑にし、地域の生産性を高める効果で、交通インフ

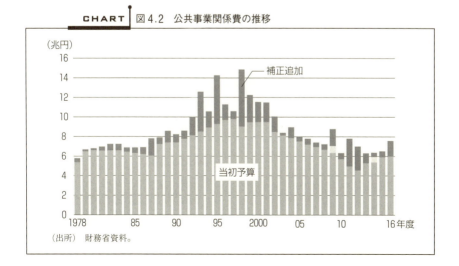

CHART 図4.2 公共事業関係費の推移

(出所) 財務省資料。

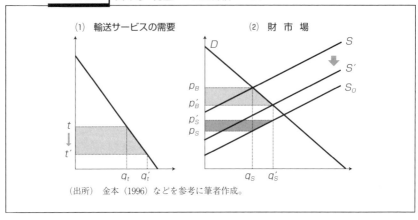

**CHART** 図4.3 発生ベースと帰着ベース

(1) 輸送サービスの需要　(2) 財市場

(出所) 金本 (1996) などを参考に筆者作成。

ラが果たすべき本来の役割を示します。これに対して，**間接効果**（波及効果）は，社会資本を直接利用しない経済主体に与える効果のことです。たとえば，高速道路の開業により，農作物の産地から都心部までの輸送費が低くなり，間接的に食料品の価格が低下するような効果を指します。税収の増加や雇用創出なども間接効果といえます。間接効果は金銭的外部性ともいわれますが，これはインフラ整備により便益を直接受けていなくても，市場を介して，その便益を間接的に享受しているからです。

### 発生ベースと帰着ベース

交通インフラ整備の事業を評価する方法には大きく発生ベースと帰着ベースの手法に分けられます。**発生ベース**とは，公共事業の便益が発生する場所でそれを計測する手法です。消費者余剰アプローチがこの代表的手法です。5章で学ぶ費用便益分析も実務的には，この考え方で分析が行われています。

一方，**帰着ベース**とは，国民所得アプローチともいわれ，公共事業の波及効果の行き着く先の便益を計測する手法です。産業連関分析，便益帰着表や空間的応用一般均衡分析などがこれに該当します。発生ベースと帰着ベースは基本的に同じ便益であり，別の見方をしているにすぎません。ただし，外部性や歪みがない場合に限ります（5章で詳しく学びます）。

簡単に説明しましょう。図4.3(1)は，ある輸送サービスの需要を示しています（供給曲線は省かれています）。この輸送サービスを必ず利用して，ある財が

運ばれるとしましょう．このとき，輸送サービス需要は派生需要になっています．図4.3(2)では財市場の需要曲線と供給曲線が描かれています．財を1単位供給する際には，財を1単位運ぶための輸送費 $t$ と，それ以外の生産費用 $S_0$ がかかります．そのため，輸送費を含めた財の供給曲線は $S$ になります．このとき，市場の均衡価格は $p_B$ になります．これは買い手の価格です．輸送費 $t$ を除いた売り手の価格は $p_S$ になります．なお，財市場の需要量 $q_s$ と物流サービスの需要量 $q_t$ は同じ値になっています．

いま，交通インフラ投資が行われて，輸送費が $t$ から $t'$ に低下したとします．図(1)の網かけ部分が輸送サービスの余剰の増加を示します．これが発生ベースの評価です．次に，輸送費の低下により，図(2)の財市場の供給曲線が $S'$ に低下します．よって市場均衡価格は $p'_B$ に低下し，均衡需要量は $q'_s$ に増加します．これにより，財市場の消費者は上の台形の面積だけ消費者余剰が増えます．一方，生産者も下の台形の面積だけ生産者余剰が増加します．消費者余剰の追加と生産者余剰の追加を足したものが帰着ベースの評価となります．外部性や歪みがない場合，発生ベースと帰着ベースの余剰の変化の大きさは完全に一致します．

## 産業連関分析

交通インフラ整備の**波及効果**を測定する手法の1つに産業連関表を使った分析があります．産業連関表は産業部門間の取引を表す統計表です．産業連関表を使って波及効果を測定することができます．

フロー効果に似た用語として，**後方連関効果**があります．これは川上の産業に与える波及効果です．川上というのは，交通インフラを整備するために中間投入として需要する産業に与える効果です．たとえば，高速道路会社は道路整備を建設会社（高速道路を供給する側）に発注し，建設会社はセメントを購入します．道路整備の量が増えると川の流れに逆らって便益が波及します．これに対して，川下の産業（高速道路を需要する側）に与える波及効果を**前方連関効果**と呼びます．たとえば，小麦の生産量が増加したことによって，パンの消費量が増加するような波及効果です．

交通インフラ整備の経済効果は，どの産業に波及しているのでしょうか．これを知る1つの方法が**投入係数**です．投入係数とは，ある産業が財1単位を生

産するために，原材料として，他の産業の財をいくら投入したのかを示したものです。投入係数から，金額ベースで交通サービスを多く需要する産業がわかります。

たとえば，運輸には，鉄道輸送，道路輸送（自家輸送を除く），自家輸送，水運，航空輸送，貨物利用運送，倉庫，運輸付帯サービスが含まれますが，2011年の運輸・郵便部門では，鉱業の投入係数が0.256と圧倒的に多くなっています。これは，新しい鉱山の発見などにより100億円分の鉱業が新たに生まれた場合，交通産業から25.6億円分のサービスが需要されるという意味です。ほかにも，運輸・郵便（0.106），商業（0.056）が交通サービスを多く購入しています。意外にも製造業（0.026）はあまり運輸サービスを購入していません。

### 応用一般均衡モデル

産業連関分析は比較的容易に波及効果を測定できますが，財の代替性が考慮されないなど，モデルの前提条件に強い仮定を置いています。より現実的な仮定に基づくモデルが**応用一般均衡モデル**です。一般均衡とは，すべての市場において需要量と供給量が均衡する状態を指します。応用一般均衡モデルとは，産業連関表などのデータを利用して，家計の効用最大化や企業の利潤最大化などをモデル化し，数値シミュレーションを可能にするものです。さらに空間的に各地域・各経済主体の取引にまで拡張したのが，**空間的応用一般均衡分析**です。

たとえば高速道路が新たに整備されると，一般化費用（2章2節を参照）が低下します。これは高速道路サービスを購入する企業（たとえば物流企業）の費用を押し下げ，利潤を増加させるでしょう。増加した利潤は，労働者や株主に配分されます。これは世帯所得の増加につながり，高速道路が整備された地域の商業・サービス産業の需要を増やすでしょう。同時に，企業の費用の低下は，その企業が提供する財・サービスの価格下落につながります。一方，各世帯は，一般化費用の低下により，その地域への訪問回数を増やすでしょう。観光客の増加は，宿泊業や飲食業などの観光関連産業の売上増に貢献します。長期的には，工場などの事業所の新規立地，居住人口の増加なども期待できます。中央政府や地方政府も税収の増加という恩恵を受けます。一方で，その地域と競合関係にある地域では，マイナスの経済効果が発生する点も忘れてはなりません。

地域によって産業構造は異なりますので、どの地域のどのような経済主体に便益・不利益が及ぶのかを把握することは重要な政策的知見を与えます。

空間的応用一般均衡分析はデータ入手や分析の困難さからプロジェクト評価などの実務ではあまり用いられていませんが、交通インフラの整備の便益が最終的にどの経済主体にもたらされるか、その仕組みを知るのは重要です。

**CHECK POINT**

- □ 1 交通インフラの整備はフロー効果とストック効果に分かれます。ストック効果はさらに直接効果と間接効果に分かれます。
- □ 2 交通インフラ整備の事業評価には発生ベースと帰着ベースの2つの手法があります。外部性や市場に歪みが存在しない場合、両者は一致します。

## 公的部門のインフラ整備

### 公共財とは？

なぜ公的部門が交通インフラを整備するのでしょうか。1節で論じたように、大規模なインフラの場合、事業リスクが高すぎて民間企業では引き受けられない可能性があります。加えて、空港や港湾のように国防上の理由もあげられます。また、自然独占性が強く働き、民間企業が独占的な行動をする可能性や、外部効果が強く働き、民間企業が最適な供給量を提供しない可能性も指摘されます。ただし、最後の2つの理由は、公的部門が供給する以外にも市場の失敗を回避する方法があります。

もう1つの理由が**公共財**です。公共財とは公的部門が提供するサービスだから公共財なのではありません。公共財は通常の財とは異なる2つの性質を持ちます。1つ目が**消費の非排除性**です。これは対価を支払わない者を、その財の消費から排除できない性質を意味します。別の言い方をすれば、排除するのに多額の費用がかかる性質です。2つ目が**消費の非競合性**です。これは誰もが同じ財を同時に消費できる性質を意味します。別の言い方をすれば、財の生産にかかる限界費用がほとんどゼロに近い財をいいます。この両方の特徴を持つ財を**純粋公共財**と呼びます。競合性、あるいは排除性のどちらか片方だけないも

**CHART** 表4.3 公共財の分類

|  |  | 排除性（排除費用） | |
|---|---|---|---|
|  |  | なし（高い） | あり（低い） |
| 競合性（混雑費用） | なし（低い） | 純粋公共財 | クラブ財 |
|  | あり（高い） | コモンズ | 私的財 |

のを**準公共財**と呼びます（表4.3）。

たとえば街路は公共財です。皆さんも自宅から大学に行くまでに，街路を歩いて通学しているはずです。街路の整備には当然，費用がかかりますが，すべての街路に対して，料金を設定し，その料金を支払わない歩行者や自転車利用者を排除するのは不可能ではないにしても，その実施費用は現実的ではありません。また，街路は追加的に1人歩行者が増えたとしても，十分に空いていれば，ほかの歩行者の移動を妨げませんし，追加の費用は発生しません。このような財は，民間企業が自発的に整備するのに任せていては，整備量が過少になってしまうのは容易に理解できると思います。

排除性があり，競合性がない財を**クラブ財**といいます。たとえば高速道路や駐車場などがこれに該当します。6章で再度，議論しますが，便益が一定地域に限定されている公共財はクラブ財と考えることもできます。普段は利用しない不採算鉄道を沿線住民がお金を支払って維持する場合もクラブ財と考えられます。

反対に排除性がなく，競合性がある財を**コモンズ**（コモンプール財）といいます。たとえば，漁場など排除性がない場合，再生産のスピードよりも多くの魚が乱獲（過剰消費）され，漁場の価値を損なうことをいいます。交通ではあまり具体例がありませんが，歩道や鉄道ターミナル駅前の駐車場がこれに該当するかもしれません。自動車は無料で自由に構内に入り，乗り降りすることができますが，客待ちタクシーなどが溢れると，駅前広場本来の機能を損ねる可能性があります。

### フリーライダー問題

先に述べた公共財の特徴により，利用者は料金を支払わなくても，サービスを受けることが可能になります。そのため，利用者は，その社会インフラに対して正しい支払意思額を示さなくなり，民間企業は必要な収入を得ることがで

CHART 表4.4 公共財の自発的供給

|  |  | Bさん | |
|---|---|---|---|
|  |  | 供給する | 供給しない |
| Aさん | 供給する | (2, 2) | (−1, 3) |
|  | 供給しない | (3, −1) | (0, 0) |

きないことから、市場でサービスを提供することが困難，もしくは過少な供給になります。これは**フリーライダー**（ただ乗り）問題といわれます。

　簡単な例を**囚人のジレンマ**の利得表を用いて示しましょう。いま，AさんとBさんが公共財（たとえば違法駐輪の見回り）を自発的に提供するかどうかを検討しているとします（表4.4）。公共財が提供されると両者に3の便益が発生しますが，供給するために4の費用が必要です。AさんとBさんが同時に供給すると，便益が3+3で6になると仮定しましょう。このとき，Aさん，Bさんの利得表は表4.4のとおりになります。かっこ内の左側の数値がAさんの利得を，右側の数値がBさんの利得を表しています。Aさんが公共財を供給する場合，Bさんは供給しない方が便益は高くなります。Aさんも同様で，**ナッシュ均衡**（自分1人だけが戦略を変えても利益を得ない状態）はAさんもBさんも自発的に供給しないこととなります。いうまでもなく，社会にとって望ましいのは，両者が供給する場合です。

　このように公共財は政府が税金で費用を負担し，無料でサービスを提供します。しかし，政府は公共財の供給量，財源の調達方法（誰が費用を負担するか）を考えなければなりません。これが公共財である交通インフラの次なる問題になります。

## 道路は公共財か？

　道路は代表的な交通インフラですが，公共財でしょうか。道路は大きく一般道路，高速道路，街路に分かれます。一般道路は，混雑していなければ純粋公共財であるといえます。一方，高速道路（有料道路）は，出入口に料金所が設けられており，適切な料金を支払わない自動車を排除することができます。よって純粋公共財ではありません。事実，高速道路会社は高速道路料金で高速道路の整備・運営費を賄っています。同様に空港や港湾も，厳密な意味で純粋公共財ではありません。なお，空港や港湾はネットワークにおける結節点

（ノード）で，ノードを結んだものをリンクといいますが，それに該当する航空路や海路は公共財といえるでしょう。

> **CHECK POINT**
> ☐ 1 公共財とは消費の非排除性と非競合性をあわせもつ財をいいます。
> ☐ 2 公共財は市場に任せるとフリーライダー問題が発生し，社会的に望ましい量が供給されません。

# 4 交通インフラの供給量と費用負担

## 公共財の最適な供給量

　市場メカニズムを利用できない公共財は，どの程度，供給するのが望ましいでしょうか。図 4.4 は，公共財の最適な供給量を示しています。横軸は公共財，たとえば街路の供給量で，縦軸は価格になっています。$D_A$ は A さんの街路に対する限界評価，$D_B$ は B さんの限界評価を示しています。限界評価とはある公共財の水準における金銭評価を意味します。ある供給量に対する限界評価，すなわち支払意思額を示しているので，両者の合計は垂直方向に足し合わせた $D_A + D_B$ になります。これが市場全体の限界評価になるわけですから，限界費用と交差する供給量が最適な供給量になります。

　実際にはこの支払意思額を消費者に正直に示させることは非常に困難です。私的財の場合，市場価格で財を購入すれば，それ以上の支払意思額を持っていたことになります。公共財は非排除性があるため，これができません。ここで，政府が公共財を供給する手法の 1 つである**リンダール・メカニズム**を紹介しましょう。これは，①政府が各個人に公共財の負担率を提示します。②各個人は負担率に基づく公共財の需要量を申告します。③各個人の需要量が同じかどうかを確認します。上の例では B さんは公共財の評価が高いので，B さんの負担率を高く，A さんの負担率を低くします。政府は需要量が一致するまでこれを続けます。これにより，最適な供給量が決まりますが，容易にわかるように，B さんは正直に公共財の需要量を示す理由がありません。このように各個人から直接，公共財の支払意思額を得るのは困難です。

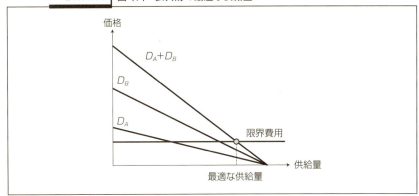

図4.4 公共財の最適な供給量

### 応能原則と応益原則

次に公共財の費用負担のあり方を考えてみましょう。そもそも誰が公共財の費用を負担するべきなのでしょうか。2つの考え方があります。1つが**応能原則**、もう1つが**応益原則**(受益者負担)です。前者は、公共財の費用を国民の負担能力、すなわち、所得や資産の多い経済主体がより多く負担するべきであるという考え方です。これは資源配分の効率性以外の基準である公平性の議論と結びついています(12章で学びます)。後者は、私的財と同様に、公共財でも消費者が享受した量や便益に比例して費用を負担するべきという考え方です。この考え方に関連する財政制度が特定財源と目的税で、自動車関係諸税がこの代表例です。以下、議論を簡単にするため、道路を中心に議論していきましょう。

### 特定財源と目的税

**特定財源**は使途が特定化された財源のことで、**一般財源**は使途が特定化されていない財源です。現在は一般財源化されましたが、かつての道路特定財源は、自動車の利用者(受益者)が、道路目的税である自動車関係諸税を通じて、道路整備・維持管理費の費用を負担していました。

戦後、日本は道路整備が圧倒的に遅れていました。有名なワトキンス・レポート(1956年)では「日本の道路は信じ難いほど悪い」と酷評されましたが、財源不足で道路整備は進みませんでした。1954年に揮発油税(ガソリン税)を道路整備の特定財源とし、その後、軽油引取税、石油ガス税、自動車取得税、

> **Column ❹-1　二重課税の問題**
>
> 　自動車関連諸税で批判されている点に二重課税の問題があります。たとえば，揮発油税や自動車取得税は，まず自動車関係諸税が商品価格に付加されたうえに，通常の消費税がさらに加算されます。税金の分も消費税が加算されるため，不公平という声も少なくありません。

自動車重量税などが創設され，その大部分が特定財源に組み込まれました。2009年に道路財源は一般財源化されましたが，現在も税収と支出額はほぼ同じ（2013年度の自動車関係諸税の税収額6兆3616億円，道路・都市計画街路事業費6兆3978億円）で，擬似的な道路特定財源が存続しているといえます。

　特定財源のメリットは，第1に，受益者が「税」という名前がついた事実上の利用料を払うため，受益と負担が一致することです。これは10章で学ぶ料金規制の原則の1つ **受益者負担の原則** とも合致します。第2に，景気や政治的判断に左右されず，安定的な財源となるため，懐妊期間の長い交通インフラ整備に適している点です。

　一方，特定財源のデメリットは，第1に自動車関連諸税を「税」として見たとき，使途が限定されるのは非効率という点です。財源が「色のついていない」消費税や所得税の場合，これを特定財源とすることは非効率です。しかし，目的税とセットになった特定財源は，道路利用者が道路整備費用を負担するので，擬似的な市場メカニズムともいえ，受益者が明確です。すなわち，道路利用者が支払った税金分だけ，道路サービスが提供されるからです。また，燃料税額はほぼ走行距離に比例しますし，税金を支払わずに道路サービスを利用するのは，ほぼ不可能だからです。道路に対する支払意思額が高い人が利用するため効率的で，かつ負担も公平です。特定の財への課税は余剰の損失を生み非効率です。自動車関係諸税は，一般財源化された時点で目的税とはいえず，本来であれば一般財源化と目的税の廃止はセットで考えるべきでした。

## 最適な税率と投資額

　特定財源の批判の第2は，財源がある限り，道路整備に費やしてしまうという批判です。この議論は，最適な道路投資水準はどの程度か，別の言い方をす

| CHART | 図 4.5 最適な公共投資

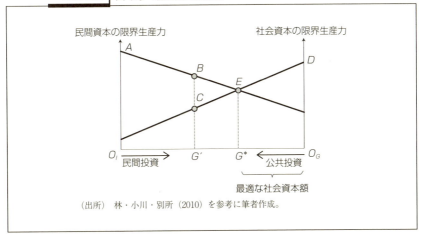

(出所) 林・小川・別所 (2010) を参考に筆者作成。

れば,最適な道路交通量水準はどの程度か,そして裏表の関係である,最適な税率はいくらか(現在の税水準は適切か,高すぎはしないか),ということです。

最適な交通インフラの投資水準を判断する方法の1つを図4.5で説明しましょう。左の縦軸は民間資本の限界生産力を示しています。限界生産力は民間資本が1単位増えることで増加するGDPを意味します。横軸は投資額で,右下がりの直線になっているため,投資額が増えると限界生産力が減少していくことがわかります。一方,右の縦軸は社会資本の限界生産力を示しています。少しわかりにくいですが,右側の原点は社会資本がゼロの水準で,左に行くほど社会資本の投資額が大きくなることを意味します。公共投資も投資額が増えるほど限界的な生産力が低下していくことがわかります。すべての投資額が民間投資か社会資本に割り振られます。

ここで社会資本の最適供給量は,民間資本の限界生産力と社会資本の限界生産力が等しくなるときになります。図の $G'$ では社会資本の限界生産力が民間資本の限界生産力を下回っています。このとき,民間資本の生産は $ABG'O_I$ となり,社会資本の生産は $DCG'O_G$ になります。民間資本と社会資本の限界生産力が等しくなる社会資本の投資水準 $G^*$ で,民間資本の生産は $AEG^*O_I$ ,社会資本の生産は $DEG^*O_G$ となり,両者を合わせて最も大きな面積になることがわかります。

図4.6は内閣府による民間資本と社会資本(交通インフラ)の限界生産力の

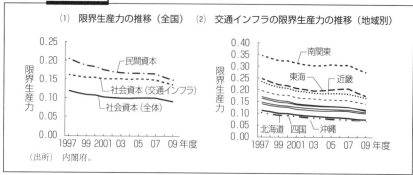

図4.6 社会資本の生産性

推移を示したものです。図より，民間資本も社会資本も県内総生産に与える効果が減少していることがわかります。また民間資本の方が社会資本よりも生産性が高いこと，社会資本のうち交通の社会資本の効果は民間資本に匹敵することがわかります。また地域別には南関東が高く，沖縄・北海道・四国などが低くなっています。これは南関東の交通インフラ投資が十分ではない可能性を示唆しています。事実，2009年度の県内総生産比のインフラ水準は，北海道，四国，沖縄が100％を超えているのに対して，南関東，東海，近畿は50％を下回り，限界生産力と逆の相関を持つことがわかります。

現実問題では，このような「粗い」推定では，どの地域にどのような交通インフラをどの程度，整備するべきかがわからず政策に適用することはできません。資本ストック量が多いからといって必ずしも交通利便性が高いとは限りません。多くの場合，**費用便益分析**に基づき，プロジェクトごとに政策実行の是非が検討されます。この手法について次の5章で学びます。

## CHECK POINT

- □ 1 公共財の最適な供給量は，すべての消費者の限界便益の合計と限界費用が等しい水準になります。
- □ 2 費用負担のあり方には応能原則と応益原則の2つがあります。
- □ 3 民間資本の限界生産力と社会資本の限界生産力が等しいとき，最適な社会資本額になります。

# 5 現役世代と将来世代の負担

## 公債の役割

交通インフラ整備の重要な財源の1つが債券の発行です。まず、公債（国債や地方債など）の役割について整理しておきましょう。多くの交通インフラ整備では、現役世代が整備額のすべてを負担していません。これについて、公債は現役世代ではなく将来世代に負担を転嫁させるという意見と、交通インフラは将来世代が主な受益者であり、現役世代がすべてを負担するのは不公平だという意見があります。公共経済学の分野では、政府が財政支出をするための財源調達方法として、公債でも租税でも経済全体に与える影響は変わらないという**公債の中立命題**が知られています。ただし、中立命題はいくつかの条件を満たす必要があります。たとえば、租税に歪みがあり、余剰の損失が生じる場合、この条件は満たされません。

それでは、中立命題が満たされない場合、どの程度、公債が発行されるべきなのでしょうか。それに答える考え方の1つが、**課税の平準化**です。一般に、余剰の損失は税率の2乗に比例して大きくなります。図4.7はある市場に消費税を掛けた場合を示しています。左と右は同じ市場ですが、右の消費税は左の1.5倍になっています。税収1単位を得るために生じる余剰の損失（死荷重

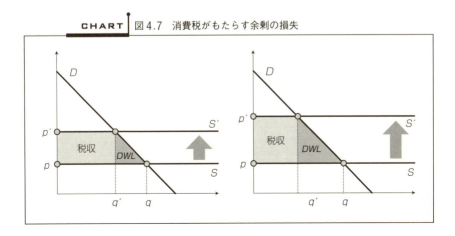

CHART 図4.7 消費税がもたらす余剰の損失

> **Column ❹-2　ガソリン税から走行距離課金へ**
>
> 　ドイツなどヨーロッパの一部諸国では，大型車の走行距離課金（対距離課金）が実際に適用されています。実現しませんでしたが，オランダでは普通車の走行距離課金の導入が検討されました。この背景にあるのは，ハイブリッドカーや電気自動車に加えて，燃費のよい自動車が増えてきたため，燃料税収が減少していることがあります。これに加えて，ヨーロッパではトラックの越境交通が多いためです。アメリカでもオレゴン州など一部の州で，走行距離課金の実証実験がすでに行われています。世界では，走った分だけ課金する時代に移行しつつあるといえます。

deadweight loss: *DWL*）が，右のグラフの方が大きくなることがわかります。

　消費税だけではなく，所得税も税率の2乗に比例します（詳しくは寺井公子・肥前洋一『私たちと公共経済』有斐閣ストゥディアを参照してください）。これから，ある時期に税負担を重くして，ある時期に税負担を軽くするより，世代間で平準化した方が効率性の観点から望ましいということがいえます。この意味で，公債はクッションとしての役割を果たします。

### 償還制度と時間的内部補助

　公債に関連して，実際に交通インフラ整備で用いられる**償還制度**について整理しておきましょう。償還制度は**時間的内部補助**と呼ぶ場合もあります。これは現在の高速道路の整備の財源調達にとられている考え方で，道路整備の借入金や利息を料金によって一定期間内に返済するものです。新しい路線整備の場合，最初は利用者数が少なく，沿線開発が進むにつれ，利用者数は増えます。**時間的共通費**（現在の利用者，将来の利用者，どちらが原因の固定費用か区別できないもの）を世代間でどのように配賦するかという問題です。供用開始直後は需要の価格弾力性が高いので，料金を高めに設定すると需要が大きく減ります。初期は返済を少なくし，料金を下げた方が効率的かもしれません。こうした需要の価格弾力性の違いと最適な料金の関係については9章4節のラムゼイ価格を参照してください。

　償還制度に関連して，もう1つ高速道路の整備にとられている考え方がプー

ル制です。これは，一般道路や鉄道や空港など，幅広い交通分野で採用されているもので，個別の路線（空港）で会計を分けるのではなく，1つにまとめることをいいます。高速道路の場合，路線間内部補助と呼ばれます。内部補助は12章で詳しく議論しますが，採算路線から不採算路線への企業内内部補助であり，資源配分上，効率的ではありません。プール制が認められてきた背景には，先に交通インフラ整備という便益を享受した地域が，交通インフラ整備を長い間待った地域に対して，先発者の利益を還元するべきだということなどが理由にあげられています。

## CHECK POINT

- □ 1　公債の機能に課税の平準化があります。
- □ 2　償還主義は時間的内部補助と考えることができます。

## EXERCISE ●練習問題

1. 以下の文章の空欄に入る適切な用語を考えましょう。
   交通インフラ整備の効果は大きく（ ① ）と（ ② ）に分かれます。（ ② ）は整備効果ともいわれ，移動時間や費用の削減などの効果をいいます。
   交通インフラ整備の事業評価は大きく（ ③ ）と（ ④ ）に分かれます。（ ③ ）の代表例が消費者余剰アプローチです。（ ⑤ ）や市場に歪みがない場合，どちらも同じ評価になります。
2. 公共財に対する需要曲線が，$q_1=2-3p_1$，$q_2=3-2p_2$，公共財の限界費用が $MC=q+1/3$ の場合，最適な公共財の供給量を求めなさい。
3. 道路は公共財であるとは簡単にいえません。どのような道路が公共財であるといえるでしょうか。
4. 道路，空港，港湾に関して，どのような波及効果があるでしょうか。

# CHAPTER

## 第5章

# 交通インフラの評価と費用便益分析

大鳴門橋：無駄のない交通インフラの整備には，適切な事前評価が必要です。

## INTRODUCTION

5章ではプロジェクトベースの交通インフラ整備の評価ついて考えます。4章で学んだように，交通インフラの多くは，民間企業ではなく公的部門が整備を行いますが，市場メカニズムに代わる評価システムが必要です。実務では費用便益分析が用いられますが，その基礎的な考え方を学びます。

> **新聞記事**　費用上回る利便性　四国新幹線めぐり基礎調査
>
> 　四国経済連合会と四国4県などでつくる「四国の鉄道高速化検討準備会」は2014年4月18日，四国で新幹線を整備した場合の効果などに関する基礎調査結果を発表しました。4県の県庁所在地と岡山市とを結ぶ新幹線整備の「費用便益比」（投資額に対する経済効果の比率）は1.03でした。一方，レール幅が在来線と同じスーパー特急と，異なる幅の線路に対応できるフリーゲージ・トレインを併用する場合の費用便益比は，松山－新大阪で1.69，徳島－新大阪で1.4など，整備新幹線に比べ大幅に高いことがわかりました。
>
> （2014年4月19日付『日本経済新聞』地方経済面，四国，12面をもとに作成）
>
> ① 費用便益比が1を超えるプロジェクトは行うべきでしょうか。
> ② 交通プロジェクトで費用と便益はどのようなものが考えられるでしょうか。
> ③ 複数の交通プロジェクトを比較することはできるでしょうか。

# 1　費用便益分析の理論的背景

### 費用便益分析とは？

　4章で見たように，交通インフラはプロジェクトごとに評価され，投資の意思決定がなされています。プロジェクトを実施することで得られる便益と費用を比較し，いくつかのプロジェクトの中から実施されるプロジェクトが決定します。これを**費用便益分析**（Cost Benefit Analysis）と呼びます。費用便益分析は，費用と収益を比較する私企業のプロジェクト評価と似ています。大きな違いは，費用便益分析における便益と費用は，社会全体の便益と費用を比較している点です。一方，プロジェクトにおける影響（とくに便益）を金銭評価できない場合，便益の代わりに**費用対効果分析**が用いられることがあります。

### パレート最適

　たとえば，ある道路を整備することで，Aさんの便益は10から20に，Bさんの便益は15から20に増え，費用が何も増えなければ，これは行うべき政策です。しかし，Bさんの便益が，騒音により，15から14へとわずかに減少した場合，この政策は行うべきでしょうか。ここで政策を評価する考え方が重要

> Column ❺-1　用地買収と強制収用
>
> すでに住宅街や市街地になっている用地を買収するのは容易ではありません。日本では少なくとも用地収用の際，必要な補償額を計算して，地権者に支払うことになっています。国が定める基準に従い補償額を算定し，用地交渉で土地の価格や，物件の補償等について算定根拠を説明します。しかし，地権者の理解が得られない場合，土地収用法に基づき，収用委員会の裁決などを経て補償金が支払われ，強制収用が行われます。

になります。

政策評価の1つの基準が**パレート最適**です。ほかのすべての人の状況を悪化させることなく，社会の一部のメンバーの状況をよりよくすることができなければ，その政策は社会的に効率的で，パレート最適であるとされます。完全競争市場では，自動的にパレート最適が達成されます。しかし，交通インフラ整備でパレート最適の条件は実現しにくいものです。たとえば高速道路は典型的な **NIMBY**（Not In My Back Yard：自分の裏庭ではやらないで）と呼ばれる迷惑施設です。一部の住民は用地買収に応じ，住み慣れた土地から離れるか，あるいは騒音や道路混雑，景観が悪化した高速道路の沿道に住み続けなければなりません。高速道路の開通により，多くの利用者は移動時間を短縮できる大きな経済的便益を享受しますが，沿道の住民は金額としてはわずであっても，一定の損失を被るでしょう。パレート最適の基準では，こうしたプロジェクトは採択されません。

### 補償原理

より現実的な基準が**補償原理**です。これはあるプロジェクトを実施することで利益を受けた人が損害を被った人に補償しても，利益が残るならば，そのプロジェクトを行うべきという考え方です。補償原理にもいくつかの考え方がありますが，補償が実際に行われるかどうかは問いません。現実問題として，不利益を被ったすべての経済主体に適切な所得移転を行うことは不可能です。すなわち，補償原理には，便益の配分に関する判断基準が含まれていない点に注意が必要です。

> **CHECK POINT**
> ☐ 1 交通インフラ整備のプロジェクトの評価に費用便益分析が用いられます。
> ☐ 2 政策評価の基準にパレート最適，補償原理などがあります。

## 2 交通インフラの便益と費用の計測

### 分析の手順

　本節では交通インフラの整備を中心に，実際の費用便益分析の流れを見ていきましょう。交通分野では一定の条件を満たすプロジェクトに関して，費用便益分析が義務化されており，道路，港湾，空港，鉄道に関して費用便益マニュアルが整備されています。それらに基づいて作成した分析フローが図5.1になります。なお，道路事業では供給者の便益は測定されません。

　費用便益分析を行う場面ですが，大きく**事前評価・再評価・事後評価**に分かれます。たとえば道路の場合，新規事業採択時に事前評価を行います。しかし，すべての事業が速やかに実施されるわけではありません。そのため，事業開始から3〜5年ごとに再評価を行い，事業の中止と継続を決定します。さらに事業完了後5年間が経過した事業について事後評価することになっています。

### 利用者便益の計測

　便益の計測については比較的理解しやすい（それでも十分に難しいですが）道

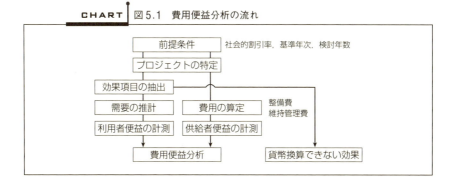

CHART 図5.1 費用便益分析の流れ

路を例に論じてみましょう。道路の便益項目は3つあり，①走行時間短縮便益，②走行経費削減，③交通事故減少が計算されています。多くの交通プロジェクトでは，移動時間減少の経済効果が非常に大きいといえます。①の走行時間短縮は以下のような計算式で求められます。

走行時間費用＝交通量（台/日）×走行時間（分）×時間価値（円/分台）
総走行時間費用＝（区間1の走行時間費用＋区間2の走行時間費用＋⋯
　　　　　　　＋区間Iの走行時間費用）×365
走行時間短縮便益＝整備前総走行時間費用－整備後総走行時間費用

最初の式は，ある区間（リンク）の一般化費用（2章2節を参照）を求めています。一般道路の場合，料金は支払いませんので，費用は時間費用だけになります。時間費用は走行時間を時間価値で乗じた値になります。ここでの時間価値とは移動する時間を1分短縮する支払意思額といえます。交通量は3章で学んだ四段階推定法などの手法で推定します。区間の移動時間は，交通量と交通容量（車線数など）から求めることができます（10章1節参照）。最後に，すべての区間・すべての車種の走行時間短縮便益を合計すれば，このプロジェクトによる時間短縮便益（円/年）が求められます。

## 時間価値

時間価値について詳しく論じましょう。厳密にいえば，個人間で時間価値は異なりますし，同じ個人でも時間と場所で時間価値は異なります。どのように平均的な時間価値を求めればよいでしょうか。交通の時間価値の推計法は大きく，①所得接近法と②選好接近法があります。

**所得接近法**は機会費用の考え方に基づく評価方法です。すなわち，移動する時間を所得を獲得する活動に割り振った場合，いくら稼ぐことができるか，それを時間価値と見なす考え方です。**表5.1**はその計算例が示されています。全国平均に比べて東京や大阪が大きいことがわかります。「毎月勤労統計調査年報」などから常用労働者の平均月間現金給与総額を平均月間実労働時間で割った値が表で示されています。所得接近法は「時間価値＝賃金」とする意味で，移動目的が仕事の場合は理論的整合性がありますし，比較的簡単に計算できます。また，地域的な時間価値の差も表現できます。

**CHART** 表 5.1　所得接近法による時間価値（単位：円／分，2010 年度）

| 全国平均 | 東京 | 大阪 |
|---|---|---|
| 36.2 | 47.0 | 39.2 |

（出所）「鉄道マニュアル 2012」より筆者作成。

**CHART** 表 5.2　選好接近法による時間価値（単位：円／分，2010 年度）

| 通勤 | 通学 | 私事 | 業務 |
|---|---|---|---|
| 50.8 | 19.1 | 26.2 | 58.5 |

（注）都市内鉄道 A 線整備事業の需要予測を行うために推計されたもの。
（出所）「鉄道マニュアル 2012」より筆者作成。

　選好接近法は，3 章で学んだ交通需要モデルから，移動時間を金銭評価する方法です。たとえば，分担交通量を求めるロジット・モデルなどから，効用関数が以下のように推定できたとします（厳密には間接効用関数と呼ばれます）。

$$効用 = \alpha\,移動時間(分) + \beta\,移動費用(円) + \cdots$$

　$\alpha$ や $\beta$ は推定された値（パラメーター）です。移動時間の増加も，移動費用の増加も効用を減らすので，パラメーターは負の値になります。このとき，時間価値は $\alpha$ を $\beta$ で割った値になります。これは移動時間が 1 単位増加したときに，同じ効用を維持するために必要な金銭価値を表します。たとえば，$\alpha = -1$，$\beta = -2$ であれば，移動時間が 1 分増加すると，同じ効用を維持するためには，移動費用が 0.5 円減少することが必要です。このとき，時間価値を 0.5 円/分と考えてよいでしょう。表 5.2 は選好接近法による時間価値の例を示しています。通勤・業務目的の時間価値が高く，通学や私事の時間価値が低いことがわかります。選好接近法はさまざまな時間価値が測定できる反面，大量のデータが必要で，かつそのデータの質に結果が依存する欠点が指摘できます。

## 人命の金銭評価

　次に，交通事故減少の便益を議論しましょう。交通事故の起こりやすさは交通量，交通速度で決まります。交通事故の損失の中でも重要で議論を呼ぶものが人的損失，すなわち人命の金銭評価です。

**CHART** 表5.3 交通事故の損失の範囲

| 損失の種別 | | 算定費目 |
|---|---|---|
| 金銭的損失 | 人的損失 | 逸失利益, 治療関係費, 慰謝料, 休業損失等 |
| | 物的損失 | 車両, 構築物の修理, 修繕, 弁償費用 |
| | 事業主体の損失 | 死亡, 後遺障害, 休業等による付加価値額低下 |
| | 各種公的機関等の損失 | 救急搬送費, 警察の事故処理費用, 裁判費用, 訴訟追行費用, 検察費用, 矯正費用, 保険運営費, 被害者救済費用, 社会福祉費用, 救急医療体制整備費, 渋滞の損失 |
| 非金銭的損失 | 死亡損失 | 交通事故による死亡リスク削減に対する支払意思額 |

(出所)「交通事故の被害・損失の経済的分析に関する調査研究結果」。

表5.3は道路の費用便益分析の根拠にも使われている内閣府の調査での,交通事故の損失の範囲を示しています。人的損失の逸失利益は,死亡の場合,亡くなった個人が,そのまま生存していた場合に稼いだ金額を推定する方法です。非金銭的損失の死亡損失とは,交通事故により「生活の喜びを享受できなくなることによる損失」や「知人友人を失うことによる心理的損失」の金銭評価になります。これは後述する**仮想評価法**(CVM: Contingent Valuation Method)で推定した結果を算定根拠としています。死亡した場合の平均損失額は2億5917万円で,うち死亡損失が2億2600万円を占めます。

### 仮想評価法

交通プロジェクトによっては,命の価値,環境,存在価値など**非市場財**を金銭評価することが必要になるケースが少なくありません。こうした財を評価する方法は大きく2つあります。1つ目が,**顕示選好法**(RP: Revealed Preference)で,人々の経済行動から間接的に価値を評価する手法です。たとえばヘドニック法は,高速道路ができたことによって,周辺の地価が低下した程度によって,外部不経済を測定することができます。反面,財の評価を可能にする市場データがなければ計測することができません。

もう1つが,**表明選好法**(SP: Stated Preference)で,人々に価値を尋ねることで直接評価する方法です。この代表格が,仮想評価法(CVM)です。たとえば,自家用車にある機材を取り付けると事故にあっても死亡する確率が10%低下する場合,この商品にいくらまでお金を出せますか,と聞くようなアンケートから支払意思額を求める手法を指します。CVMは何に対しても支払意

思額を得ることができるメリットがあります。欠点として，①何を聞いても同じ支払意思額になる，②同じ質問をしても異なる支払意思額になる，③本当にその支払意思額を支払うかが疑問である，といった問題があるため，適切かつ慎重なアンケート設計が求められます。

### オプション価値と存在価値

交通に関連する費用便益分析で想定される便益には上記以外の項目があります。たとえば，建設が予定されているリニア新幹線は速達性などの便益のほかに，東京と大阪を結ぶ大動脈である東海道新幹線が，地震や台風といった大規模災害などで一定期間不通となってしまうときの，代替路（リダンダンシー）としての価値がありますが，多くの費用便益分析では，この便益を含んでいません。

また過疎地域における赤字鉄道に対して，現在は利用しないけれど，将来，利用する可能性があるので，存続に対する支払意思があるかもしれません。このように，**オプション価値**とは，ある事象が一定の確率で発生するリスクを回避，軽減するために支払ってもよい金額になります。しかし，実際にはオプション価値を測定することは困難です。大規模プロジェクトでなければ，考慮しなくてもよいといえます。

もう1つ理解しておきたい概念が**存在価値**です。これは実際には利用しない財に対する支払意思額である**非利用価値**の一種です。たとえば，存続の危機に直面している赤字鉄道があるとします。地域住民の多くは鉄道を利用しませんが，鉄道駅があるという地域の誇りに対して支払意思があるかもしれません。ただし，この価値の測定は，仮想評価法などが考えられますが，非常に困難です。

以上から，金銭評価しにくい便益が多くを占めるプロジェクトは費用便益分析に向いていないといえます。

---

**CHECK POINT**

☐ 1 交通インフラ整備の便益は移動時間短縮による効果が大きいです。
☐ 2 時間価値の推定方法には所得接近法と選好接近法があります。
☐ 3 金銭評価しにくい便益を測定する方法の1つに仮想評価法があります。

# 3 波及効果

## 波及効果をどう考えるか？

4章で見たように，大規模な交通インフラは幅広い地域のさまざまな産業に波及効果を及ぼします。これらをすべて考慮しなければ，便益を測定できないとすれば，非常に大変な作業になってしまいます。しかし，通常，費用便益分析に波及効果は含めません。これを簡単なグラフで示しましょう。図5.2(1)は東京から金沢までの鉄道市場だとします。$D$ は需要曲線で簡単化のため，供給者の行動は無視します。縦軸の単位は価格で，ここでは3章で学んだ一般化費用だとしましょう。横軸は利用者数です。どちらの市場も需要側は同じ消費者です。

北陸新幹線の開業により，従来よりも運賃は上がりましたが，移動時間が低下したことにより，一般化費用が $p_{p0}$ から $p_{p1}$ に低下しました。よって，利用者は $q_{p0}$ から $q_{p1}$ まで増加し，消費者余剰は $abcd$ 増加しました。この結果，代表的な観光地である兼六園の入場者数が $q_{s0}$ から $q_{s1}$ まで増加しました。これが図5.2(2)のグラフです。価格は変わっていないので，消費者余剰は $efgh$ 増加しています。左の台形 $abcd$ と右の四角形 $efgh$ の面積が等しくなっています。新幹線開業の経済効果は両者を足したもののように思えますが，これは誤りです。

4章の発生ベースと帰着ベースで学んだように，発生元の便益が姿を変えて波及先の便益になっています。大雑把な例で示しましょう。JRが鉄道運賃を1万円値下げした場合を想定してください。Aさんは，今までよりも鉄道代が1万円安くなりましたが，鉄道の利用回数は1回のまま変わらなかったとします。運賃の値下げはAさんの消費者余剰を1万円増やしましたが，Aさんの所得が1万円増えたともいえます。このとき，Aさんは2万円の得をしたと考えるのはおかしな感じがします。Aさんは所得をすべて使い切り，しかも支出先が観光地の市場しかなければ，増えた所得は観光地市場のAさんの需要関数を右にシフトさせ，消費者余剰を増加させます。Aさんの便益を考える際，鉄道市場の便益と観光地市場の便益を足し合わせるのには疑問が残ります。

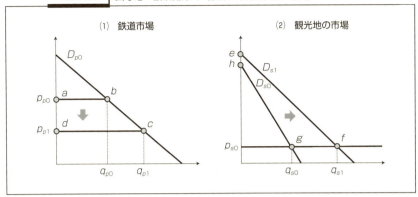

**CHART** 図 5.2 波及効果 1（価格が変化しない場合）

(1) 鉄道市場　　(2) 観光地の市場

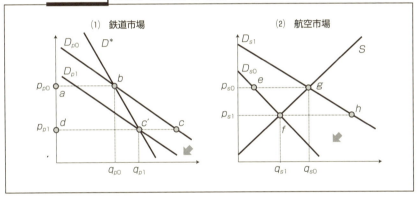

**CHART** 図 5.3 波及効果 2（価格が変化する場合）

(1) 鉄道市場　　(2) 航空市場

　図の議論に戻ります。新幹線の開業は *abcd* の消費者余剰を生み出しました。限界費用が一定で完全競争市場であれば，観光市場の生産者は需要が増えても利潤を得られません。消費者が所得をすべて使い切るのであれば，右図の観光地の消費者余剰 *efgh* は *abcd* とほとんど同じ便益です。鉄道の余剰増加分に観光地の余剰増加分を足すことは，余剰の重複計算と考えてよいでしょう。

## 波及先の価格が変化する場合

　しかし，波及先の市場で価格が変化する場合は，簡単ではありません。図5.3 はこれを表しています。先ほどと同じように，鉄道市場における一般化費用が $p_{p0}$ から $p_{p1}$ に減少したことにより，鉄道市場の消費者余剰は，最初に *abcd* 増加します。鉄道の代替財である航空市場は，多くの旅客を鉄道に奪わ

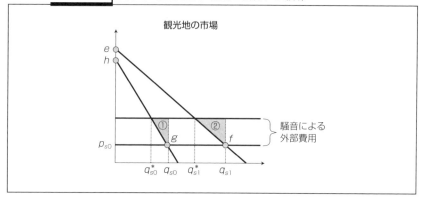

**CHART** 図 5.4 波及効果 3（価格が変化する場合）

れるため，需要曲線が左にシフトします。先ほどと同じように，この余剰の減少もすでに鉄道市場に織り込まれているので，考慮する必要はありません。しかし，先ほどの観光地の例と異なり，航空市場の供給曲線が右上がりであるので，航空需要の減少は航空価格の下落をもたらします。価格の下落により，$p_{s0}efp_{s1}$ だけ消費者余剰は増加し，$p_{s0}gfp_{s1}$ だけ生産者余剰は減少します。その結果，総余剰は $egf$ だけ減少します。

この航空市場の価格下落の効果は，鉄道市場に跳ね返り，需要曲線は左下にシフトし，需要量は $q_{p1}$ になります。これが実際に観察されるプロジェクト後の需要量です。実務上，鉄道事業の消費者余剰の増加は $abcd$ ではなく，$abc'd$ で測定されることが多いです。この $b$ と $c'$ を通る需要曲線を，**一般均衡需要曲線**と呼ぶことがあります。これは波及効果による影響を織り込んだ需要曲線といえます。詳細は省きますが，$bcc'$ は $efg$ の近似値になることが知られているので，この場合でも，波及効果を余剰に加える必要はありません。

## 市場に歪みがある場合

ここまでは両市場とも完全競争市場であることを想定していましたが，現実の市場の多くは何らかの歪み（課税，補助金，外部性，独占）などを持っています。図 5.4 は先ほどの図 5.2(2) の観光地市場の例を示しています。限界費用に加え，実は観光客が騒音やごみなど，地域住民に経済的損失を与えている場合を表しています。この場合，新幹線の開業により波及先の観光地市場の外部費用が増加していることになります。もともとの需要量は $q_{s0}$ でした。このときの

需要曲線の高さ（限界便益）よりも外部費用を加えた社会全体の限界費用は大きくなっています。もともとの需要曲線と社会全体の限界費用が同じになる $q_{s0}^*$ が最適な量ですので，図の三角形の面積①だけ余剰の損失が生じています。新幹線開業により観光地の需要曲線が右上にシフトしたことによって，新しい余剰の損失②が生まれています。後者の方が大きいことが読み取れます。よって，この余剰の損失の増加分を，鉄道市場の余剰から引かなければなりません。

現実的には波及効果が及ぶ市場は無数にあり，そのすべての影響を分析することは困難です。しかし，新幹線に対する航空市場のような，密接な代替財・補完財でなければ，無視してよいほどの影響であり，実務上，費用便益分析には波及効果を含めないのが普通です。

**CHECK POINT**

- □ 1 波及効果は完全競争市場であれば波及先の余剰の変化は考慮する必要はありません。
- □ 2 波及先の価格が変化する場合，波及元の一般均衡需要曲線で便益を測定すれば，やはり波及先は考慮する必要はありません。

# 4. 投資の優先順位

## 割引率の設定

交通インフラ整備の各期の便益と費用が計算できたとします。このプロジェクトを実施するかどうか，あるいは複数の中からどのように1つのプロジェクトを選べばよいでしょうか。多くの交通インフラは数十年も利用できます。複数年にわたって便益と費用が生まれるプロジェクトを評価するためには，割引率の設定が重要になります。皆さんも，誰かから1万円もらえるとき，今もらう方が来年もらうより嬉しいでしょう。今年の1万円と来年の1万円は価値が異なるということです。利子率が1％であれば，銀行に預けることで100円分の利子が得られます。現在の1万円から求められた来年の1万100円を**将来価値**と呼び，反対に来年の1万円から現在の価値を求めたものを**現在価値**といいます。正確には将来価値に（1＋割引率）の逆数をかけたものが現在価値にな

ります。

次に,割引率をどのように設定するべきでしょうか。割引率は大きく3つの候補があります。1つ目が実際に市場で取引されている債券などの価格である市場利子率です。2つ目が時間選好率で,消費者の現在の消費と将来の消費の交換比率を示します。3つ目が投資収益率で,現在の消費を将来利回りが得られる民間投資に振り向けた場合の金額との比率を示します。

資本市場が完全であるとき,市場利子率,時間選好率,投資収益率はすべて同じになり,割引率はどれを使っても同じになります。しかし,実際には資本市場は課税などにより完全ではないため,どういった指標を用いるべきか,いくつかの手法が考案されています。交通インフラの整備に関する費用便益分析で使われる割引率は社会的割引率と呼ばれ,4%がよく用いられています。この割引率を利用して,便益と費用の現在価値を求める方法が,**純現在価値法**になります。

### 純現在価値法

純現在価値を求める式は以下のようになります。

$$(1年目の便益 - 1年目の費用)/(1 + 社会的割引率)$$
$$+ (2年目の便益 - 2年目の費用)/(1 + 社会的割引率)^2$$
$$+ (3年目の便益 - 3年目の費用)/(1 + 社会的割引率)^3$$
$$+ \cdots - 初期投資額$$

このようにして求めた純現在価値がゼロよりも大きければ,このプロジェクトは実施する価値があり,代替的なプロジェクトがあれば順位を決めることができます。しかし,この手法ではプロジェクトの規模が大きいものほど有利になる問題点があります。

### 費用便益比率

もう1つの考え方が**費用便益比率**です。以下の式で表されます。

$$\frac{n 年目までの便益の現在価値の合計}{n 年目までの費用の現在価値の合計 + 初期投資額}$$

比の値になっていることから,費用あたりの便益が求められます。費用便益

比率が1よりも大きければ、このプロジェクトは実施する価値があり、代替的なプロジェクトがあれば順位を決めることができます。費用便益比率は $B/C$（ビーバイシー）と略されて使われることがあります。

### 内部収益率法

最後の考え方が**内部収益率法**です。先の2つの手法は社会的割引率の値によって、プロジェクトの優先順位が変わる可能性があります。内部収益率法は割引率を使いません。以下の式で表されます。

$$(1年目の便益-1年目の費用)/(1+内部収益率)$$
$$+(2年目の便益-2年目の費用)/(1+内部収益率)^2$$
$$+(3年目の便益-3年目の費用)/(1+内部収益率)^3$$
$$+\cdots-初期投資額=0$$

式の形が純現在価値法と似ていることに気が付くと思います。この式を満たす割引率を内部収益率として求めます。内部収益率はわかりにくいので、私企業の投資のプロジェクト評価で考えてみましょう（詳細は川西諭・山崎福寿『金融のエッセンス』有斐閣ストゥディアの3章3節を参照してください）。いま、手元にある100万円を使って駐車場ビジネスを行うことを想定します。1年目に20万円、2年目に20万円、3年目に20万円儲かり、3年目に100万円で駐車場を売却します。この投資の内部収益率とは、仮に100万円を銀行に預けた場合、駐車場ビジネスから得られる収入と同じ金額を、同じタイミングで銀行から引き出すことができる利率を意味します。投資家からすれば5%よりも10%の方が魅力的な投資先です。費用便益分析の内部収益率も同様で、値が大きいほど社会にとって望ましいプロジェクトであると判定できます。

この3つの基準には優劣がありません。図5.5はこれをわかりやすく示したものです。いま、A案とB案のどちらかを採用するか検討しているとします。A案は初期投資も大きいのですが、得られる便益も大きいのです。一方、B案は初期投資が少なくすむ反面、得られる便益はそれほど大きくありません。

グラフの横軸が社会的割引率、縦軸が純現在価値を示します。もし割引率がゼロであれば、A案は11、B案は7になります。割引率が高くなるにつれ、将来の便益が割り引かれて評価されるため、純現在価値が低下していくのがわ

**CHART** 図5.5 内部収益率と純現在価値

| 案 | 期 | 0 | 1 | 2 | 3 | 4 |
|---|---|---|---|---|---|---|
| A | 便益 | | 30 | 30 | 30 | 30 |
|   | 費用 | 105 | 1 | 1 | 1 | 1 |
| B | 便益 | | 10 | 12 | 14 | 16 |
|   | 費用 | 41 | 1 | 1 | 1 | 1 |

かります。割引率が3％付近で，A案，B案は逆転し，B案の方が純現在価値は高くなります。純現在価値がちょうどゼロになる割引率が内部収益率ですので，A案の内部収益率は約4％，B案は約6％になります。内部収益率ではB案の方が望ましいプロジェクトであるといえます。

### CHECK POINT

- [ ] 1 複数年にわたって便益と費用が生まれるプロジェクトを評価する際には割引率の設定が重要です。
- [ ] 2 プロジェクトの評価には純現在価値法，費用便益比率，内部収益率法があり，この3つの基準には優劣がありません。

# 5 費用便益分析の注意点と課題

## 何と何を比較するか？

費用便益分析は，複数のプロジェクトを比較することが望ましいのですが，

| CHART | 図5.6 プロジェクトの有無を比較する

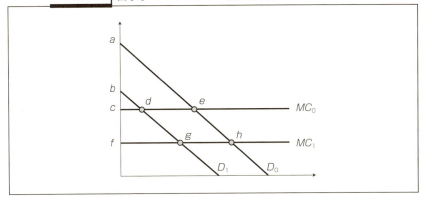

あるプロジェクトを行う状態（with）と行わない状態（without）を比較する場合が多いです。これはプロジェクトを行う前（before）と行った後（after）を比較するわけではありません。図5.6はあるプロジェクトを行うと限界費用が$MC_0$から$MC_1$に低下するケースを示しています。ただし，この地域は人口の減少局面に入っており，プロジェクトの有無に関係なく，交通需要は$D_0$から$D_1$に低下すると仮定します。

このとき，プロジェクト開始前の均衡点は$e$で，プロジェクト終了後の均衡点は$g$です。よって，消費者余剰は三角形$aec$から三角形$bgf$と変化し，この場合，消費者余剰はわずかに減少して，現在価値で考えれば余剰はさらに低下するように見えます。このプロジェクトは中止するべきでしょうか。それは違います。

ここで，本来比べるべきものは，均衡点$g$とプロジェクトを行わなかった場合の均衡点$d$です。この場合，消費者余剰は$bdc$から$bgf$に大きく増加していることがわかります。プロジェクト評価する際に，前後を比較するのではなく，有無で比較する点に十分，注意してください。

## 公的資金の限界費用

交通インフラ投資の財源として公的資金（補助金）が導入される場合，課税による歪みを考慮した方がよいかもしれません。4章で学んだように，消費税や所得税などは余剰の損失を生みます。**公的資金の限界費用**とは，税収が1単位増加することによる追加的な余剰の損失の変化を意味します。公的資金の限

### Column ❺-2 費用便益分析の具体例

費用便益分析の具体例をある道路プロジェクトを例に見てみましょう。下の表は一般国道 20 号日野バイパスの事後評価の一部を抜粋したものです。事業化が決定した 1969 年から，実際の供用開始が 2006 年と非常に長い期間，整備に時間を費やしていることがわかります。バイパスの整備により，移動時間の短縮，交通事故の減少が確認できます。事業費は 700 億円に及びますが，総便益は 1851 億円と試算されており，純現在価値法でも費用便益比率でも非常に高い値を示していることがわかります。

**表　費用便益分析の例**

| 事業期間 | 事業化年度 | 1969年度 | 用地着手 | 1970年度 | 供用年 | (当初)/2005年度 |
| --- | --- | --- | --- | --- | --- | --- |
| | 都市計画決定 | 1961年度 | 工事着手 | 1973年度 | (暫定/完成) | (実績)/2006年度 |
| 事業費 | 計画時 | (名目値) | /478 億円 | 実績 | (名目値) | /501 億円 |
| | (暫定/完成) | (実質値) | /601 億円 | (暫定/完成) | (実質値) | /700 億円 |
| 交通量 | 計画時 | | (2030) | 実績 | | (2007) |
| (当該路線) | (暫定/完成) | | /40,500 台/日 | (暫定/完成) | | /34,500 台/日 |
| 旅行速度向上 | 24.2 → 31.9km/h | | | 交通事故減少 | 195 | 62件/億台キロ |
| (供用前現道 →当該路線) | (供用直前次)2006年度 (供用後年次)2007年度 | | | (供用前現道→ 供用後現道) | (供用直前年次) 2006.4.1〜2006.10.31 (供用後年度) 2007.4.1〜2007.10.31 | |
| | | | | | ※7カ月実績から1年あたりに換算 | |
| 費用対効果 分析結果 (事後) | B/C 2.5 (既供用区間を除く区間) 3.4 | | 総費用 事業費：700 億円 維持管理費：29 億円 | 729 億円 | 総便益 走行時間短縮便益：1,794億円 走行経費減少便益：46億円 交通事故減少便益：12億円 | 1,851 億円 | 基準年 2007 年 |

(出所)　国土交通省ホームページより作成。

界費用は「1 + 限界的な余剰の損失」で示され，分析モデルによる差はありますが，別所ほか (2003) では 1.1 程度と試算されています。

### 実務上の問題

交通インフラ整備の費用便益分析はマニュアル化されており，明確で経済学的な裏付けもあります。政治介入による恣意的なプロジェクト案の実施により，効率性を損なう問題を回避できるため非常に意義深いといえます。しかし，いくつかの問題点・留意点もあります。

第 1 に，費用を便益が上回ったすべてのプロジェクトを実施することが，社会にとって望ましい交通インフラの供給量になるとは限らない点です。場合によっては，ほかの交通インフラ整備や民間投資に資金を回した方がよい可能性

があります。$B/C$ が1を超えてさえいればよいわけではありません。

　第2に，すべての交通整備プロジェクトが費用便益分析の対象ではない点です。確かに，頻繁な評価（毎年，事後評価を行うなど）や非常に金額の小さなプロジェクトも義務的に評価させることは，費用便益分析の費用便益比を低下させるといえますが，すべての交通インフラ整備プロジェクトで費用便益分析が行われているわけではないことを念頭に置いておくことは重要です。

　第3に，費用便益分析で需要や費用の予測を誤ったとしても，明示的なペナルティがない点です。交通分野では大規模インフラや補助事業，県の事業でも予算獲得のために作成される場合がありますが，需要や費用の予測を大幅に誤ったとしても民間企業と同じように倒産するといったペナルティを受けるわけではありません。過剰な需要予測，過小な費用予測をするインセンティブが内包されているといえます。これは費用便益分析の問題というより，プロジェクトの責任者が不明瞭な点が問題です。ただし，先に述べたように長期需要予測は容易ではありません（2章4節の「交通需要予測の困難性」の項を参照のこと）。50年後の便益測定の難しさは50年前に現在の経済状況を予見できたかを想像すればわかると思います。

　第4に，時間価値の問題です。多くの交通インフラ・プロジェクトの便益の大半が時間節約効果で，需要予測の精度と時間価値が大きく影響します。道路の費用便益分析などのように，時間価値が全国一律である場合，時間価値が高い，すなわち平均所得が高い東京の便益は低く見積もられ，高齢者（退職者）の多い，過疎地域などでは便益が高めになることになります。

　第5として，分配面の問題です。$B/C$ が1を超える場合でも，不利益を被る人もいます。費用便益分析はあくまで効率性の指標であり，公平性の問題とは無関係である点に留意が必要です。分配面の議論に関連して，貨幣（所得）の限界効用という考え方があります。貧しい人も豊かな人も1円の価値（効用）は同じであるという前提で議論していますが，豊かな人の方が貨幣の限界効用が低いかもしれません。

　以上のような費用便益分析の限界を理解したうえで，複数ある指標の1つとして使うべきという声があります。すなわち多基準評価です。しかし，誰がどのように判断するかを決めることが難しく，その判断が恣意的になる可能性，逆に $B/C$ の数値が独り歩きする危険性もある点に注意してください。

## CHECK POINT

- □ 1 費用便益分析は before と after を比較するのではなく，with と without を比較します。
- □ 2 費用便益比で 1 を超えたプロジェクトをすべて実施することが社会にとって望ましいわけではありません。

## EXERCISE ●練習問題

1. 以下の文章の空欄に入る適切な用語を考えましょう。
   交通インフラ整備の便益は（ ① ）の効果が最も大きい場合が多いといえます。この効果は，時間価値の推定方法に依存します。大きく（ ② ）と（ ③ ）の2つの方法があり，前者は比較的容易に計算が可能で，業務目的の移動の場合は理論的にも整合的といえます。
2. 費用便益分析に入れるべき項目は以下のどれでしょうか。
   ① バイパスの整備により，旧道の混雑が減少し，移動速度が改善した。
   ② バイパス沿線のコンビニの売上高が増加した。
   ③ バイパス沿線の騒音被害で住民に健康被害が生じた。
   ④ バイパスと並走する鉄道旅客の利用者数が減少した。
3. 仮想評価法の問題点について論じなさい。

# CHAPTER 第6章
## 交通インフラの財源と運営

民営化された仙台空港：交通インフラの整備には，財源が必要です．

## INTRODUCTION

　6章では交通インフラの財源と運営について考えます．最初に，インフラの整備主体である国・地方公共団体・独立行政法人・民間会社について整理します．次いで，インフラ整備における国と地方公共団体の役割を詳しく取り上げます．次に交通インフラ整備と地価の関係を学びます．最後に，公的部門のインフラ整備における民間活力の現状と課題について学びます．

> **新聞記事** 仙台空港に100億円投資，運営権民営化スタート，東急連合，5年で，LCC用設備や商業エリア整備
>
> 国が管理する空港の運営権を売却する「コンセッション」第1号として2016年7月1日，仙台空港が民営化しました。運営会社には東急電鉄や東急不動産など東急グループなどが出資しています。仙台空港の2014年度の営業損益は6億7600万円の赤字でしたが，黒字転換を目指しています。LCC（格安航空会社）誘致のため，簡易な構造の搭乗ゲートを建設し，施設利用料を抑えます。また，空港の繁閑に応じて変動する着陸料を導入する計画です。商業施設の増収につなげるため，施設の改修も進めます。
>
> （2016年7月2日付『日本経済新聞』朝刊，12面をもとに作成）
>
> ① なぜ国がインフラ整備と運営を行っているのでしょうか。
> ② 国と地方公共団体のインフラ整備における役割の違いは何でしょうか。
> ③ インフラ整備を民間委託するメリットとデメリットは何でしょうか。

# 1 交通インフラの財源システム

## 交通インフラ整備の経済主体

　本節では交通インフラ整備・運営の責任者と財源について論じます。交通インフラの整備は大きく公的部門と民間部門に分かれます。公的部門は国だけが整備を行うのではありません。地方公共団体（都道府県，政令市，市町村），独立行政法人，地方公営企業などがすべて，もしくは一部のインフラ整備・運営を行います。図6.1は道路整備にかかる経済主体とその関係を示しています。

　交通インフラについては，地方公共団体が管理者として整備・運営を行う場合が少なくありません。たとえば，一般道路のうち，都道府県道，市町村道はその名のとおりの地方公共団体が整備・維持管理を行います。すべての港湾は都道府県，市町村，港務局，一部事業組合が，空港も地方管理空港は都道府県が運営しています。

　独立行政法人も交通インフラ整備を担います。**独立行政法人**制度とは，各府省の行政活動から企画立案部門と実施部門を分離し，後者を担当する機関に独立の法人格を与える制度です。交通インフラ整備で重要な独立行政法人に，日本高速道路保有・債務返済機構（略称：高速道路機構）と鉄道建設・運輸施設整

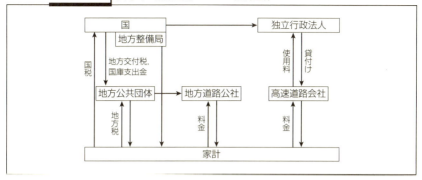

図6.1 道路整備にかかる経済主体

表6.1 交通インフラ整備に関係する主な税・料金

| | | 国 | 地方 | その他 |
|---|---|---|---|---|
| 自動車<br>(道路) | 取得 | | 自動車取得税 | |
| | 保有 | 自動車重量税 | 自動車税,軽自動車税 | |
| | 利用 | 揮発油税,石油ガス税 | 軽油引取税,地方揮発油税,石油ガス譲与税 | 高速道路料金 |
| 港湾 | | とん税・特別とん税 | 入港料 | ターミナル施設費用 |
| 空港 | | 航空機燃料税 | 航空機燃料譲与税 | 空港使用料 |

備支援機構(略称:鉄道・運輸機構)があります。前者は高速道路を整備し高速道路会社に貸し付けています。後者は新幹線等の鉄道施設を建設し、それをJRなどに貸し付けています。地方公社も交通インフラ整備を担いますが、本章5節を参照してください。

### 国のインフラ整備の財源

インフラ整備の財源を国、地方、その他で分けて考えてみましょう。国の財源は租税、建設国債、利用料などがあります。交通インフラ関連の国税は表6.1に整理できます。たとえば、「とん税」とは聞きなれない用語ですが、外国貿易船の入港に対して課される税金で、船の重さに応じて税金が設定されています。基本的に税率は全国一律で、民間企業が提供する料金に比べて税率の変更は非常に困難です。表6.1以外にも都市計画税は地方税法上目的税として位置づけされており、道路、都市高速鉄道、駐車場、自動車ターミナルその他

の交通施設に支出されています。

**建設国債**は財政法4条に基づき，公共事業費，出資金および貸付金の財源に充てる場合にのみ国債を発行できるものです。国債は60年間で償還されます。これは公共事業により整備されたインフラの便益が持続する期間が概ね60年間であることに由来します。建設国債の残高は2017年度末で274.4兆円ですが，近年は赤字国債の発行が増加傾向にあるため国債に占める建設国債の比率は28.6%となり，70%を超えていた1995年度ごろに比べシェアは大幅に低下しました。

国の持つ第2の予算とも呼ばれるものが**財政投融資**です。財政投融資は国がその信用力の高さに基づいて集めた有償資金（元本の償還，利子・配当など将来のリターンを前提に供与する資金）を活用して，民間金融機関では難しい長期・低利の資金供給や大規模・超長期プロジェクトに対して融資や出資を行います。高速道路機構や鉄道・運輸機構が財政投融資を受けています。

また利用料という形でサービス利用者から直接，徴収するインフラもあります。たとえば，空港の着陸料は航空会社が国などに支払い，航空会社が乗客から航空券の販売を通じて，その料金を回収します。

### 地方のインフラ整備の財源

地方公共団体の財源も租税，地方債になりますが，これでは不足するため，地方交付税交付金，国庫支出金，地方譲与税が国から提供されます。地方交付税交付金は使途を特定しない補助金です。一方，使途が特定された補助金が国庫支出金（国庫負担金，国庫補助金，国庫委託金）になります。地方公共団体は国に補助事業を申請し，認められた事業の一定比率の補助金を受けます。

地方譲与税は交通関連の税が多く，国が税を徴収し，地方に譲与します。たとえば，地方揮発油譲与税は道路の距離や面積に応じて地方公共団体に割り振られ，一般財源となります。配分の基準が道路交通量ではない点に注意してください。

**表6.2**は2017年度の地方財源（都道府県・市町村）の比率を示しています。地方税・地方譲与税が最も収入が多く，地方債の財源に占める比率が約10%強であることがわかります。

地方公共団体は一定の条件（実質公債費比率・実質赤字比率）をクリアしなけ

**CHART** 表 6.2　2017（平成 29）年度の地方財源

| 地方税・地方譲与税 | 地方交付税 | 国庫支出金 | 地方債 | その他 |
|---|---|---|---|---|
| 41.7 兆円 (48.6%) | 16.3 兆円 (19.0%) | 13.5 兆円 (15.7%) | 9.2 兆円 (10.7%) | 5.8 兆円 (6.8%) |

（出所）「平成 29 年度 地方財政計画のポイント」。

**CHART** 図 6.2　地方分権した方がよい場合

（出所）　中川（2008）。

れば，自由に **地方債** を発行することができません。地方債に代わる財源調達手段として **レベニュー債** が注目されています。レベニュー債とは，アメリカで発行されている地方債の一種で，公営事業の収益を原資に発行される債券を指します。地方公共団体の財政負担が軽減できるだけでなく，債券は市場で取引されるため，経営規律が緩めば債券金利が上昇し，一定のペナルティとなります。

### 国と地方公共団体の役割

なぜ地方公共団体に交通インフラ整備の一部が任されているのでしょうか。これを **オーツの（地方）分権化定理** を用いて簡単に説明しましょう。交通インフラの選好が地域間で大きく異なる場合，もしくは地方政府と中央政府間で住民の選好に関する情報の非対称性が大きい場合，各地域の地方政府が供給した方が社会全体では効率的になります。

図 6.2 は交通インフラの整備を分権化した方がよい場合を示しています。ある公共財の需要関数が地域 1 と地域 2 で異なっているとします。限界費用は一定で，規模の経済はありません。中央政府は情報の非対称性により，両地域の

ニーズを正確には把握できず,平均的にしか評価できないとしましょう。これが図の $D'$ です。このとき,政府は限界費用と交わる $q'$ を両地域に等しく供給します。明らかに地域1にとっては過剰な供給,地域2にとっては過小な供給になり,網かけの領域の余剰の損失が生まれます。

一方,大規模港湾や国際空港など,インフラ整備の効果が広くほかの地方公共団体に波及する場合や,インフラ整備自体に規模の経済が強く働く場合など,国が直接インフラを整備した方がよい場合があります。国道などはこれに該当するでしょう。国は国全体の整備計画を策定し,全体の財源管理などの重要な役割を担います。古くは**全国総合開発計画**,近年では**社会資本整備重点計画**が策定されています。2015年度から始まった第4次社会資本整備重点計画では,社会資本のストック効果の最大化を目指した戦略的インフラ・マネジメントを目標に掲げています。

### CHECK POINT

- ☐ 1 交通インフラの整備には国だけでなく,地方公共団体,独立行政法人,地方公社,地方公営企業,そして民間企業が行います。
- ☐ 2 情報の非対称性により,中央政府ではなく地方政府がサービスを提供した方がよい場合があります。

## 2 政府間補助と交通インフラ整備

### | スピルオーバー |

本節では政府間補助の問題を取り扱います。地方公共団体は自主財源だけでなく,インフラ整備のために中央政府から補助金を受けます。なぜ補助金が必要なのでしょうか。この理由の1つが,大規模な交通インフラは幅広い範囲に便益が及ぶからです。図6.3は生産地・消費地別京浜港利用割合(輸出入計)を示しています。東日本の多くの県が京浜港(東京港・川崎港・横浜港の3港を含めた特別港域)を利用して貿易を行っていることがわかります。逆にいえば,京浜港の整備の効果は東京・神奈川にとどまらないことになります。

ある経済主体の活動がほかの経済主体(ここではほかの地方公共団体)に便益

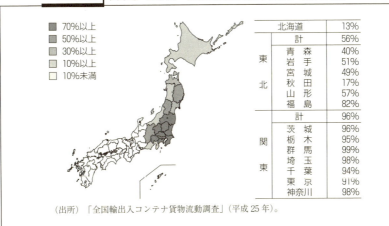

**CHART 図6.3 生産地・消費地別京浜港利用割合（輸出入計）**

| 北海道 | | 13% |
|---|---|---|
| 東北 | 計 | 56% |
| | 青森 | 40% |
| | 岩手 | 51% |
| | 宮城 | 49% |
| | 秋田 | 17% |
| | 山形 | 57% |
| | 福島 | 82% |
| 関東 | 計 | 96% |
| | 茨城 | 96% |
| | 栃木 | 95% |
| | 群馬 | 99% |
| | 埼玉 | 98% |
| | 千葉 | 94% |
| | 東京 | 91% |
| | 神奈川 | 98% |

（出所）「全国輸出入コンテナ貨物流動調査」（平成25年）。

**CHART 図6.4 補助金の役割**

が及ぶことを**スピルオーバー**と呼びます。地方公共団体がスピルオーバー効果を持つ大規模な交通インフラを独自の財源で整備する場合，社会全体にとって過小な整備量になる可能性があります。図6.4 はこれを示しています。$D_a$ はある公共財である交通インフラに対する地方公共団体Ａの需要曲線で，$D_s$ はその他の地方公共団体の需要曲線だとしましょう。$MC$ はこのインフラを整備するために必要な限界費用です。もし，地方公共団体Ａが自由にインフラの供給量を決めることができる場合，彼らは $q_1$ の整備量を選択するでしょう。しかし，社会全体にとって，このインフラの需要曲線は $D_a$ と $D_s$ を垂直方向に足し合わせた $D_a + D_s$ になるので，$q^*$ が望ましいインフラ水準になります。

**CHART** 表6.3　2010年度道路事業等負担率・補助率（都道府県管理道路）

| 道別 | 事業 | 補助率 | | | |
|---|---|---|---|---|---|
| | | 一般 | 北海道 | 沖縄 | 離島 |
| 一般国道 | 新設 | 1/2 | 8/10 | 9.5/10 | 8/10 |
| | 改築 | 1/2<br>5.5/10（高規格） | 8/10 | 9.5/10 | 2/3 |
| | 交通安全 | 1/2 | | 9/10 | |
| 地方道 | 新設 | 1/2 | | 9/10 | 5.5/10<br>2/3（離島架橋） |
| | 改築 | 1/2<br>5.5/10（基幹道） | 5.5/10<br>6/10(基幹道) | 9/10 | 5.5/10<br>2/3(離島架橋) |

（出所）道路行政研究会編（2010）。

　これは外部性として考えることもできます。地方公共団体はほかの地方公共団体が享受する便益を考慮せず，公共財の供給量を決定するため，過小な供給になります。過小供給に対処するため，国は地方公共団体Aに補助金を与えることで，Aにとっての限界費用を引き下げます。$MC'$ と $D_a$ の交点で決まる供給量が $q^*$ になるまで補助金を与えるのが適切ということになります。

　同じ社会インフラでも，それを供給する地方公共団体によってスピルオーバーの程度は異なります。表6.3は道路事業の費用負担割合を示した表です。たとえば地方道の新設には国の補助率が50％になっています。一部の地域を除けば，多くは全国一律の補助率となっており，図6.3で示した最適な補助率になっていません。

## 国庫支出金の働き

　一方で，補助金を受け取る側の地方公共団体にとって，「色のついた」お金は満足度を下げます。図6.5は国庫支出金が地方公共団体の意思決定に与える影響を示した図です。横軸が補助対象の道路事業量，縦軸がその他サービスの事業量だとします。この地方公共団体（地域住民と言い換えてもよいです）は，道路サービスとその他サービスを享受することで効用（満足度）を得ます。ただし，道路サービスだけが増加しても，効用は増加しますが，増加する程度は徐々に低下していきます。これはその他サービスも同様ですので，両方のサービスが適度に消費できる水準を地方公共団体は評価します。

CHART 図6.5　国庫支出金の働き

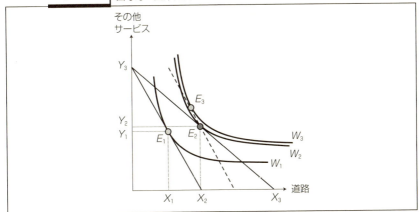

　ここで、ある一定の効用を実現する2つのサービスの組み合わせを図示したものが$W$になります。$W$は効用の水準に合わせて変化し、右上方向にある$W$の方が高い効用を示します。この場合、道路もその他サービスも単位あたりの費用が必要なので、一定の予算（$Y_3X_2$が予算を使い切る組み合わせです）の中で満足度を最大にする均衡点は$E_1$になり、効用$W_1$を得ます。

　道路に1/2の定率補助金が支給されると、予算を使い切る組み合わせは$Y_3X_3$になるため、均衡点は$E_2$になります。もし地方公共団体が予算を全部道路に費やした場合、補助がなくとも道路は$X_2$整備できます。予算が2倍になれば、$X_2$の2倍である$X_3$の道路に支出できます。もしその他サービスに予算のすべてを支出したら、補助の有無に関係なく$Y_3$の支出額になります。これが傾きが2倍になる理由です。

　このグラフの場合、ほぼ2倍の道路支出額になりました。その他サービスの支出もわずかに増えています。もし、使い道を限定しない補助金、すなわち地方交付税で措置した場合、単位費用が変わらないので、$E_2$を実現するために必要な金額は$Y_3X_2$と同じ傾きで平行移動した点線になります。この場合、地方公共団体は$E_3$を選択します。これは先ほどよりも右上にある$W_3$になりますので、地域にとってより満足度の高い補助金といえます。

### 国庫支出金の問題

　国庫支出金はいくつかの問題点が指摘されます。第1に、地方公共団体の自

主的・主体的な行財政運営を阻害し，国と地方公共団体の行政責任が不透明になる点です。第2に，補助金目当てに地方公共団体の公務員が国の公務員を接待する官官接待や陳情行政などが非効率といった批判があります。また，必ずしも問題ではありませんが，補助金の配分メカニズムが外部からはうかがい知ることができず，ブラックボックスになっています。

また隠れた補助金として，地方債の**特別交付税措置**があります。地方公共団体は補助事業の一部を自主財源で賄わなければなりませんが，多くを地方債の発行で賄います。しかし，その元利返済の一部は，後年，地方交付税で補塡され，事実上の補助金の代わりになっています。これらの結果，交通インフラ整備の不平等な地域間配分が行われている可能性が指摘されます。

### CHECK POINT

- □ 1　スピルオーバーがある場合，地方公共団体に補助金を提供することで望ましいインフラ水準にすることができます。しかし，実際の補助率はスピルオーバーの程度を考慮していません。
- □ 2　補助金の受け手である地方公共団体は，国庫支出金よりも地方交付税を好みます。

## 3　地方公共財としての交通インフラ

### 地方公共財

**地方公共財**とは，ある特定の地域に便益が限定される公共財のことをいいます。地方公共団体が供給するサービスが地方公共財ではありません。スピルオーバーがなければ，地方公共財は地域が限定された公共財と同じです。生活道路や無料の駐輪場など，便益の及ぶ範囲が狭いとほかの地域の人が利用することは稀です。すなわち，完全ではありませんが，税金を支払わないほかの地域の住民の消費を排除できます。よって，地方公共財はクラブ財（4章3節を参照）と考えることもできます。

クラブ財は会費を支払ってクラブのメンバーになると，クラブ財から無償で便益を得ます。地方公共団体を一種のクラブと見なせば，住民の税負担で住民

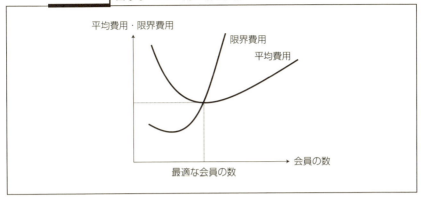
図6.6 クラブ財の最適供給

の求める水準の地方公共財を供給していると考えることができます。ただし，地方公共財の便益を享受した住民に直接，料金を課すことはできませんし，利用回数などに応じた課金はできません。利用回数に応じた料金設定は第3部で学ぶ私的財の料金理論がそのまま適用できます。

### クラブ財の最適な供給

　クラブ財として地方公共財を考えた場合，どのくらい供給されるべきなのでしょうか。図6.6は，あるクラブがサービス供給の費用を会費によって賄う場合の，クラブ財の最適供給を示したグラフです。ここでの平均費用は会員数あたりの費用である点に注意してください。限界費用も同様です。混雑現象により，クラブ財の限界費用は逓増するので，平均費用はU字型になります。会員は会費を支払い，会費により費用を賄います。理論モデルから，平均費用と限界費用が等しい場合，会員の効用が最大になることが知られていますので，平均費用の最低点が最適な会員数，そのときの平均費用が最適な会費となります。

　図6.7は2005年における市の1人あたり土木費と人口規模（対数で変換した値）の散布図です。対数は桁の大きな数字を小さく見せているだけで，右に行くほど人口が大きくなるのは変わりません。図から人口と1人あたり土木費はU字型の関係を持つことがわかります。土木費の場合，最も費用が小さくなる人口は22.9万人と試算されました。市の提供する費目によって，費用が最小になる人口規模は異なります。

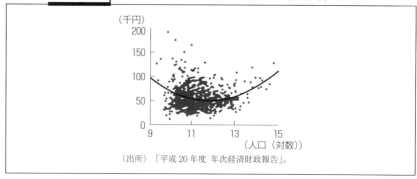

図6.7 1人あたり土木費と人口規模（2005年）

(出所)「平成20年度 年次経済財政報告」。

この議論は，地方公共財が財によって「最適な料金」と「最適な会員数」が異なるともいえます。言い換えれば，地方公共団体によって地方公共財の最適な税と住民数が異なるともいえます。しかし，実際には，地方公共財ごとに異なる税が課せられることもありませんし，そもそも，最適な住民数ではない地域も多いでしょう。

### 地方公共団体同士の競争

地方公共財を考えるうえで重要なポイントが住民は移住できるという点です。住民は自分の好む公共サービスと租税の組み合わせを提供する地方公共団体に移住するでしょう。そのため，地方公共団体は住民の流出を抑えるため，住民の好みにあった公共サービスを効率的に供給するはずです。こうした状況を理論化したC.ティブーにちなみ，**ティブーの足による投票**と呼ばれます。この理論は，同じような選好を持つ住民が，同じような地方公共団体に住むことになります。現実的な仮定ではないかもしれませんが，地方公共団体同士の競争が働く可能性を示唆しているといえます。

### CHECK POINT

□ 地方公共財とは，ある特定の地域に便益が限定される公共財をいいます。このとき，クラブ財の議論が適用できます。

# 4 交通インフラと地価

## 新線開業と地価

　私的財の供給では，その費用をその財の購入者が負担します。一方，公共財は，税金を通じてその費用を負担します。税金は受益者負担とは無関係です。しかし，5章で学んだように，交通インフラの整備は直接の受益者である利用者だけでなく，幅広い経済主体に便益が波及します。利便性が高まった地域の土地は値上がりしますが，土地所有者は交通インフラ整備の費用負担を求められません。これは道路のような公共財だけでなく，鉄道のような私的財にも該当します。本節では，交通インフラ整備と地価との関係を見ながら，利用者以外の費用負担について論じます。

　皆さんが物件を借りるとき，駅に近い物件ほど家賃が高いことに気が付くでしょう。たとえば2005年に開業したつくばエクスプレスの開業前後の地価の推移を比較すると，つくばエクスプレス沿線地域では2006年から08年にかけて軒並み上昇しているのに対して，近隣の常磐線ではそれが確認できませんでした（関東経済産業局，2016）。

## 便益帰着表

　このように，交通インフラの便益の一部は地価に帰着します。これを便益帰着表で見てみましょう。応用一般均衡分析やその他の方法で最終的に交通インフラ整備の便益がどの経済主体に帰着したのかを整理した表が**便益帰着表**（便益帰着構成表）です。表6.4は中京圏の長期鉄道網計画の便益帰着表を示したもので，列が経済主体，行が項目を示しています。

　利用者便益を見ると約6兆円の便益が発生しています。自動車利用者に便益が生まれるのは，自動車利用者の一部が鉄道に移転し，道路混雑が解消されるからです。鉄道事業者は補助金を受けて鉄道を整備しますが，全体では負の便益を被ります。また，土地の所有者に多くの便益が発生していることがわかると思います。反面，土地の利用者は地代が上がる結果，不利益を被ることがわかります。土地所有者の便益は固定資産税や都市計画税を通じて政府の税収と

**表 6.4　中京圏の長期鉄道網計画（愛知県，1989年，単位：億円）**

| | 事業者 | 利用者 | | | 土地利用者 | 土地所有者 | 沿線住民 | 行政 | | |
|---|---|---|---|---|---|---|---|---|---|---|
| | | 鉄道 | 自転車 | バス | | | | 国 | 県 | 市町村 |
| 建設費 | −18,737 | | | | | | | | | |
| 運営費 | −6,645 | | | | | | | | | |
| 料金収入 | 9,597 | | | | | | | | | |
| 利用者便益 | | 43,674 | 18,359 | −2,085 | | | | | | |
| 工事中の混雑 | | | −281 | | | | | | | |
| 地代の上昇 | | | | | −53,038 | 53,038 | | | | |
| 出資金 | 1,820 | | | | | | | −1,820 | | |
| 補助金 | 5,178 | | | | | | | −5,178 | | |
| 公害被害 | | | | | | | 496 | | | |
| ガソリン税 | | | 869 | | | | | −834 | −9 | −26 |
| 固定資産税 | −218 | | | | | −7,533 | | | 155 | 7,596 |
| 都市計画税 | −39 | | | | | −1,329 | | | | 1,368 |
| 法人関係税 | −2 | | | | | | | | | |
| 合計 | −9,046 | 43,674 | 18,647 | −2,085 | −53,038 | 44,176 | 496 | 1254 | | |

（注）　費用便益比2.75，内部収益率9.9％。
（出所）　森杉（1997）表2.3．

して回収されますが，その割合は高くありません。また，この例では政府は補助金以上に税収が得られるため，状況が改善します。

## 開発利益の還元

交通インフラに限らず，一般に地方公共財の便益は，人口移動が自由で比較的小さな都市の場合，ある条件のもとでは，最終的にすべて土地の価値（地代）に帰着するという**資本化仮説**という理論モデルがあります。また，同じような理論モデルとして，ある地域の人口が最適規模であるとき，地方公共財の供給費用と地域内の総地代収入が等しくなるという**ヘンリー・ジョージ定理**があります。さらに，ある地域で鉄道サービスなどの事業者が地域全体の地主を兼ねる場合，地代収入を含んだ交通サービスの利潤最大化を行うとき，鉄道運賃を限界費用に設定し，社会にとって望ましい供給を行う**デベロッパー定理**があります。

交通インフラの整備の便益が土地所有者に帰着することを利用した有名な実例が，東急や阪急といった鉄道会社による沿線の宅地開発です。最近の例では横浜のみなとみらい21線の開発です。これは鉄道整備による土地資産価値上

昇を根拠として，開発事業者等から負担金を徴収しました。具体的には事業費の25％にあたる約500億円を，新駅周辺の土地利用者（三菱地所，都市公団，横浜市，三菱重工など）から，受益者負担金として横浜市の都市交通基盤整備基金を通じて建設事業費に充当しました。

費用便益分析では，地価の上昇のような波及効果を考慮しなくても政策評価には何の問題もありませんでした。しかし，財源調達の話とは別です。財政的に厳しい地方公共団体や私企業が行う交通整備プロジェクトで，土地所有者などの第三者に与える外部効果が非常に大きい場合，社会的には必要でも，財源的な理由で整備されない可能性があります。そのため，経済主体数が多い第三者に代わって，補助金を通じてインフラ整備を促す政策が是認されます。

### 集積の経済

もう少し交通インフラが与える都市や地域への影響を考えてみましょう。高速交通網が整備されると，相対的に人口の少ない地域から，人口の多い地域に向かって人や企業，資金が吸い寄せられ，地域がかえって衰退するという**ストロー効果**が危惧されることがあります。この現象を理解するためには，集積の経済という概念が重要です。**集積の経済**とは家計や企業などの経済主体が特定の地域に集中することで生まれる外部経済のことです（詳細は佐藤泰裕『都市・地域経済学への招待状』有斐閣ストゥディアの4章を参照してください）。

猪原・中村・森田（2015）では，本四国連絡橋の整備によって，四国地方でストロー効果があったのかを検証しています。ここでは，短期的なストロー効果を，交通インフラの整備等による2地域間輸送費の低下によって一方の地域の出荷額が他方の地域と比べ相対的に減少することと定義しました。ここで輸送費低下は2地域に，①相手地域での市場を得る市場獲得効果，②相手地域と自地域での競争が強まることで出荷額が低下する競争拡大効果を与えます。徳島県における分析の結果，婦人・子供服小売業・百貨店業では競争拡大効果が市場獲得効果を上回るので，出荷額は減少し，野菜作農業においては逆に出荷額が増加する結果を得ています。このように，地域の産業競争力によってストロー効果は発生する，しない両方の可能性があるといえます。

### CHECK POINT

- □ 1 交通インフラ整備の便益は地価に帰着します。
- □ 2 集積の経済とは家計や企業などの経済主体が特定の地域に集中することで生まれる外部経済のことをいいます。

## 5 交通インフラ整備・運営の改革

### 公企業と第三セクター

　国や地方公共団体が直接，交通インフラの整備や運営をするのではなく，法人を設立して，それにあたる場合が少なくありません。地方公共団体が地方公営企業法に基づき，地方公共団体が実施する行政サービスのうち，利用者から料金を徴収し独立採算を建前に運営するのが**地方公営企業**です。いわば地方公共団体の直営企業です。交通事業として，市電・都電，バス，地下鉄などがあります。**地方公社**は地方公共団体が全額出資して設立する特別法人で，交通分野では道路公社があります。そして官民が共同で出資する第三セクター方式もあります。

　しかし，公企業や第三セクターの運営は効率的でなく，赤字経営に苦しむ事業者も少なくありません。この点については7章で詳しく議論しますので，本章では取り上げません。この節では，従来，公的部門が担ってきたインフラ整備および運営に関して，民間活力を積極的に活用する政策について取り上げます。

### 公設民営

　インフラ整備に民間活力を導入する方法の1つに**公設民営**があります。これは公的部門が交通インフラを整備し，その施設の運営を民間に委託する，あるいは民間がその施設を利用して交通サービスを提供するものを指します。代表的な公設民営が整備新幹線です。鉄道・運輸機構が整備新幹線を建設し，JRに貸し付けています。貸付料は，在来線から新幹線に移行した場合の収益の差を限度とした貸付料となっており，北海道新幹線（新青森・新函館北斗間）の貸

付料については年額1.14億円,北陸新幹線についてはJR東日本(長野・上越妙高間)が年額165億円,JR西日本(上越妙高・金沢間)が年額80億円となっています。残りを国と地元の地方公共団体が負担します。

　イギリスの国有鉄道の民営化では,インフラ部門(rail track),車両部門,運行部門の3部門に分割されました。これは生産から消費者までの供給のプロセスをその機能で分離する**垂直分離**の一種といえます。この対になるものが,**水平分離**で1企業をその機能の中で複数の企業に分割することで,JRや高速道路会社の地域分割がその代表例といえます。

　垂直分離は,規模の経済が強く働くインフラ部門を公的部門が所有し,規模の経済の小さな鉄道サービスを民間企業に任せ,入札を通じて競争メカニズムを導入する仕組みです。交通分野では垂直分離を**上下分離**と呼びます。一般に交通を含む公益事業分野において,インフラ上の公正な競争を確保するためにアクセス規制の導入が議論されます。1つ目が,施設の使用権を第三者に開放する**オープン・アクセス規制**,2つ目が,インフラの利用料金である**アクセス・チャージ(接続料金)**の規制です。鉄道の場合,線路施設事業者が列車運行事業者に対して設定する線路使用料(track access charge)がこれに該当します。

## PFIとPPP

　交通サービスの運営だけでなく,交通インフラの整備も公的部門に代わって民間企業が担う政策として**PFI**(Private Finance Initiative)もしくは**PPP**(Private Public Partnership)といわれる手法が注目されています。交通インフラの設計・資金調達・運営・維持等をパッケージ化し,競争入札によって企業を選定します。この手法のポイントは官民のリスク分担と入札を通じた競争メカニズムの導入です。

　表6.5は主な事業方式を示しています。設計(Design),建設(Build),運営(Operate)をどの程度民間に任せるか,そしてインフラの所有権を民間部門が持つか,公的部門が持つかで分類されます。どのタイミングで所有権が移転(Transfer)するかによって事業方式は異なります。民間企業が資金調達・建設・維持管理・運営などを行い,契約終了後に所有権が公に移転するBOT(Build Operate Transfer),建設後すぐに所有権が公に移転し,その後,民間が運

**CHART** 表 6.5　PFI と他の事業方式

| 手法 | 設計 | 建設 | 維持管理 | 運営 |
|---|---|---|---|---|
| 従来方式 | 公設 | | 公営 | |
| | 設計会社に委託 | 建設会社に発注 | 直営・維持管理会社に委託 | 直営・運営会社に委託 |
| PFI | 民設 | | 民営 | |
| | PFI 事業者が事業契約に基づき包括的に実施 | | | |
| コンセッション | | | 民営 | |
| | | | PFI 事業者が事業契約に基づき包括的に実施 | |
| 包括民間委託 | | | 公営 | |
| | | | 民間事業者に一括発注 | |
| 指定管理者制度 | | | 公営 | |
| | | | 指定管理者（民間事業者）に一括発注 | |
| デザインビルド | 公設 | | | |
| | 民間事業者に包括的に一括発注 | | | |

（出所）　国土交通省資料を参考に筆者作成。

営する BTO（Build Transfer Operate）などがあります。

　PFI は提供する交通サービスの対価を公的部門が支払う場合（サービス購入型）と，直接利用者が支払う場合（独立採算型）に分けられます。前者は利用頻度もしくは利用可能性に応じて支払う料金が契約で定められます。たとえば，一般道路では利用者から料金を直接回収できません。しかし，あらかじめ一定区間を通行した自動車の台数に応じて，公的部門が民間企業に支払う影の料金（シャドウ・トール）を設定することで，通行台数に応じた料金を公的部門が民間企業に支払うことが可能です。すなわち，公共財であっても，民間企業によるインフラの整備・運営が可能になります。独立採算型は民間企業が利用者から直接料金を徴収し，その収入をもってサービスを提供するものです。

### バリュー・フォー・マネー

　PFI を導入する目的は，税金に対する受け取り価値の最大化であり，結果的に公的資金の抑制につながります。バリュー・フォー・マネー（VFM: Value For Money）は公共事業の効率性を測定する指標であり，PSC（Public Sector Comparator）は，従来どおり公的部門が整備した場合の仮想的費用と PFI によ

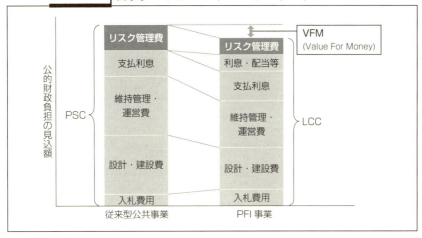

CHART 図6.8 バリュー・フォー・マネー（VFM）

る整備の費用である LCC（Life Cycle Cost）の差として表現されます。

図6.8はこれをわかりやすく示しています。従来型公共事業と PFI 事業の差分が VFM になっています。いくつかの項目で費用が削減され，いくつかの項目で費用が増加していることがわかります。まず，入札の費用が増加します。設計・建設費と維持管理・運営費は減少することが期待されます。しかし，民間企業が整備する場合，よりリスクの高い資金調達になることから，高い利払いが求められます。そして，民間事業者は一定の利潤が必要です。後述するように，適切なリスク管理により，プロジェクト全体の費用を削減することも可能です。

公的部門は依頼人（プリンシパル）となり，民間企業を代理人（エージェント）として指名するため，プリンシパル・エージェントの関係があり，**情報の非対称性**の問題を抱えることになります。依頼主である公的部門はどの民間事業者が効率的か完全にはわかりません。入札は必要な条件を満たす潜在的入札者が多数存在する場合，効率的な事業者を見つけ出す機能を有しています。すなわち，企業は市場の中で競争するのではなく，入札を通じて，市場間で競争することになります。これは特殊な事例でなく，従来も公共工事の発注で入札が用いられてきました。異なる点は，建設費用だけでなく，資金調達費用や維持運営の費用，そして官民のリスク分担なども一体的に入札を通じて，企業同士を競争させるという仕組みです。そのため，プロジェクト全体の費用が最適化さ

5　交通インフラ整備・運営の改革 ● 113

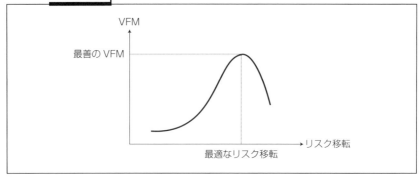

CHART 図6.9 最適なリスク移転とVFM

れることになります。

### リスク分担

　PFI契約において重要な取り決めの1つが事業リスクを官と民のどちらが負担するべきかという議論です。すべてのリスクを公的部門が負担することは適切ではありません。これはなぜでしょうか。ある交通プロジェクトの需要が予想よりも過小になる，あるいは工事期間が長くなり整備費が過剰になったとしても，公的部門は税金などで比較的容易に資金調達をすることができます。すなわち，公的部門は民間企業より公共事業のリスクを楽観的に見る可能性があります。一方，市場競争下にある民間企業はこうしたリスクの一部を効果的に管理するインセンティブがあります。

　しかし，すべてのリスクを民間に移転するのは適切ではなりません。民間企業はそのリスクに見合ったリスク・プレミアムを要求し，かえって事業費が高くなる可能性があります。これをわかりやすく示したグラフが図6.9です。公から民のリスク移転は過剰でも過小でもVFMを損ねることがわかります。

### コンセッションと指定管理者制度

　PFIはインフラの管理・運営だけでなく設計・建設も民間企業に依頼する手法です。他方，インフラの設計・建設は公的部門が行い，管理・運営を民間事業者に委託するさまざまな手法があります。表6.5を再び見てください。この中でコンセッションは長期の運営権を民間事業者に売却するもので，冒頭の新聞記事の仙台空港の民営化がこれにあたります。一定の期間後，民間事業者は

インフラを公的部門に返還しますが、期間の長さによっては、限りなく民営化に近い制度ともいえます。独立採算型のBTOはコンセッション方式に近いといえます。

一方、インフラの所有権は公的部門が所有し、維持・運営などを民間企業に代行（委託）させる制度が包括民間委託と**指定管理者制度**です。後者は地方自治法に基づくもので、2003年の法改正まで、管理主体は地方公共団体の出資法人や公共的団体等だけに限定されていました。交通分野でも港湾や空港で導入が進んでいます。旭川空港では総合的な民間委託により5年間で約3億8100万円の費用削減効果があったことが報告されています。

## 民間企業の交通インフラ整備と補助

民間企業による交通インフラ整備の代表例が民営鉄道（民鉄）です。民鉄は民間企業としてインフラ部門を整備し、かつ鉄道業を営んできました。JRは国鉄が1987年に分割民営化して生まれた会社です。民鉄の鉄道整備は料金収入と借入で成り立っています。

民間事業者の交通インフラ整備の財源調達の支援策には大きく3つの手法があります。第1に、公的支援です。これには速達性を向上させる事業だけでなく、耐震対策、鉄道駅等におけるバリアフリー化の推進、低炭素化・省電力化の促進といった民間企業の利益に直結しない事業に対して国と地方公共団体が支援しています。第2に特定都市鉄道整備積立金制度です。これは複々線事業などを行う民間鉄道事業者に対して、対象区間の運賃を一定比率、一定期間、値上げすることを許し、その資金を元手にインフラ整備を行うものです。通常の補助金と異なり、ほかの経済主体からではなく、利用者から財源を調達することができます。第3に、日本政策投資銀行による融資があります。

### CHECK POINT

- □ 1 交通インフラ整備の民間委託には、PFIやコンセッション、包括民間委託や指定管理者制度などがあります。
- □ 2 PFIの導入の目的は、税金に対する受け取り価値の最大化であり、入札設計や適切なリスク分担などが鍵になります。

## EXERCISE ●練習問題

1. 以下の文章の空欄に入る適切な用語を考えましょう。
   （ ① ）とは，特定地域に便益が限定される公共財を意味します。（ ② ）とは，家計や企業が特定の地域に集中して立地することで生まれる外部性を意味します。（ ③ ）とは，規模の経済が働くインフラ部門と運営部門を分離する垂直分離の交通分野での呼び方です。
2. 地方公共財と考えてよい交通インフラ，交通サービスには何があるでしょうか。
3. 国から地方公共団体が補助金を受け取って交通インフラを整備する理由は何でしょうか。そのときに考慮すべき点を考えてみましょう。
4. 民間企業よりも公企業や第三セクターが優れている点をあげなさい。

# 第3部
## 交通サービス

PART 3

CHAPTER 7 交通サービスの規制と競争政策
8 交通サービスの運賃規制
9 交通サービスの料金体系
10 交通サービスの課税と補助

# CHAPTER

## 第 7 章

# 交通サービスの規制と競争政策

仙台駅前のタクシープール：規制緩和後，タクシーの供給量が急増し，駅前にタクシーが溢れています。

## INTRODUCTION

　7章では交通サービスにおける規制とその経済的意味を学びます。最初に経済的規制と社会的規制について整理したのち，数量規制と参入規制の経済学的な意味と問題点について学びます。次に社会的規制の意義とそれがもたらす弊害について論じます。最後に公的部門の役割と公営企業について学びます。

> **新聞記事** タクシー減車法——値上げ批判覚悟で待遇改善
>
> 　タクシー事業の規制を再び強める「タクシー減車法」が2014年1月に施行されました。タクシーが多すぎる「特定地域」に指定されれば，新規参入や増車が3年間できなくなります。タクシー業界は小泉政権下の2002年の改正道路運送法で，新規参入などが原則自由となりました。しかし，各社が台数を増やして価格競争が激しくなり，運転手の給与水準が低下し労働環境の悪化などが問題視され，2009年施行の特措法で規制強化されました。
>
> 　　　　　　　　　（2014年2月2日付『日本経済新聞』朝刊，4面をもとに作成）
>
> ① 市場への数量規制，参入・退出規制はどのような影響をもたらすでしょうか。
> ② 交通サービス市場への過剰な安全規制とはどのようなことでしょうか。
> ③ 交通サービスを提供する民間企業ではない組織には，どのようなものがあるでしょうか。

# 1 経済的規制と社会的規制

## 交通サービスの規制の枠組み

　交通サービスにはさまざまな規制が存在します。規制の根拠は必ずしも経済学の理論だけに基づくものではありませんが，原則的には①市場の失敗，②市場の欠落，③市場を有効に機能させるため，などの理由からさまざまな規制がかけられています。図7.1はこれを簡潔に示しています。

　公的規制は市場で交通サービスを提供する交通サービス事業者に対して課せられます。これに対して，公的供給とは国や都道府県，市町村など公的部門が直接，交通サービスを市場に供給するものです。公的供給は規制ではありませんが，公的部門が直接，市場に介入するという意味では，公的規制と同類に扱ってよいでしょう。公的供給とは，市場ではサービスが提供されないが，社会的に必要なサービスを公的部門が市場に代わって提供することをいいます。

## 公的規制の分類

　規制とは，「デジタル大辞泉」によれば，「1. 従うべききまり。規定。2. 規則に従って物事を制限すること」を意味します。公的規制とは中央政府や地方

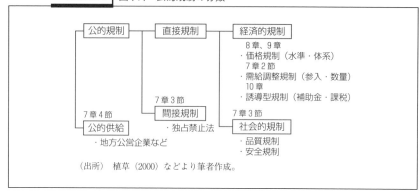

図7.1 公的規制の分類

(出所) 植草 (2000) などより筆者作成。

公共団体といった公的部門が制定する規則です。公的規制は大きく2つに分類されます。1つ目が直接規制で，2つ目が間接規制です。

**直接規制**とは一般に政府が**事業法**に基づき，法的手段（許可，認可など）によって，経済主体の意思決定に直接介入する規制を指します。直接規制は経済的規制と社会的規制に分かれます。経済的規制には運賃規制（運賃水準の規制，運賃体系の規制），需給調整規制（参入規制・数量規制），さらに誘導型規制（補助金・課税）などがあります。

社会的規制は，サービス品質に関する基準，あるいはそのサービスを提供する交通サービス事業者に対する規制になります。交通サービスではとくに安全規制が重要な問題になります。

最後に，直接規制と対をなす**間接規制**とは，ルール型規制とも呼ばれ，市場の機能を阻害する行動だけを規制するものです。公正な競争を実現し，市場メカニズムを有効に機能させるための規制ともいえます。これは鉄道事業法など，特定の産業に限定した規制ではありません。

**CHECK POINT**

☐ 公的規制には直接規制と間接規制があり，直接規制は経済的規制と社会的規制に分かれます。公的供給も規制の一種といえます。

# 2 経済的規制

## 運賃規制

**運賃規制**とは市場でサービスを提供する交通サービス事業者に対して直接，運賃を指定する規制方式を指します。3章で学んだように，交通サービスを提供する交通サービス事業者が独占価格を設定する場合，社会的に過小な量しか供給しません。これが余剰の損失を生みます。これを政策的に回避させるためには，供給量を規制する，補助金を提供するなど方法が考えられますが，価格を規制することで，交通サービス事業者に最善の供給量を実現させる政策が運賃規制になります。国内旅客航空運賃など，規制緩和前は厳しい運賃規制が行われていましたが，すでに廃止されたものもあります。一方，鉄道運賃のように，現在も運賃が規制されている市場も少なくありません。運賃の規制は運賃水準の規制と割引運賃など運賃体系の規制の2種類に大別されます。10章，11章で詳しく学びます。

## 需給調整規制

冒頭のタクシーの新聞記事にあるように，市場のサービス供給量を制限する政策もしばしばとられます。この政策は**需給調整規制**と呼ばれ，規制緩和が行われるまでは，幅広い交通分野で用いられていました。需給調整規制は，何らかの理由で，交通サービス事業者が提供する供給量が需要量と一致しないため，政府が供給量を調整する規制を意味します。需給調整規制には大きく2つの方法があります。1つは市場に参入している交通サービス事業者に対して提供するサービス量を制限する**数量規制**，もう1つは市場への参入そのものを制限する**参入規制**です。参入を制限することで，市場に提供される供給量を間接的に制限することができます。

日本の交通市場では戦後長い間，需給調整規制と8章で学ぶ運賃規制によって自由な競争を制限してきました。参入規制を導入した根拠はいくつかあります。第1に，自然独占がある場合，交通サービス事業者の市場支配力を効果的に抑制できれば，低コストでサービスが供給できると考えられていたからです。

競争の結果，独占になるのならば，最初から独占を認め，二重投資を避けるという理由です。第2に，黒字部門で得た利益で，非採算部門のサービスを維持できると考えたからです。これは内部補助といいます。もし参入規制がなければ，新規参入事業者は黒字部門の市場に参入し，利益を奪います。これを**クリーム・スキミング**といいます。内部補助を維持することも参入規制の根拠の1つでした。第3に，過度な競争（過当競争）が利用者の安全性を損ねるという理由も主張されました。第4に，航空産業のように幼稚産業の保護のため，競争を抑制していた産業もあります。以下では数量規制，参入規制が経済学的にどのような意味を持つのかについて詳しく学んでいきます。

### 数量規制

完全競争市場における数量規制を分析しましょう。図7.2の左側のグラフは交通サービス事業者1，交通サービス事業者2の供給曲線を示しています。傾きは交通サービス事業者2の方が交通サービス事業者1より急です。3章での議論を思い出してください。供給曲線は限界費用曲線と読み替えることができます。同じ供給量水準では，交通サービス事業者2の方が限界費用は高いので，より高コストな交通サービス事業者といえます。

市場全体の供給曲線は水平方向に足し合わせることで求められます。たとえば，運賃が100円のもとで交通サービス事業者1が50，交通サービス事業者2が30，市場に供給するのであれば，市場全体の供給量は80になります。各運賃で同じように，個々の供給曲線から得られる供給量を足し合わせることは，グラフ上では水平方向に足すことを意味します。よって，一番右のグラフで示された市場全体の供給曲線になります。2章で見たように，もし規制がなければ運賃は $p^*$ となり，各交通サービス事業者は $q_1^*$，$q_2^*$ 生産します。

これを政府が過当競争とみなし，供給量を半減するシナリオを考えてみましょう。これは3章1節で見た完全競争市場に政府が介入する政策にほかなりません。市場全体の供給量を $q_1^* + q_2^*$ から $q'$ にまで削減します。$q'$ 以上は生産できないので，限界費用は無限大となり，供給曲線は垂直に曲がります。この結果，運賃は $p'$ に値上がりし，消費者余剰は①②③から①へと減少します。一方，生産者余剰は④⑤⑥から②④⑥に変化します。②と⑤の大きさ次第ですが，この場合，生産者余剰は増加し，結果的に総余剰は③⑤だけ減少します。

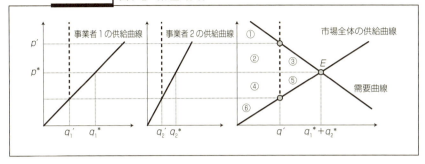

図7.2 数量規制

　このように,完全競争市場では供給量を減らす数量規制は余剰の損失を生みます。これが数量規制の1つ目の問題です。独占と同じメカニズムといえます。しかし,交通サービス事業者はこの規制により利潤を増やす可能性があり,その場合,政府に対して規制を強化するように促す可能性があります。数量規制の2つ目の問題は,市場全体の数量を政府が決めたとしても,それを個々の交通サービス事業者にどのように割り当てるかが難しい点です。図の場合,$q'$で提供する限界費用は交通サービス事業者1,交通サービス事業者2とも同じです。もし各交通サービス事業者の限界費用が同じでなければ,③⑤よりも多くの余剰の損失が発生します。政府が各交通サービス事業者の限界費用を認識しているとは考えにくいので,高コストな企業がサービスを提供する非効率も追加的に発生する可能性が高いといえます。

### 参入・退出規制

　次に参入規制について考えてみましょう。参入規制は交通サービス事業者の市場への参入を制限する経済的規制の1つです。ある特定の事業への参入(たとえば国内航空旅客事業)とある特定の市場への参入(たとえば羽田-福岡線)の両方に規制があります。もし,参入規制により市場内に交通サービス事業者が1社しか存在しない場合,既存の交通サービス事業者には**独占的供給権**が与えられているともいえます。

　完全競争市場では,既存の交通サービス事業者が利潤を得ていれば,参入が起こります。図7.3(1)はある個別企業の平均費用曲線と限界費用曲線が描かれています。完全競争市場では,企業は価格受容者ですので,市場で決まった価格が$p_1$であれば,「価格=限界費用」になる供給量$q_1$を選びます。よって

**CHART** 図7.3 完全競争市場での新規参入

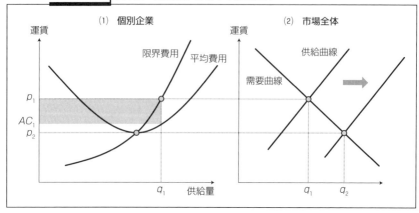

収入は $p_1$ と $q_1$ の面積の大きさになります。「総費用＝平均費用×供給量」ですので，$q_1$ が供給量のときの平均費用は $AC_1$ になり，総費用は $AC_1$ と $q_1$ の面積の大きさになります。よって網かけの部分が，交通サービス事業者の利潤になります。

この利潤を求めて新規参入が起こります。図7.3(2)のグラフより，市場に新たな個別供給曲線が加わりますので，市場全体の供給曲線は右にシフトします。利潤がゼロになるまで参入は続きますので，運賃が $p_2$ になるまで参入は続きます。運賃が $p_2$ まで下がると，運賃と平均費用が同じになり，個別交通サービス事業者は利潤を得ることができませんので，新規参入はこれ以上起こらなくなります。

図7.4は左の2つが個別交通サービス事業者の供給曲線，右が市場全体の需要曲線と供給曲線を表しています。市場全体の供給曲線は個別供給曲線を水平方向に足し合わせたものですので，参入規制がない場合，既存の交通サービス事業者と新規参入した交通サービス事業者の合計となり，参入規制がある場合，既存の交通サービス事業者の供給曲線が市場全体の供給曲線になります。それぞれ需要曲線の交点で運賃が決まります。下の表は両ケースの，生産者余剰，消費者余剰，総余剰を示しています。

参入規制により，③④⑥⑦の総余剰が減少することがわかります。もし参入規制を撤廃すると，既存の交通サービス事業者は①の損失を被りますが，増加した消費者余剰（①⑥⑦）のうち①を既存事業者に補償しても，まだ社会的に望ましいことがわかります。参入を規制すると，市場全体の供給量は $q_1+q_3$

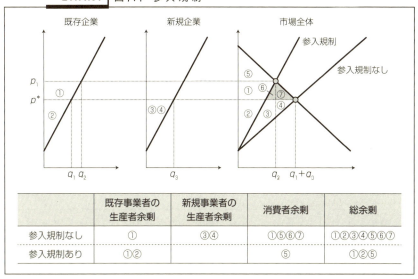

図7.4 参入規制

から $q_2$ に減少します。これは図7.2の数量規制とよく似ています。もし，政府が $q_2$ に供給量を減らすことが適当だと考えた場合，参入規制なしの供給曲線が $q_2$ で垂直に折れ曲がります。運賃は参入規制と同じ $p_1$ になり，両規制は一見すると同じ政策効果を持つように思えます。しかし，参入規制は③⑥の面積だけ供給費用が高くなり，結果的にこの分，総余剰が減少します。

## 過剰参入

図7.4の議論では参入規制は余剰の損失を生じますが，ここで参入費用を明示的に考えた別のモデルで再度，参入の是非を考慮したいと思います。実は，参入費用がゼロではない場合，参入を規制した方が総余剰は大きくなる可能性があります。これは**過剰参入**として知られています。図7.5はこれを簡潔に示しています。(1)のグラフで，独占交通サービス事業者が独占価格を設定しています。このとき，新規参入が起こり，2社による競争（複占）の結果，運賃が少し低下したとします。この結果，総余剰は①②だけ増加します。2社の限界費用が完全に同じで，市場全体の供給量を半分ずつ分け合う場合，新規参入した交通サービス事業者の利潤は②③で表すことができます。

ここで，新規参入した交通サービス事業者は参入費用が必要だとしましょう。この参入費用が②③より少なければ利潤を得られるので参入します。しかし，

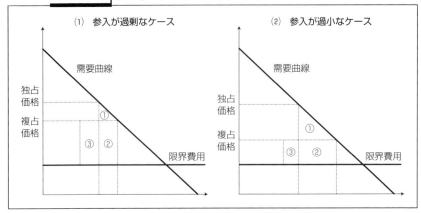

図7.5 過剰な参入と過小な参入

参入費用が①②より大きい場合，総余剰は独占のときよりも少なくなります。すなわち，(1)のグラフは，参入費用の大きさ次第では，

消費者余剰＋生産者余剰の増加＜参入費用＜新規参入の生産者余剰

という状態になる可能性があります。このとき，参入を規制した方が社会全体にとって望ましい状況，すなわち，参入規制の根拠になります（固定費用が存在し，企業がクールノー競争する場合，社会的に最適な企業数を上回るという過剰参入定理があります）。

逆に参入規制をしていなくても，過小な参入になる可能性もあります。図7.5(2)の例では，新規参入した交通サービス事業者の参入費用が②③より少しだけ大きければ，この交通サービス事業者は参入しませんが，①②より小さければ，参入した方が総余剰は増えます。両者の違いは参入の結果，どの程度，運賃が下がり，供給量が増えるかによります。参入規制の是非は，競争の形態やサービスの特性によって結論が変わります。

### 参入規制の問題

参入規制は数量規制と異なり，必ずしも総余剰を減らす結果になるわけではありません。しかし，規制者が適切な交通サービス事業者数や適切な交通サービス事業者を見つけ出せるか疑問です。新規参入した交通サービス事業者が既存の交通サービス事業者よりも効率的な可能性がありますが，参入規制はそれを事前に排除します。これは潜在的な競争，すなわち効率的な交通サービス事業者が参入してくる恐れから，既存の交通サービス事業者が運賃を下げ，経営

> Column ❼-1　退出規制
>
> 　民間企業が交通サービスを休廃止する場合，明示的あるいは暗黙的に何らかの規制が掛けられている場合があります。これはサービス供給義務に関連する規制の一種です。たとえば鉄道事業の路線を廃止するためには 1 年前に国土交通大臣に届け出ることが必要です。その前に，交通サービス事業者と地元自治体が組織する協議会での合意が必要です。そもそもなぜ，退出規制が必要なのでしょうか。利用者保護がその理由として考えられます。たとえば，過疎地域で，唯一の公共交通である鉄道やバス路線が急に廃止された場合，自動車を持たない人たちは移動手段を失います。
>
> 　規制緩和以前は事業の撤退がより困難でした。これは利用者保護の観点からは支持されますが，事業者には赤字を強いることになります。これは交通サービス事業者にとって事業リスクを意味します。これを予見する交通サービス事業者は参入を躊躇するでしょう。よって，退出規制は間接的に参入規制になります。また，競争政策の観点からは，非効率な交通サービス事業者の市場からの退出を遅らせることになります。

努力を行うインセンティブをなくしてしまいます。

　しばしば参入規制を正当化する理由として過当競争の防止があげられます。しかし，過当競争は定義が曖昧です。競争により既存の交通サービス事業者の超過利潤がゼロになることは過当競争ではないですし，多くの交通サービス事業者が赤字でも，そうした交通サービス事業者は長期的には市場から撤退して，市場は最適な交通サービス事業者数になります。過当競争の結果，安全性が低下する，サービスの品質が悪化する，労働者の賃金が低下する，外部不経済が発生するなどの意見もあります。3 節では，社会的規制について論じ，これらの意見の妥当性を検証します。

**CHECK POINT**

- □ 1　完全競争市場における数量規制は余剰の損失を生みます。
- □ 2　参入規制は参入費用がなければ余剰の損失を生みます。参入費用を考慮すると，参入規制があった方がよい場合があります。
- □ 3　退出規制は参入規制の効果を持ちえます。

2　経済的規制

# 3 社会的規制と間接規制

## 社会的規制を行う理由――情報の非対称性と外部性

　社会的規制とは，消費者や労働者（場合によっては交通サービス事業者）に対して安全性や環境面での一定の品質を担保する規制です。たとえば自動車の車検制度や排ガス規制，速度規制，車両の安全点検，鉄道や航空機を運転するための免許制などはこれに該当します。長距離バスやトラックの運転手の運転時間を制限する規制は，労働環境を改善するだけでなく，間接的に安全な交通サービスを利用者に提供することも目的に含まれます。

　なぜ社会的規制を行うのでしょうか。市場の失敗のうち，独占（正確には自然独占）が運賃規制の根拠であるとすれば，**情報の非対称性**は社会的規制の根拠といえます。情報の非対称性は，取引において一方の取引主体がほかの主体よりも多くの情報を持っている状態を意味します。通常，交通サービス事業者は消費者よりも，サービス品質や安全性に対してより多くの情報を持っています。情報の非対称性がある場合，**逆選択**の問題が生じます。市場で運賃が示すはずの品質を備えたサービスが取引されず，質の劣るサービスが市場に出回ります。交通市場でいえば，安全ではない，環境に配慮しないサービスや会社ばかりが市場に残り，非効率な資源配分に陥ります。これは市場の失敗です。

　また，**外部性**もしばしば社会的規制の根拠となります。自動車交通の環境汚染物質の排出や騒音などはこの典型です。これは，道路混雑などのように混雑料金（10章2節を参照）などの経済的規制でも対応できますが，あらかじめ一定の基準を満たすサービスのみを許可することでも達成できます。以下では社会的規制の中でも，代表例として安全規制について議論します。

## 安全規制

　先ほど述べたように，交通サービス事業者の提供するサービスの安全性は，情報の非対称性があります。そのため，最低限の安全性を確保するため，政府による社会的規制が必要になります。利用者が交通事業者の安全性をその都度，調べるよりも，国が一括して一定の安全性を保証する方が社会全体では費用が

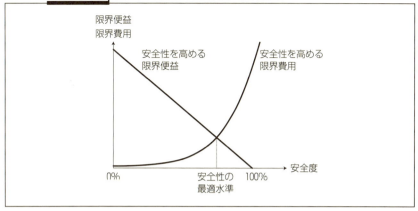

図7.6 安全性の限界費用と限界便益

少なくてすむとも考えられます。

　規制は費用と便益を比較して，その妥当性を評価することが必要です。すなわち，**安全性の最適水準**があります。図7.6は安全性の限界費用と限界便益を示しています。横軸は安全性の指標で0〜100％の値をとります。現実にはありえませんが，100％の安全性を実現するためには，莫大な費用が必要になります。したがって，安全性を高める限界費用は右上がりの曲線になります。たとえば，バス会社がバスの点検を1年に1回から2回にすると，より車両の安全性は高まりますが費用は倍かかります。これを年3回にすると，車両の安全性は高まりますが，先ほどよりは安全性の向上の程度は低いでしょう。同じ程度，安全性を向上するためには，年4回の点検が必要かもしれません。これは限界費用を高めます。このことから，安全性を高める限界費用は100％に近づくほど，限界費用は急激に増加すると考えられます。

　安全性を高める限界便益は需要曲線と同様に右下がりになります（かならずしも直線である必要はありません）。まったく安全でない状態から1％でも安全性が高まれば，利用者は高い支払意思額を示します。しかし，安全性に対する限界効用が逓減するので，追加の安全性向上に対しては支払意思額が徐々に減少していきます。よって安全性を高める限界便益は右下がりになります。

　結果的に，両者の交点では安全性の限界便益と限界費用が同じくなり，安全性の最適水準を示します。これは，安全性でも過剰な安全基準の規制がありうることを示しているといえます。もちろん，安全性が過小な水準もあり，交通サービス事業者が自発的に最適な水準の安全性を達成しない場合は，社会的規

> **Column ❼-2　シートベルトの相殺効果**
>
> 　安全規制が規制当局の想定外の効果をもたらした事例がシートベルト規制です。今からでは考えられませんが，昔は自動車に乗っても運転手はシートベルトをする必要はありませんでした。しかし，日本の交通事故による死亡者数はピーク時の 1970 年で 1 万 6000 人を超え，交通戦争と呼ばれるほどでした（2016 年の死亡者数は 3904 人）。1986 年に一般道での運転席・助手席でのシートベルト着用が義務化されました。しかし，この安全規制は思わぬ効果を生みました。当局のねらいどおり，事故発生時の死亡率は低下しましたが，事故件数は増加したのです。これはシートベルトをしていれば，運転手にとって事故の費用が減るため，スピードの出し過ぎといった安全ではない走行を促すことになったからだと考えられています。

制を行う理由の 1 つになります。

### 社会的規制の方法

　次に社会的規制の方法について簡単に整理してみましょう。社会的規制は数量規制や価格規制に比べて，複雑で多岐にわたります。第 1 に**特定の行為の禁止，営業活動の制限**です。これは法律に基づいた**許認可制度**を通じて行われます。たとえば，皆さんがトラック会社を設立したい場合，許可が必要です。許可を取得するためには，許可申請書を作成し，運輸支局の担当窓口に提出しなければなりません。その条件として，一定の車両数があること，適切な規模の営業所があること，営業所に併設する車庫があること，乗務員用の休憩・睡眠施設があること，適切な運行管理体制があること，資金調達に関して十分な裏付けがあることなどが求められます。

　第 2 に**資格制度**があります。これは特定の業務に関して専門的な知識を持っている，一定の経験を積んでいる，一定水準以上の技能を持つことを国が認定，証明するものです。資格がある者だけが業務を行うことができます。

　第 3 に，**検査・検定制度**です。これは安全性の確保などを目的に，施設・設備等が満たすべき基準，それを確認する方法などを規定するものです。最も身近なものが自動車検査（車検）です。

CHART 表7.1 トラック輸送の事故件数比率

| 1社あたりの車両規模 | | | | | | |
|---|---|---|---|---|---|---|
| 5両未満 | 5〜10両 | 11〜15両 | 16〜20両 | 21〜25両 | 26〜30両 | 31両以上 |
| 2.6 | 1.7 | 2.1 | 2.8 | 3 | 2.7 | 2.7 |

(注) 表の数値は，100車両あたりの事故件数。
(出所) 最低車両台数・適正運賃収受ワーキンググループ報告書・関連資料（原典：トラック輸送の実態に関する調査報告書）。

第4に，**基準・認証制度**です。これは設備の操業・管理の安全基準を設け，それを満たしていなければサービス提供を禁止する制度です。最後に**情報公開**があります。

### 社会的規制の課題

交通分野の社会的規制（質的規制）は，留意すべき点が4つあります。第1に，情報の非対称性が即，規制の根拠となるわけではありません。ある程度，市場がその役割を補完します。たとえば，あまりにも安い運賃は，安全への投資が十分でないなど品質の低さのシグナルとして機能するかもしれません。この場合，運賃自体がそのサービスの品質を示す指標になります。また，品質に自信のある交通サービス事業者は積極的にそれを宣伝材料として使うでしょうし，ホームページなどでその品質の高さを示す情報を提供するでしょう。保証書も品質を担保する道具として機能します。また評判（口コミ）も利用者が情報を入手する有力な道具になります。

第2に，サービス品質の競争です。先に論じたように，利用者は事故を起こした会社のサービスを避ける傾向にあるので，競争が安全性を担保する可能性があります。競争の激化は安全性を損ねるのかどうかについては，無関係と考える研究者が多いようです。仮に競争激化が安全性を阻害したとしても，経済的規制ではなく，安全規制を強化するのが先でしょう。2000年代の規制緩和は，経済的規制を緩和するのと同時に，社会的規制が強化されました。

第3に，社会的規制が事実上の量的規制になる可能性です。たとえば，小規模な事業者が増えればサービスの質が落ちるという理由から，トラックやタクシー事業では「最低所有台数」制限が掛けられています。表7.1はトラック事業の車両規模別の1年間の事故発生件数を示しています。この表からは，事業者の車両規模と事故の起こりやすさには関係がないように見えます。最低所有

> **Column ❼-3　無駄な規制**
>
> 　随分，昔の話になりますが，1993 年，千葉県南船橋に屋内スキー場が開業しました。スキー場なので，リフトが必要です。実はリフトは索道事業で規制の対象でした。運輸省（現在の国土交通省）は，鉄道事業法により安全対策として風速計の設置義務があり，屋内でも同じとして，事業者に対して風力計の設置を求めました。風力計といっても当時のお金で 100 万円ほど必要でした。一定の風力を超えるときに，鉄道が横転して多数の死者が出た苦い経験から，この安全規制は必要なものでしたが，屋内の施設に必要とは考えられません。この横槍により，このスキー場は開業が遅れました。このエピソードは無駄な規制の象徴として有名です。

台数が多くなるほど，参入費用が大きくなるため，より参入が困難になります。過剰な安全基準は，資源配分上の非効率を生む可能性があります。

　第 4 に規制コストです。安全性を確認するさまざまな事務手続きは規制する側とされる側の両者に費用負担を強いることになります。規制緩和により，経済的規制が撤廃もしくは緩和されてきたため，今まで見過ごされてきた社会的規制の経済的規制の側面の弊害が注目されています。

### 間接規制

　間接規制は，直接規制と異なり，個別の経済主体の意思決定に直接介入はしません。いわば，市場メカニズムが有効に働くための補完的制度といえます。具体例をあげると，独占禁止法，商法，民法などによる不公正競争の制限があります。独占禁止法には，略奪的価格，カルテル，私的独占，不当な取引制限，不公正な取引の禁止などがあり，違反すると排除命令や課徴金などの罰則が適用されます。

　たとえば，2014 年に公正取引員会は，日本から自動車を輸出する船便の貨物運賃で価格カルテルがあったとして，海運会社に約 227 億円の課徴金納付命令と再発防止を求める排除措置命令を出しました。

　間接規制は定められたルールに違反した経済主体に対して罰則を適用することから**事後規制**と呼ばれることがあります。一方，直接規制は独占的な価格設

定をしたり，公正な競争を阻害する行為を行う前にあらかじめ規制をかけておくことから，**事前規制**と呼ばれます。経済的規制がなくとも，ある程度，間接規制により，不公正な競争を抑えることができますが，その機能は限定的だといわれる場合があります。

> **CHECK POINT**
> 
> □ 1 情報の非対称性の問題から，安全規制は適切に行われなければなりませんが，過剰な安全規制に陥る可能性もあります。
> □ 2 社会的規制が事実上の参入規制になる可能性があります。

# 4 公的供給

## 公的供給とその種類

公的供給とは公的部門が直接サービスを利用者に提供することをいいます。表7.2 は公的供給をその形態で分類したものです。6章で学んだように，道路や空港，港湾などは一般会計から公的部門が供給しています。2つ目の公の民間委託とは，公的部門が一般会計から資金を調達し，民間の交通サービス事業者に業務を委託することを指します。いわゆるコミュニティバスがこれに該当します。これに対して3つ目の公の生産とは，公的部門が公営企業を設立し，会計を別にして，有料でサービスを提供するものをいいます。たとえば，公営地下鉄や公営バスがこれに該当します。地方公営企業や地方公社という名前で呼ばれています。最後に，公と民が資金を出し合って，会社形態でサービスを提供するものを第三セクターと呼んでいます。空港に併設する空港ビルの大半はこの形態をとっています。

なぜ公的供給を行うのでしょうか。とくに，公企業は利用者から運賃を得てサービスを提供しているため，第2部で学んだような公共財ではありません。理由は資源配分の効率性というよりも，それ以外の政策目標の達成です。たとえば離島や過疎地域，都心でも駅から遠く離れた公共交通が不便な地域（交通空白地域）への交通サービスの提供です。民間の交通サービス事業者は不採算サービスを提供しませんので，これらの地域では，十分な移動手段が存在しま

**CHART** 表7.2 公的供給の種類

| 形態 | 主体 | サービスの種類 | |
|---|---|---|---|
| | | 交通 | 交通以外 |
| 公の単独供給 | 一般会計 | 道路,空港,港湾 | 警察,消防 |
| 公の民間委託 | 一般会計 | コミュニティバス | ゴミの収集,保育所 |
| 公の生産 | 公営企業 | 地下鉄,バス,駐車場,有料道路 | 上下水道 |
| 公民の協力 | 第三セクター | 地方鉄道,空港ビル,埠頭公社,流通ターミナル | リゾート,観光,文化施設 |

(出所) 林(2008)などより筆者作成。

せん。そのため,自家用車を持っていない,あるいは運転できない人(高齢者や免許を持たない若年層)は,徒歩や自転車以外での移動の手段を失います。これは**市場の欠落**と呼ばれる問題で,12章で詳しく学びます。

### 公企業の問題

公的供給の中でもとりわけ公企業の問題としてよく指摘されるのは,非効率な経営になりやすい点です。図7.7は2008年度のバス事業の走行キロあたり収入・原価を比較したものです。公営バスは大都市でサービスを提供することも多いため,民間バスとの単純比較はできませんが,同じバスを1km運行するのにかかる費用が2倍で,とくに人件費の比率が高いことがわかります。現在では民営化などにより,公営バスの費用は656.54円/km(2015年度)まで低下しています。

公企業の象徴として,最も有名なのは旧国鉄(現在のJR)でしょう。1985年度の国鉄決算では,355円稼ぐのに557円の費用がかかり,赤字額は当時でも年2兆円に近いという異常な状態でした(詳細は11章1節参照)。

なぜ公企業は非効率になるのでしょうか。公企業をチェックするのは,資金を提供する議会や住民ですが,十分な監視が行われていません。とくに地方公営企業は,地方公共団体の内部組織であり,経営状態が悪く,債務が多額になっても倒産することはありませんし,他会計の補助を受けやすい環境にあるといえます。また,公務員は解雇しにくいため,民間の交通サービス事業者と同じような柔軟な経営は望めません。また政治的な介入が行われやすい点も非効率さを生み出します。民間企業であれば,採算性がとれない路線から撤退するのは当たり前ですが,公企業はそれが容易ではありません。

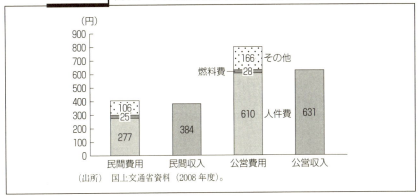

CHART 図7.7 バス事業の走行キロあたり収入・原価

(出所) 国土交通省資料 (2008年度)。

このため,バス事業のように民間に業務を委託し,あるいは完全民営化することで経営の改善が図られています。

## 第三セクター

第三セクターとは地方公共団体と民間企業が共同出資で設立した民法や商法に基づく法人のことを指します。第一セクター(公的部門)と第二セクター(民間)の中間に位置するため第三セクターと呼ばれます。ただし,第三セクターの厳密な定義はなく,総務省は地方公共団体の出資比率が25%以上の法人を第三セクターとしています。

第三セクターは行政側にとっては,民間の効率的な手法や人材・資金を活用できる点や,行政が直接対応しにくい分野を受益者負担で選択的なサービスとして提供できるメリットがあります。民間も新たな事業分野を開拓できることや財政上の特別支援が受けられる可能性があること,資金調達が容易になるといったメリットがあり,交通分野に限らず数多くの第三セクターが設立されました。

しかし,第三セクターの経営は思わしくありません。総務省によれば2016年の調査対象となった運輸・道路分野の第三セクターの24.9%が赤字です。また,東京商工リサーチによれば,2015年度の第三セクター鉄道63社のうち,35社が経常赤字,累積赤字も40社と厳しい経営状況を示しています。この理由として事業責任が不明確であると指摘されています。また,官民の意識のずれがあり,民間企業は公的部門との共同事業だから事業リスクは小さいと考え,

公的部門は民間企業の資金を使って大規模な事業をしようと考えます。経営が悪化すれば公的資金が投入される環境は，効率的な経営を阻害するといえます。

## CHECK POINT

- □1 公的供給とは公的部門が直接サービスを利用者に提供することで，地方公営企業，地方公社，第三セクターなどがあります。
- □2 公企業は民間企業に比べて非効率的な経営である場合が少なくありません。

## EXERCISE ●練習問題

1. 以下の文章の空欄に入る適切な用語を考えましょう。
  （ ① ）とは，地方公共団体と民間企業が共同出資で設立した法人をいい，しばしば，非効率な経営が指摘されます。（ ② ）とは，あらかじめ規則を定め，違反した者に対して罰則を適用するため事後規制と呼ばれます。

2. ある市場に2社存在しており，供給関数が $S_1=p$, $S_2=2p$，市場需要関数が $D=16-p$ であるとします。(1)市場全体の供給関数を求め，均衡価格と各々の企業の供給量を求めなさい。(2)このとき，市場全体の供給量を半分にする数量規制を行います。各社半分にする数量規制の場合，余剰の損失を求めなさい。

3. 参入規制や数量規制で得をする経済主体を考えてみましょう。

# CHAPTER

## 第 8 章

# 交通サービスの運賃規制

羽田空港からの国際線は増加傾向にあり，国際線の運賃も上限認可制に移行した。

## INTRODUCTION

この章では交通市場における運賃規制について論じます。最初に代表的な運賃規制である限界費用価格規制と平均費用価格規制について学びます。次に，実際の規制政策で用いられている総括原価方式の仕組みとその問題点を解説します。さらに総括原価方式に代わるインセンティブ規制として，ヤードスティック規制，プライス・キャップ規制，そして最後にフランチャイズ入札の仕組みと問題点を学びます。

> **新聞記事** 航空運賃，直前値下げ可能に，国交省，国際線に「上限認可制」
> ——格安航空参入促す
>
> 　国土交通省は国際航空の運賃制度で，上限額を認可してその範囲内で自由に運賃を設定できる「上限認可制」を導入する方針を決めました。運賃を変更するたびに国の認可を受ける現在の「固定認可制」を変え，販売状況に応じて航空会社が出発直前まで値下げなどができるようになります。
>
> 　国際航空運賃は現在，旅行会社が販売するパックツアーを除き，日本の空港に発着する航空会社が30日前までに国交省から認可を受ける必要がありました。航空券が売れ残った場合でも，出発直前の値下げができませんでした。新制度では一度上限額の認可を受ければ，その後は上限以下の確定運賃を届け出るだけですみます。
>
> （2010年9月22日付『日本経済新聞』夕刊，3面をもとに作成）
>
> ① なぜ一部の交通サービスの運賃は規制されているのでしょうか。
> ② 運賃の規制方式にはどのようなものがあるでしょうか。
> ③ なぜ次善の規制方式が最善の規制方式の代わりに採用されているのでしょうか。

# 1　運賃規制

### 限界費用価格規制

　3章で学んだように，独占企業は放っておくと利潤を最大にする独占価格を設定し，余剰の損失を生みます。7章で学んだように，これに対処する方法の1つとして**運賃（価格）規制**があります。それではどのような水準の運賃を設定するのがよいでしょうか。

　総余剰を最大化するという意味で社会的に最も望ましい運賃規制として，運賃を限界費用と等しく設定させる規制方式があります。これを**限界費用価格規制**と呼びます（図8.1参照）。

　限界費用と需要曲線の交点で決まる運賃が政府の定める規制運賃となります。交通サービス事業者は利潤最大化のため，$q^*$を選択します。これは，総余剰が最大になる供給量になります。$q^*$よりも供給量が多くなると限界費用曲線が需要曲線を上回ります。需要曲線の高さは限界便益（追加的に得られる便益）ですので，限界費用が限界便益を上回ることになるため，総余剰を減少させま

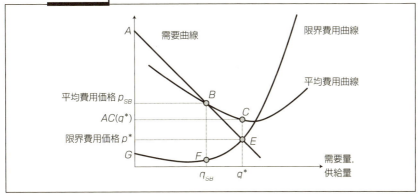

図8.1 限界費用と平均費用価格規制

す。これ以上，望ましい価格は実現できませんので，限界費用価格 $p^*$ は**最善**（ファースト・ベスト）の**価格**と呼ばれます。

### 限界費用価格規制の問題

ところが，図8.1で示された最適な供給量 $q^*$ のように規模の経済のある供給量で供給される場合，3章で学んだように平均費用は限界費用を上回ります。限界費用に基づき運賃を設定しているため，運賃 $p^*$ よりも平均費用 $AC(q^*)$ が低くなり，限界費用価格規制は赤字（この場合 $AC(q^*)CEp^*$）が発生します。規模の経済が強く働く**費用逓減産業**ですから，独占になりやすく，規制が必要であることを思い出してください。大半の場合，限界費用価格規制は赤字分を補塡するため，ほぼ固定費用に相当する補助金が必要になります。このため，補助金を捻出する税収が確保できるのかという問題と補助金負担の公平性の問題が新たに発生します。補助金の原資は税金です。たとえば，独占である民間の鉄道企業に対して，その鉄道を利用しない人々が，運賃を少し下げるために税金の支払いを求められた場合，その政策を許容するでしょうか。このように，限界費用価格規制は理論的には最善でも，現実問題として導入が困難な運賃規制です。

### 平均費用価格規制

限界費用価格規制に代わる運賃規制方式が，**平均費用価格規制**です。これは規制運賃を平均費用と等しく設定させる規制方式です。図8.1の，需要曲線と

平均費用曲線の交点で決まる運賃 $p_{SB}$ が規制運賃になります。規制下の交通サービス事業者も利潤を最大にする供給量を選択します。この場合，運賃は固定されています。もし，$q_{SB}$ よりも供給量を多くしても誰も交通サービスを利用しなくなるため，赤字になります。$q_{SB}$ よりも供給量を少なくすると，価格よりも平均費用が高くなるので，やはり赤字になります。$q_{SB}$ を選択すると利潤はゼロですが，少なくとも赤字にはなりません。平均費用価格規制では，運賃と平均費用が同じであるため，交通サービス事業者の利潤はちょうどゼロになります。限界費用価格規制と比べて，$q^*$ と $q_{SB}$ の間の需要曲線と限界費用曲線の間の面積（BEF）だけ総余剰は減少しますが，少なくとも交通サービス事業者が赤字にならない条件下で，総余剰を最大にする運賃規制であることから，**次善**（セカンド・ベスト）の**価格**と呼ばれます。

### CHECK POINT

- □ 1 限界費用価格規制は理論上，最善の価格ですが，交通サービス事業者が多額の赤字を負うので，補助金が必要になります。
- □ 2 平均費用価格規制は，交通サービス事業者の利潤がない状態で，最も総余剰が大きくなる規制方式で，次善の価格といわれます。

##  総括原価方式

### 総括原価方式の考え方

運賃規制対象の事業者は国（国土交通省）に所定の必要書類を用意し，一定の審査ののち，運賃が認可されます。このように，事業者は簡単に運賃を値上げすることはできません。

現実の政策では，どのように平均費用を求めるのでしょうか。実際の運賃規制では適正原価を保証する一方，過大な利潤の獲得を禁止しています。利潤自体の獲得が禁止されているわけではありません。適切な利潤は**適正利潤**（事業報酬）と呼ばれます。これを含む適正原価を総括原価と呼び，この総括原価に基づいて運賃を決める方式を**総括原価方式**（フルコスト方式）といいます（図8.2）。総括原価を供給量で割ったものが規制運賃となります。

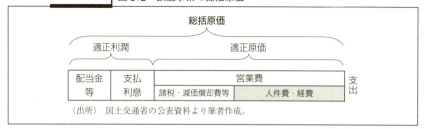

図 8.2 鉄道事業の総括原価
(出所) 国土交通省の公表資料より筆者作成。

適正原価＋適正利潤＝総括原価＝必要収入　⇒　規制運賃＝$\dfrac{必要収入}{供給量}$

## 適正利潤の決め方

　適正利潤は将来の資本投資のために必要になります。通常，民間の交通サービス事業者は外部資本（銀行からの借入や社債の発行）と自己資本（株式）によって多額の資金を調達します。総括原価方式のうち，ある交通サービス事業者がその年に支出した資本投資のための費用をすべて適正な利潤として認める方式を**費用積み上げ方式**といいます。地方公営企業，中小私鉄，バス，タクシーなど労働集約的な産業で採用されています。費用積み上げ方式の適正利潤は，以下の式から求めます。

$$適正利潤＝支払利息＋配当金等$$

　一方，大手私鉄などでは，**公正報酬率規制**が導入されています。これは事業資産の価値によって報酬額が決まります。

$$適正利潤＝レートベース×公正報酬率$$
$$レートベース＝正味資産価値＝取得原価－減価償却累計額$$

すなわち，適正利潤はレートベースに公正報酬率を乗じることで求められます。レートベースとは正味資産価値と呼ばれ，取得原価から減価償却累計額を差し引くことで求められます。**公正報酬率**は資本調達のために必要な最低限の報酬であり，自己資本と他人資本，それぞれの報酬率を全産業平均の資本比率などで加重平均した値を用います。レートベースは交通サービス事業者ごとに異なりますが，報酬率は個別交通サービス事業者の業績とは無関係に決められます。よって交通サービス事業者には資金調達を効率化するインセンティブが与えら

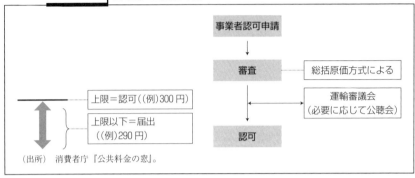

図 8.3 上限認可制

(出所) 消費者庁『公共料金の窓』。

れます。すなわち，より費用が少ない資金調達方法が選択されます。この仕組みは資金調達を効率化するインセンティブを持ち，鉄道事業のような資本費用の割合が大きな交通サービス事業者の規制では効果が大きいといえます。

### 上限認可制

実際には公正報酬率規制は運賃の値上げ時のみ適用されます。これが**上限認可制**です。この方式は鉄道とバス事業で採用されており，政府が定めた上限値を超えなければ，事業者は届出だけで運賃を変更することが可能です（図 8.3 参照）。上限値を超える運賃が申請された場合，総括原価方式に従って規制運賃が決まります。

### 総括原価方式の問題点

総括原価方式の最も大きな問題として，規制されている交通サービス事業者の経営改善を阻害することが知られています。交通サービス事業者が効率的な組織改編や人員の削減，賃下げなどの経営努力により費用の削減に成功しても，次の期に，運賃を引き下げることが求められるため，交通サービス事業者は利益を得ることができません。反対に，非効率な経営を行い費用が膨れたとしても，その費用が適切だと認められれば，次の期に，運賃を引き上げることで，交通サービス事業者は損失を回避できます。これでは交通サービス事業者に費用削減を期待する方が無理です。これは費用積み上げ方式で顕著ですが，公正報酬率規制も営業費で該当します。

また，費用に関する情報は交通サービス事業者側の方が規制者よりも多く持っているため，適正原価が本当に適正なのか見極めることが困難です（**情報の非対称性**）。とくに，同一交通サービス事業者が規制されているサービスとそうではないサービスを両方手がけている場合，適正な原価の見極めはより困難になります。そのため，規制者である国土交通省は原価が適正かどうかを判断するため，交通サービス事業者に対してより多くの情報（書類）を提出させなければならず，その検証が必要になります。これは規制者，規制対象の交通サービス事業者の両者にとって膨大な事務費用が発生することを意味します。

　また公正報酬率規制には，過剰な資本投資を促す可能性もあります。これは**アバーチ・ジョンソン効果**といわれるものです。先に論じたように，公正報酬率規制は交通サービス事業者が購入した資産（資本）に基づいて，一定の報酬率が支払われます。すなわち，資本が増えるほど認められる適正利潤が増えるので，費用を最小化する以上の資本投資を行うインセンティブが規制方式に組み込まれます。

　これらの問題は運賃規制を実施するために必要な社会全体が負担する**規制コスト**といえます。これが公共料金を高止まりさせる要因ではないかと考えられるようになり，イギリスのサッチャー政権において，公正報酬率規制に代わるインセンティブ規制が導入されました。

**CHECK POINT**
- □ 1　平均費用価格規制は現実の政策としては総括原価方式として行われます。
- □ 2　総括原価方式は費用積み上げ方式と公正報酬率規制があります。
- □ 3　総括原価方式は交通サービス事業者に経営改善を促す仕組みになっていません。

# 3　インセンティブ規制

## インセンティブ規制とは？

　総括原価方式は運賃算定の根拠がわかりやすく，規制対象の事業者が適度な利潤を得ており，長期的な設備投資を行いやすいことなどから，交通事業だけ

> **Column ❽-1　乗合バス事業の運賃規制**
>
> 　国土交通省の「乗合バスの運賃に係る情報公開の実施状況等について」(2013年)によれば，毎年度，乗合バス事業者から提出される「要素別原価報告書」を用いて，標準原価を算出し，運賃の妥当性を検証しています。収入については，運送収入，運送雑収，営業外収益，費用については，人件費，車両に関する費用(購入費・修繕費・償却費)，燃料油脂費，一般管理費，営業外費用(金融費用等)，その他運送費(諸税・保険料等)，適正利潤の報告が必要です。原価の算定は指示された細かな計算式に基づきます。

でなく，電気やガスなどの幅広い公益事業分野で用いられてきました。しかし，交通サービス事業者に経営改善誘因を与えない点が問題でした。これに対して，**インセンティブ規制**とは，被規制企業の経営を効率化させ，費用を削減させるインセンティブを与える規制方式を一般にいいます。インセンティブ規制の代表的な規制方式が，ヤードスティック規制とプライス・キャップ規制です。

### ヤードスティック規制

　**ヤードスティック規制**とは，同質的な財を供給する交通サービス事業者同士を，費用などの一定の基準(ヤードスティック)を利用して，実際に利用者を奪い合う競争が行われなくとも費用削減を促す規制方式です。この手法は地理的に離れている事業者同士を間接的に競争させるものといえます。日本ではバスや鉄道の運賃の上限認可制に組み込まれています。

　図8.4は日本の乗合バス事業における規制を示しています(ヤードスティック査定と呼ばれています)。標準原価とは21ブロックに分かれたバス事業者のブロックごとの標準的な費用の平均値になります。標準原価がこの場合のヤードスティックになります。たとえば，効率のよいバス事業者の場合，標準原価とそのバス事業者の実績値の中間値で運賃を設定できるので，交通サービス事業者は利益を得られます。反対に，非効率な交通サービス事業者は利益を得ることができません。バス事業者は同じ路線上で競争しなくても，経営を改善するインセンティブが与えられています。

　また，規制当局は費用や需要の情報を総括原価方式より多く得ることができ

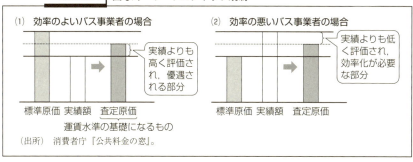

図8.4 ヤードスティック規制

(出所) 消費者庁『公共料金の窓』。

ます。総括原価方式では情報の非対称性のために交通サービス事業者の費用が適正かどうか判断することが難しいのですが，ヤードスティック規制では，同業他社と比べることで，その交通サービス事業者の費用水準が適正かどうかを判断できます。よって，総括原価方式に比べて精査な運賃査定が必要ではなく，規制コストの削減が期待できます。

一方，ヤードスティック規制にもいくつか問題点があります。最も重要な問題が，交通サービス事業者の異質性です。交通サービス事業者の経営努力が不足しているから費用が高いのか，企業努力とは無関係な市場環境が原因かを見極めることが重要になります。交通サービス事業者間の異質性が大きい場合，地域や市場ごとの環境要因を考慮した費用・需要条件の補正が必要になります。たとえば，鉄道ではいくつかの説明変数を用いた回帰分析による費用の推定値を用いています。乗合バス事業は，地域ブロック別にヤードスティックを作成しています。同じバス事業でも，人件費の高い東京と比較的物価の安い北関東を同じ区分にした場合，後者の事業者が有利になり，公平な指標とはいえません。

2つ目の問題点として，共謀の可能性があります。ヤードスティックに含まれる交通サービス事業者が少ない場合，交通サービス事業者が結託して経営努力を怠る可能性があります。3つ目の問題点として，鉄道事業において実際にヤードスティックの査定に含まれる費用は全体の一部（人件費・経費のみ）にすぎず，経営を改善するインセンティブとして十分ではない可能性があります。

## プライス・キャップ規制

プライス・キャップ規制は，1983年，国営企業であったイギリスのブリ

3 インセンティブ規制 ● 145

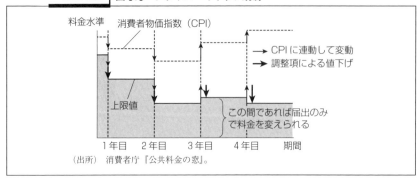

図 8.5 プライス・キャップ規制

(出所)消費者庁『公共料金の窓』。

ティッシュ・テレコムが民営化される際，S. C. リトルチャイルドが提案した規制方式です。運賃の変化率（今期の運賃から前期の運賃を引いたものを前期の運賃で割ったもの）が，あらかじめ指定された変化率の上限以内であれば，自由に運賃が設定できる仕組みです（図 8.5）。上昇率の上限は，消費者物価指数などの社会的指標から，適切に選んだ調整項（交通サービス事業者に求める経営改善率）を引くことで得られます。

規制運賃の変化率 ≦ 許容される変化率の上限 = 物価指数 － 調整項

具体例で示しましょう。いま，インフレ（物価上昇）が起きていない状況を考えます。政府が調整項を 2% に設定したとします。昨年の規制運賃が 200 円だとすると，今期の運賃が 196 円以下であることが求められます。交通サービス事業者は上限の 196 円を設定します。調整項が同じ 2% ならば，翌年の規制運賃は 192 円（四捨五入して）になります。交通サービス事業者は調整項に見合う運賃の引き下げ圧力を受けるので，生産性を向上することが必要になります。その一方，調整項を上回る費用削減が達成された場合，その差額は企業報酬となるため，交通サービス事業者は経営を改善するインセンティブが与えられます。

プライス・キャップ規制と上限認可制は一見よく似ているようで，本質的な意味はまったく異なります。プライス・キャップ規制は，交通サービス事業者自らが設定した運賃が次期の運賃規制に直接反映されます。調整項の設定次第ですが，徐々に運賃が下がっていきます。上限認可制の基準が対象企業の費用であるのに対して，プライス・キャップ規制の基準は費用と無関係です。

> **Column ❽-2　経営の厳しい乗合バス事業**
>
> 　国土交通省の「平成25年度乗合バス事業の収支状況」によれば，調査対象のうち黒字事業者は29％で，経常収支率は96.2％になっています。輸送人員は長期減少傾向にありましたが，近年は横ばいになっています。事業者数はむしろ増加しました。これは経営の厳しくなった事業者が分社化（地域子会社化）したためと考えられます。バスの費用の多くは人件費です。同一社内では同一の賃金が普通ですが，地域に見合った賃金まで下げることで費用の削減が可能になります。

　実際には，交通サービス事業者は複数の財を生産することから，**タリフ・バスケット方式**が用いられることが多くあります。これは，運賃の上限額は個別のサービスごとに設定されるのではなく，サービスの束（バスケット）として捉えられ，各サービス・バスケットの前年の販売量の加重平均を使って運賃の上限額が決定されます。2つのサービス（サービスAとサービスB）の場合，以下のような式を満たすように今期の価格を設定します。

$$今期の価格_A \times 前期の数量_A + 今期の価格_B \times 前期の数量_B \leq 前期の収入$$

　日本ではNTT東西が提供する音声伝送サービス（加入電話およびISDN等）の利用者向け料金で採用されています。交通分野では，イギリスの空港が民営化される際に，着陸料，駐機料，旅客取扱料についてプライス・キャップ規制が課せられました。

　プライス・キャップ規制は前期の運賃や物価指数など透明性の高い指標を用いるだけでよいため，規制コストが少なくてすみます。加えて，公正報酬率規制のように，資本が過剰になることはなく，費用は最小化されます。また，柔軟な運賃設定が可能になるので，技術革新が激しい分野では，とくに有効です。

　しかし，プライス・キャップ規制にも問題があります。最大の問題は，調整項の決め方です。もし，調整項を費用情報から決める場合，公正報酬率規制に似たものになります。事実，NTTの規制も費用情報を利用しています。第2に，運賃を上げられず，費用も削減することが難しい場合，被規制企業は品質を落とす可能性があります。同様に，投資が抑制される可能性があります。社

会的には必要な投資であっても，交通サービス事業者は十分な利益が得られないと判断して，投資を行わない可能性があります。第3に，規制当局者にとってリスクのある規制方式である点です。もし企業が多額の赤字を生じた場合，あるいは企業に過大な利益を与えた場合，批判されるのは規制当局です。そのため，もう少し過激でない規制方式が好まれる場合があります。それが成果基準規制（PBR: performance based regulation）です。

## 成果基準規制

　成果基準規制（PBR）とは，公正報酬率規制にインセンティブ規制の要素を部分的に組み入れた規制方式で大きく3つの手法に分かれます。**費用調整方式**とは目標として定められた費用と実績値との差分を報酬もしくはペナルティとして企業に与える方式です。**料金自動調整方式**とは，目標として定められた利潤率の幅を定め，実績値が下限を下回れば値上げ，上限を上回れば値下げを認める規制方式です。利潤率が幅の間にあれば得られた利潤率をそのまま企業は獲得できます。最後に，**利潤（利益）分配方式**，もしくは**スライディング・スケール方式**とは，一定の利潤率を超えた場合，企業に超過利潤の一部を認める方式をいいます。代表的なタイプは以下のような式で与えられます。

$$\text{企業が獲得する利益率} = \text{目標利益率} + a \times (\text{実際の利益率} - \text{目標利益率})$$

　いま，目標利益率が1％で実際の利益率が2％，利益の配分率 $a$ が0.5であるとします（$a$ は0より大きく1より小さい値をとります）。このとき，企業が実際に獲得する利益率は1.5％になります。これは通常の公正報酬率規制の場合，どんなに企業が経営努力をして利益率を高めたとしても，1％しか利益が得られない環境よりは，企業にはインセンティブが与えられているといえます。

　図8.6はこれをわかりやすく示したグラフです。横軸が実現した利潤率で，縦軸が規制当局から認められた利潤率になります。規制がない場合やプライス・キャップ規制は，当期得られた利潤をすべて自分のものにできます。傾きが45度になっていることを確認してください。一方，公正報酬率規制は実現した利潤率に関係なく一定の利潤率しか認められません。利潤分配方式は両者の中間になっています。図(2)は幅がある公正報酬率規制（上下限付公正報酬率規制）で，これも一種のスライディング・スケール方式です。

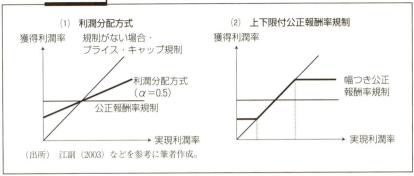

図8.6 スライディング・スケール方式

(出所）江副（2003）などを参考に筆者作成。

## CHECK POINT

- □ 1 ヤードスティック規制はブロックごとの全企業の平均費用を用いて，疑似的な競争を実現する規制方式です。
- □ 2 プライス・キャップ規制は費用情報を用いず，前期の価格と数量だけで自動的に上限価格を決定する規制方式です。

# 4 フランチャイズ入札

## 独占権をめぐる競争

運賃を直接規制する方法以外に，独占権（フランチャイズ）をめぐる競争を通じて，被規制企業の経営を改善する誘因を与える規制方法に**フランチャイズ入札**があります。政府が特定企業に，一定期間，独占権を認め，それを入札によって与える方式です。6章5節で学んだコンセッションもこの方式にあたります。政府は契約内容を提示し，入札を実施します。具体的な契約条項としては，実施する事業の内容・地理的範囲，提供するサービスの運賃，契約期間，サービスの質などになります。

政府（フランチャイザー）は，入札企業の中から最もよい条件を提示した交通サービス事業者（フランチャイジー）と契約します。入札の基準は，費用や独占権に対する支払意思額（利潤）になります。公共事業の入札のように，対象が費用であれば，最も少ない費用を入札した交通サービス事業者がフランチャイ

> **Column ❽-3　搭乗率保証**
>
> 　搭乗率保証は能登空港が開業する際，能登空港（石川県）と全日空との間で結ばれた官民が互いにリスクをとる契約です。能登空港と羽田を結ぶ需要がどの程度あるか不確実で，運航する航空会社には事業リスクがありました。そこで，あらかじめ決めた年間目標搭乗率を下回れば，地元が航空会社に保証金を支払い，上回れば，航空会社が地元に販売促進協力金を支払うという契約を結び，能登・羽田便を運航することができました。

ジーになります。対象が利潤であればコンセッション方式と同じです。もしマイナスの利潤であれば，それは補助金入札になり，最も少ない補助金額を入札した企業が落札します。理屈の上では対象を運賃にして，最も安い運賃を入札した事業者に権利を与えることもできます。

　入札はサービスの価値が不明確な場合に有効です。独占権をめぐる交通サービス事業者間の競争により，各交通サービス事業者は入札に負けて利潤ゼロになるより，落札して少しでも利潤を得る方がよいと考えるため，十分な競争者がいれば，真の値を偽らずに応札します。この結果，政府と交通サービス事業者間にある情報の非対称性の問題が，入札者間の競争によりある程度，緩和されます。政府は市場の需要や費用を知らなくても，最も効率的な交通サービス事業者を見つけることが可能です。

### フランチャイズ入札の問題点

　フランチャイズ入札にもいくつかの課題があります。競争が十分機能するためには，入札者の数が十分なければなりません。とくに事業規模が大きい場合や入札に参加するために必要な知識や技術が高度な場合，あるいは入札の条件を厳しくすると参加者が減ります。この場合，交通サービス事業者が真の値を偽る可能性が高くなるほか，談合の可能性も高まります。また，入札が繰り返される場合，既存企業はほかの交通サービス事業者に比べて費用や需要情報を多く持っているため，新規入札企業より有利になります。入札の基準が費用の場合，繰り返し入札の結果，だんだん入札価格が増加していく恐れがあります。

### CHECK POINT

□ フランチャイズ入札とは，政府が特定企業に，一定期間，独占権を認め，それを入札によって与える方式を指します。

### EXERCISE ●練習問題

1. 以下の文章の空欄に入る適切な用語を考えましょう。
（　①　）とは，公正報酬率規制において企業が過剰に資本を購入する現象を意味します。公正報酬率規制の適正利潤は（　②　）に公正報酬率を乗じたものになります。（　③　）とは，政府が特定の企業に対して独占的な運営権を，入札を通じて与えるものをいいます。コンセッションはこれに該当します。
2. ある独占市場において，需要関数が $q=24-p$，企業の総費用関数が $TC=q^2$ で示されるとします。$p$ はサービスの価格で，$q$ はサービスの数量を意味します。このとき，限界費用価格規制が課せられた場合の企業の利潤を求めなさい。
3. 総費用関数が，$C(q)=2q+5$，需要関数が $q=10-p$ のとき，最適な供給量で生産するためには，いくら補助金額が必要でしょうか。
4. 独占市場の総費用関数が，$C(q)=2q+7$，需要関数が $q=10-p$ のとき，平均費用価格形成原理に基づく価格規制をかけた場合，総余剰を求めなさい。
5. プライス・キャップ規制と上限認可制の違いについて説明しなさい。

# CHAPTER

## 第9章

# 交通サービスの料金体系

バスタ新宿：規制緩和によりバスや飛行機は多様な料金を利用できるようになりました。

## INTRODUCTION

9章では交通サービスの料金体系について学びます。交通サービスでは一物一価ではなく，多様な料金が提示されています。最初に定額料金と従量料金から構成される二部料金を学びます。次に，消費者グループ別に異なる料金を課す価格差別の経済学的意味を論じます。加えて，社会的に望ましい価格差別であるラムゼイ価格を学習します。最後に需要変動への対応であるピーク・ロード・プライシング料金の仕組みを学びます。

> **新聞記事** 東京発成田行きバス割引，3 カ月，100 円安く，LCC 客に照準，京成バスなど
>
> 京成バスと成田空港交通など 4 社は，東京 – 成田間の高速バス「東京シャトル」の運賃割引を始めました。2015 年 11 月 1 日から 3 カ月間，成田空港に向かう往路便を対象に事前決済の料金を 800 円とします。予約なしの場合の普通運賃は 1000 円です。格安航空会社を利用する低価格志向の旅行客に対応したものです。
>
> 同時に小児運賃も導入します。従来は大人と同じだった小学生以下の運賃を 500 円とし，事前決済の場合も予約なしの場合も同額です。子供連れも多い LCC 客のニーズに合わせたものです。
>
> （2015 年 10 月 17 日付『日本経済新聞』地方経済面，千葉，39 面をもとに作成）
>
> ① 定期券や回数券はどのような料金でしょうか。
> ② なぜ航空券を早めに予約すると安い値段で購入できるのでしょうか。
> ③ 交通事業者がさまざまなサービスを提供できる場合，望ましい料金規制とは何でしょうか。

# 1 料金体系とその分類

8 章では運賃水準の規制について議論してきましたが，実際には運賃・料金（価格）の設定はより複雑です。同じ商品に異なる料金をつけることを一般に**価格差別**といいます。交通分野では料金水準に対する言葉としてこれを**料金体系**と呼びます。この章では交通分野において，どのような料金体系が存在し，それが経済学的にどのような意味を持つのか，運賃規制との関係について論じていきます。

表 9.1 は代表的な料金体系を示しています。交通サービスではあまり見られない料金体系も参考のために示しています。料金は大きく**線形料金**と**非線形料金**に分けられます。線形という意味は，利用量（交通の場合，移動量（移動距離））に応じて，比例的に増加していく料金のことを意味します。鉄道料金では，対キロ制，対キロ区間制などが該当します（図 9.1 参照）。一方，ゾーン料金とは中心部から同心円状のゾーンを設定し，各ゾーン内の移動は距離に関係なく一定の運賃となるものです。中心部から郊外に行く場合，ほぼ対キロ区間制と同じといえます。

**CHART** 表 9.1 代表的な料金体系

| 料金の種類 | | | 詳細・目的 |
|---|---|---|---|
| 線形料金 | 均一従量料金 | | 移動距離に応じた課金。対キロ制，対キロ区間制 |
| | ゾーン料金 | | 同一ゾーン内の移動は同一運賃 |
| 非線形料金 | 定額料金＋従量料金 | 二部料金 | 従量料金が移動量によって変化する多部料金を含む |
| | | 定額料金のみ | 一定の金額を支払えば，移動量に応じた課金がないもの |
| | | 選択的二部料金 | 複数の料金メニューの中から1つを消費者が選ぶもの |
| | 逓減料金 | | 移動距離に応じて，従量料金が低下していくもの。 |
| | 逓増料金 | | 移動距離に応じて，従量料金が増加していくもの |
| | 消費者グループ別料金 | 第三級価格差別 | 利潤最大化 |
| | | ラムゼイ価格 | 収支均衡制約付き総余剰最大化 |
| | 需要変動に対応する料金 | ピーク・ロード料金 | 容量制約下での総余剰最大化 |
| | | 混雑料金 | 外部不経済の内部化 |

**CHART** 図 9.1 対キロ制，対キロ区間制

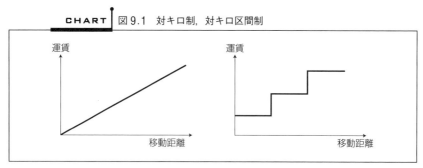

　これに対して，非線形料金とは利用量（移動距離）と運賃（正確には単位あたり運賃）が比例の関係にないものをいいます。この典型的な手法が二部料金です。利用量に関係ない定額料金（固定料金）部分と，利用量に応じて支払う従量料金が組み合わされた料金体系を二部料金といいます。たとえばタクシーは初乗り料金と走行距離別の料金になっています。高速道路や鉄道の料金なども，初乗り料金は，移動距離に比べて割高になっています。交通分野では固定料金

CHART 図9.2 二部料金と線形料金の違い

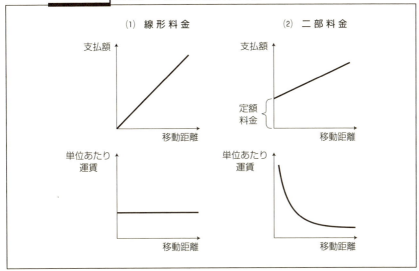

部分をターミナル・チャージと呼ぶことがあります。二部料金は交通分野だけでなく、電気料金やガス料金など公益事業分野などでも幅広く利用されていますが、定額料金が「月」「年」単位でまとめられている点が交通分野と異なります。

図9.2は移動距離に応じて一定額ずつ増えていく線形料金と二部料金の違いを示したものです。上のグラフは利用者が支払う料金の総額で、下のグラフは利用者が単位あたりで支払う料金になっています。二部料金は仮にほんの少しだけ利用しても固定料金が発生するので、右上のグラフのように切片が定額料金になります。よって、移動距離あたりの料金は、移動距離が少ないときは割高ですが、多くなるにつれて割安になります。これが二部料金を非線形料金と呼ぶ所以です。これについては2節で詳しく学びます。交通分野では一般的ではありませんが、利用量に応じて運賃が逓減したり、逓増したりする料金体系も非線形料金に含まれます。

これに対して、特定の消費者グループに異なる運賃を課す料金体系を価格差別（正確には第三級価格差別）といいます。企業が営利目的、すなわち利潤最大化のために行う価格差別は交通サービスのみならず、さまざまな財・サービスで見られます。3節で詳しく学びます。そして、ラムゼイ価格とは企業に利潤を与えない条件で、総余剰が最大になる料金体系を意味し、4節で学びます。

1 料金体系とその分類 ● 155

> **Column ❾-1　タクシーの初乗り料金変更**
>
> 　2017年から，東京都23区と武蔵野，三鷹両市の初乗り運賃が2kmで730円から1.052kmで410円に値下がりしました。走行距離に応じた運賃は従来の280mごとに90円から237mごとに80円へと値上げしました。約1.7kmまでの短距離料金は値下がりになります。料金を変更した大手4社の対象地域では2kmまでの利用回数が前年同期比2割増え，タクシー営業の収入も7.7％増加しました（2017年5月2日付『日本経済新聞』朝刊，3面）。

　最後のピーク・ロード・プライシングは，交通サービスの特徴の1つである需要の波動性に対応する料金体系です。簡単にいえば，ピーク時間帯に高い料金を課すことです。ラムゼイ価格，ピーク・ロード・プライシングは，営利目的の企業が自発的に選択する料金体系ではなく，政府が企業に課す料金体系という分類も可能です。

### CHECK POINT

- □ 1　同じサービスに異なる料金をつけることを価格差別といいます。
- □ 2　非線形料金とは利用量と単位あたり支払額が線形の関係でないものをいいます。二部料金がこの典型例です。

# 2　二部料金

## 二部料金のメリット

　1節で学んだように**二部料金**は定額料金と従量料金からなる非線形料金の1つです。単純に考えると，1mしか移動していなくても，なぜ定額料金を支払わなければならないのか不満に思う人もいるでしょう。

　ここで，8章で学んだ限界費用価格規制と平均費用価格規制を思い出しましょう。図9.3の場合，$p_{sb}$が平均費用価格，$p^*$が限界費用価格を示しています。限界費用価格で規制すると，四角形 $BIHC$ の面積だけ赤字になります。ところが，消費者余剰は $DHC$ だけあります。このグラフの場合，赤字分よりも

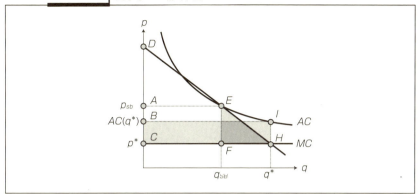

**CHART** 図9.3 二部料金

消費者余剰の方が大きくなります。各利用者に対して，移動距離に関係なく同じ定額料金を課すことにします。各利用者の消費者余剰が同じであれば，この利用者は定額料金を支払ったとしても，同じ量のサービスを購入し続けるでしょう。この定額料金を固定費用に充てれば，交通サービス事業者は赤字になりません。よって社会的に望ましい $q^*$ を，補助金なしで達成することができます。これは**受益者負担**の原則が守られています。総費用に占める固定費用の大きい交通サービス事業者に適した料金体系といえるでしょう。

## 二部料金の問題

しかし，二部料金の問題は2つあります。第1の問題点として，同じ従量料金でも，そのサービスに高い満足度を感じている人や所得が高い利用者と，そうではない利用者がいるのが普通です。利用者が異なる消費者余剰を持つ場合，定額料金の設定が難しくなります。もし，固定費用を利用者数で単純に割った定額料金を課した場合，何割かの利用者が利用をやめたとします。この場合，交通サービス事業者は固定費用を回収できませんし，最適な移動距離も実現できません。この問題は，いくつかの方法である程度，回避することができます。その方法の1つが選択的二部料金です。

第2の問題は，**逆進性**の問題です。一般的に所得が低い利用者グループは利用量（移動距離）が少なくなります。そのため，単位あたりの料金が高くなります。

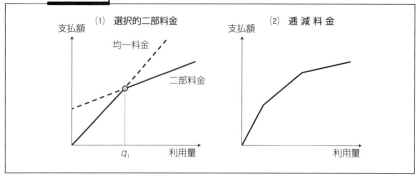

図9.4 選択的二部料金と逓減料金

## 選択的二部料金と逓減料金

選択的二部料金とは，いくつかの料金メニューの中から消費者が1つを選んで適用する料金体系を一般に指します。これは消費者がどの程度，このサービスを欲しているかを顕示させる料金体系として利用されます。最も身近なものは携帯電話の料金メニューでしょう。交通分野では，たとえば鉄道の普通乗車券，回数券，定期券や高速道路でのETC割引などが選択的二部料金といえるかもしれません。

図9.4(1)は選択的二部料金を表したグラフです。いま，均一料金（平均費用価格とします）と二部料金の2つの料金メニューが利用者に提示されているとします。二部料金の切片は定額料金，傾きは従量料金になっています。あまりこのサービスに高い満足度を持っていない人は利用量が少ないので，均一料金の方が二部料金よりも支払額が少なく得に感じるでしょう。図の$q_1$より左の利用量の人は必ず均一料金を選びます。一方，$q_1$より右の利用量の人は必ず二部料金を選ぶでしょう。これが実線で示したグラフになります。もし，どちらか片方の料金メニューだけなら，必ずどちらかの利用者は選択したくなかった料金メニューを選ぶことになるので，満足感は低下するでしょう。

料金メニューの選択は消費者余剰を増やす可能性がありますが，交通サービス事業者はどうでしょうか。一見，二部料金からの収入が少なくなりそうですが，定額料金と従量料金の設定次第では，企業も利潤を増やすことは可能です。この結果は，均一の平均費用価格よりも，選択的二部料金の方が総余剰を増やす可能性を示します。

それでは(2)の図は何を表しているのでしょうか。これは利用量が増えると支払う金額の増加が減少する**逓減料金**を示しています。皆さん，おわかりのとおり，(1)の図との違いは，点線がないことです。すなわち，企業が一番安くなる料金メニューを提示していることになります。「たくさん買ってくれた人に割引する」逓減料金も，均一の平均費用価格規制よりも，総余剰が大きくなる可能性を示唆します。

---

**CHECK POINT**

☐　二部料金は定額料金と従量料金からなる非線形料金です。定額料金を固定費用に充てることで，平均費用価格規制よりも望ましい料金体系になる可能性があります。

---

# 3　グループ別価格差別

## 3つの価格差別

　価格差別は経済学者 A. C. ピグーによって3つに区分されています。**第一級価格差別**（**完全差別**）とは，交通サービス事業者が財・サービス1つ1つの供給単位に対して，消費者の限界便益に等しい価格を課す価格差別です。消費者余剰のすべてが交通サービス事業者の利潤になるため，交通サービス事業者の利潤最大化が総余剰の最大化を意味します。しかし，これは現実的な価格差別とはいえません。**第二級価格差別**（**数量差別**）は，価格が購入量に応じて異なる料金体系です。非線形料金とも呼ばれ，2節で学んだ二部料金などが該当します。
　一般的に価格差別というときは，**第三級価格差別**（**市場差別**，**グループ別価格差別**）を意味している場合が多いようです。これは学生，高齢者，女性など，特定のグループとそれ以外のグループで同じ商品を異なる価格で販売することを意味します。高齢者割引や学割などがこれに該当します。航空券を早く購入すると，より割引率が高い航空券が購入できますが，これも第三級価格差別です。4節で学ぶラムゼイ価格も第三級価格差別の一種になります。

> **Column ❾-2　航空券の価格差別**
>
> 　交通産業で最も価格差別を巧みに使っているのが航空産業です。第1に，時間帯価格差別です。国内線の場合，早朝・深夜・お昼の時間帯以外は同じ路線でも高い価格設定になっています。さらに，ゴールデンウィークや夏休み，年末年始などの長期休暇時も高くなっています。第2に，事前購入割引です。路線や会社によっても異なりますが，45日前予約，28日前予約，3日前予約，1日前予約など，実際に利用する日より前に航空券を購入するほど安くなります。この理由は，需要の価格弾力性の差です。当日に航空券を購入して飛行機に乗りたい人は，何らかの急ぎの用事が生まれて，早く目的地に到着したい人です。ビジネス目的の場合も多いでしょう。こうした利用者は，多少航空券が高くても，あまり気にしないでしょう。第3に座席のクラス別料金です。エコノミークラス，ビジネスクラス，ファーストクラスは後者ほど料金が高くなります。確かに，ファーストクラスは座席も広く，特別なサービスが提供されるため，エコノミークラスと同じ費用では提供されません。しかし，増加する費用よりも料金が高ければ，間接的な価格差別を行っているといえるでしょう。

## 価格差別の成功の条件

　価格差別はすべての交通サービス市場で適用できるわけではありません。成功するためには，3つの条件が必要です。第1に，需要の価格弾力性が異なる消費者グループが複数存在することが必要です。学生は社会人に比べて需要の価格弾力性が大きいと考えられています。

　第2に，交通サービス事業者はどのグループが価格に対して敏感か，簡単に識別可能であることが必要です。たとえば，学生かどうかを識別するためには，学生証を提示すればよいので非常に簡単です。

　第3に，価格差別を行う消費者グループ同士が互いに取引できないことが必要です。言い換えれば，買手間の転売を禁止する条件です。一般に，サービスは転売の禁止が容易です。航空券の本人確認はこの意味で，交通サービスは価格差別に向いています。もし，転売が可能であれば，安い価格で購入した消費者は，高い価格の消費者にその商品を転売することで利益を得ることができますし，高い価格のグループは誰もその価格で購入しようとは思わないでしょう。

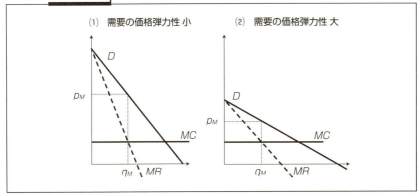

**図9.5 独占事業者の価格差別**

(1) 需要の価格弾力性 小
(2) 需要の価格弾力性 大

航空券は購入した本人しか利用できないので，価格差別をすることができます。

## 独占的価格差別

先に述べたように，独占企業でなくとも価格差別は一般的に行われますが，ここでは規制の議論で重要でかつわかりやすい独占事業者の価格差別に焦点を当てます。独占事業者は3章で学んだ独占価格と基本的には同じように価格を設定します。図9.5は2つのグループに分かれた同じ商品の市場に対して異なる価格をつける独占事業者の行動を示しています。$D$ は需要曲線，$MC$ は限界費用，$MR$ は限界収入を表しています。

(1)のグループは需要曲線の傾きが大きいことがわかります。これは多少，価格を値上げしても需要が減りにくい特徴を示しています。こうした特徴を，需要の価格弾力性が小さいといいます。一方，(2)は需要の価格弾力性が大きい需要曲線を示しています。3章で学んだように，独占事業者は限界収入と限界費用が同じになる供給量・価格を選びますので，需要の価格弾力性が小さいグループは，大きいグループに比べて高い価格を設定していることがわかります。独占価格の決定を式で表すと以下のとおりになります。価格差別を行わない独占の式と比べてグループごとの需要の価格弾力性と限界費用に置き換わっている点だけが異なります。

$$\frac{\text{グループ1の独占価格} - \text{グループ1の限界費用}}{\text{グループ1の独占価格}} = \frac{1}{\text{グループ1の需要の価格弾力性}}$$

独占事業者は均一の独占価格よりも独占的価格差別の方が利潤を多く得ることができるため，価格差別を行います。これは社会全体にとって好ましいことでしょうか。詳細は省きますが，いくつかの条件を満たすと，均一の独占価格から価格差別に移行すると，総供給量が同じであれば，価格差別は独占価格よりも総余剰が減少することが知られています。鉄道事業法では「特定の旅客に対し不当な差別的取扱いをする」価格差別を禁じていますが，経済学的にも独占価格より独占的価格差別は望ましくない可能性が高いといえます。

**CHECK POINT**

- ☐ 1 幅広い分野で利用される価格差別は非線形料金の一種です。
- ☐ 2 独占的な価格差別は，均一の独占価格より総余剰を小さくする可能性があります。

# 4 ラムゼイ価格

## 最善の価格と次善の価格

3節で示したように，均一の独占価格は限界費用価格や平均費用価格が実現する総余剰よりは少なくなります。しかし，独占的価格差別は，均一の独占価格よりも総余剰が少なくなる場合が多くなります。ところが，交通サービス事業者に利潤を与えないという条件で，かつ，消費者グループごとに価格差別することが可能な場合，均一の平均費用価格よりも，価格差別をした方が総余剰は大きくなることが知られています。これが**ラムゼイ価格**です。もし価格差別を行わない場合，ラムゼイ価格は8章で学んだ平均費用価格規制と同じになり，次善（セカンド・ベスト）の価格となります。ラムゼイ価格（形成）を式で表すと以下のようになります。

$$\frac{グループ1の独占価格 - グループ1の限界費用}{グループ1の独占価格} = \frac{R}{グループ1の需要の価格弾力性}$$

$R$ はラムゼイ・ナンバーといわれる定数で0から1の間の値をとります。1の場合，独占的価格差別と同じになります。0の場合，価格と限界費用が等し

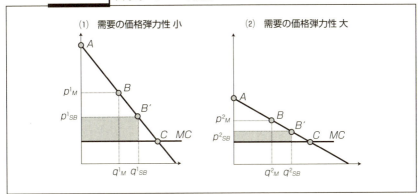

**CHART** 図9.6 ラムゼイ価格

い競争市場で成立する価格になります。

ラムゼイ価格を直観的に理解するために，図9.6を見てください。これは先ほどの独占的価格差別と同じ需要曲線が描かれています。証明は省きますが，ラムゼイ・ナンバーは $AB$ と $BC$ の長さの比になります。独占の場合，どちらの消費者グループに対しても $AB$ と $BC$ の長さが同じであることを確認してください。これに対して，ラムゼイ・ナンバーが $1/3$ である場合は $AB$ と $BC$ の長さが $1:3$ になります。$BC$ の中間に $B'$ が来ていることを確認してください。このとき，生産者余剰の合計（図の網かけ部分）が固定費用に相当します。図9.6からわかるように，独占的価格差別よりは(1)と(2)の両方とも価格は低いのですが，需要の価格弾力性が小さいグループにより多くの固定費用を負担してもらうことがわかると思います。裏返せば，均一の平均費用価格はラムゼイ価格形成よりも社会的に望ましくない料金規制であるといえます。ラムゼイ価格は収支均衡下では均一の価格よりも価格差別をした方が社会的に望ましいという驚くべき結論を示しています。

### ラムゼイ価格の問題

しかし，ラムゼイ価格にも問題があります。政府が，総費用と総収入が同じになる規制をかけても，交通サービス事業者は自然にラムゼイ価格を設定しません。交通サービス事業者にとって価格差別をしても，均一価格を設定しても，どちらも利潤がゼロであれば，積極的に価格差別をする理由がありません。おそらく，価格差別は利用者から苦情が来るでしょう。よって，政府はグループ

> **Column ❾-3　プライス・キャップ規制とラムゼイ価格**
>
> 　8章で学んだプライス・キャップ規制のタリフ・バスケット方式で，調整項を前期の「利潤/収入」とすると，企業は毎期，利潤最大化を行いながら，最終的にはラムゼイ価格になることが理論的に示されています。

別に規制運賃としてラムゼイ価格を提示しなければなりませんが，正確な規制をするためには，規制当局が需要と限界費用の情報を正確に知ることが必要です。需要情報は消費者グループごとに情報が必要になるので，これはかなり困難な作業になります。

　もう1つの問題は，需要の価格弾力性が低い需要グループに高い料金を課すため，社会に受け入れられるかが問題（**社会的受容性**）になるという点です。需要の価格弾力性が低いグループはどんな人たちでしょうか。1つの可能性として，所得が高いグループが考えられます。所得が高い人たちは料金の差をあまり気にしませんので，彼らに多くの費用を負担してもらうのは一定の理解は得られるかもしれません。しかし，地方の鉄道やバスのように，移動するためにはその交通手段しかない地域の人たちの需要の価格弾力性も低いかもしれません。彼らに高い料金を課すことは大きな反発を生みかねません。以上の理由から，ラムゼイ価格は実際の政策に利用するのは難しい規制といえます。しかし，本書では示しませんが，プライス・キャップ規制のやり方によっては，企業が自発的にラムゼイ価格を形成する可能性を示すことができます。

## CHECK POINT

- [ ] 1　ラムゼイ価格は企業に超過利潤を得させず，総余剰を最大にする価格差別の一種で，均一の平均費用価格よりも余剰が大きくなります。
- [ ] 2　ラムゼイ価格も需要の価格弾力性の逆数に比例して運賃を設定します。

# 5 ピーク・ロード・プライシング

## ピーク・ロード・プライシングの仕組み

2章で見たように,交通需要には波動があります。鉄道のように朝夕のラッシュ時間帯に乗客が集中する一方,それ以外の時間帯は比較的空いています。容量制約がある施設に対して,短期的にピークとオフピークの需要を最適配分する料金体系をピーク・ロード(peak load)プライシングといいます。間違いやすいですが,peak roadではなく,load(負荷)を意味しているので,自動車交通以外にも利用できます。図9.7はピーク・ロード・プライシングを簡潔に示しています。

SMCは短期の限界費用曲線(short-run marginal cost curve)を表します。たとえば定員 $q^*$ が200名の飛行機の場合,定員を超える乗客を運ぶことは物理的に不可能です。言い換えると限界費用が無限大になります。いくら労働投入を増やしても短期的には設備容量を増やせませんので,短期の限界費用曲線は垂直に曲がります。一方,長期限界費用曲線(long-run marginal cost curve)は水平です。これは,乗客数の変化に応じて,より定員の大きい機材を購入することが長期的には可能であるからです。

CHART 図9.7 ピーク・ロード・プライシング

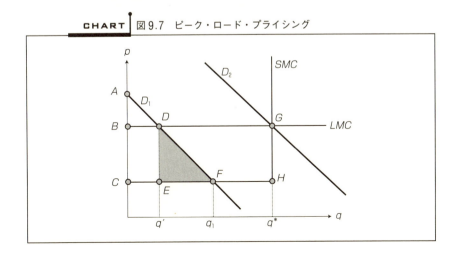

> **Column ❾-4　ワシントンDCの地下鉄のピーク・ロード・プライシング**
>
> 　アメリカの首都であるワシントンDCでは，ピーク・ロード・プライシングが実際に適用されています。平日の運行開始時から朝の9時30分，午後3時から7時，さらに週末の深夜から運行終了時までがピーク時間になり，プリペイド型電子マネー（スマートリップカード）を使う場合，2.15〜5.90ドルの運賃になっています。一方，オフピーク時間は1.75〜3.60ドルの運賃になっています。

　いま，オフピークの需要曲線を $D_1$，ピークの需要曲線を $D_2$ とします。同じ価格であれば，ピーク時の利用者数が必ず多いことを確認してください。価格が長期限界費用と等しい値で設定されている場合を考えます。このとき，ピークの乗客数は $q^*$ になり，オフピークの乗客数は $q'$ となります。これは総余剰を最大にする価格ではありません。オフピークの料金だけ，短期限界費用の水準である $C$ まで値下げします。すると，オフピークの需要は $q_1$ まで増加します。消費者余剰は台形 $BDFC$ 増加しますが，生産者余剰は四角形 $BDEC$ 減少します。結果的に，三角形 $DFE$ だけ総余剰が増加します。

## ピーク・ロード・プライシングの問題

　ピーク・ロード・プライシングは資源配分の効率性の観点から単一料金よりも望ましい料金体系ですが，3つの問題を抱えています。第1に，公平性の問題があります。オフピークの利用者は同じ施設を利用しているにもかかわらず，維持運営費のみを負担し，設備に関する費用を負担していません。第2に，社会的受容性の問題があります。ラッシュ時間帯のサービスは劣悪にもかかわらず，ピーク時の価格が高いことに対する理解が得られるでしょうか。第3に，同一市場で複数の企業が競争している場合，導入するのが困難です。仮にある交通サービス事業者がラッシュ時間の料金を値上げした場合，競合他社が同じように値上げしないならば，多くの利用者がライバル事業者に移ることになります。このような理由から，日本の交通分野ではピーク・ロード・プライシングの導入が進んでいるとはいえません。しかし，欧米諸国ではピーク・ロード・プライシングを導入している例もあり，既存施設の有効活用という点から，

### Column ❾-5 二面性市場

　空港や鉄道駅に併設される商業収入が交通事業者にとって無視できない場合は少なくありません。このとき，自然独占性のある交通部門だけを規制するか，商業部門とあわせて規制するかという議論があります。空港の場合，前者はデュアルティル規制，後者はシングルティル規制と呼ばれます。この問題が難しいのはネットワーク外部性があるからです。着陸料を下げて航空路線を増やし，乗客数を増やせば商業施設で儲けることができます。これを間接ネットワーク効果と呼びます。空港をプラットフォームと考えた場合，異なる顧客に異なるサービスを提供する二面性市場と考えることができます。この場合，交通部門だけを見た規制では十分ではない可能性があります。

日本でも導入を促すインセンティブが公的部門に求められているといえます。

### CHECK POINT

☐ ピーク・ロード・プライシングは，オフピークとピーク時間で運賃を変える価格差別です。

### EXERCISE ●練習問題

[1] 以下の文章の空欄に入る適切な用語を考えましょう。
　　ラムゼイ価格とは，（ ① ）の条件のもと，（ ② ）を最大にする価格を意味します。均一の（ ③ ）価格よりも社会的に望ましいのですが，さまざまな問題があり，実際の政策に適用される場合はほとんどありません。
　　（ ④ ）とは，容量制約がある施設に対して，価格差別を行うことで需要を最適配分する料金体系をいいます。

[2] ある鉄道サービスのAさんの需要関数が $q=6-0.5p$ である場合，無料で使い放題の定期券にAさんはいくらまでなら出せるでしょうか。

[3] 独占的な価格差別を行っている企業が，学生に対しては半額の割引料金を提示している場合，企業は学生の需要の価格弾力性をそれ以外の人に比べて，どの程度だと想定しているのでしょうか。学生の需要の価格弾力性が2の場合，学生以

外の人の需要の価格弾力性を求めなさい。

[4]　通勤・通学定期の持つ経済学的な意味を論じなさい。高齢者福祉パスや子供料金の持つ経済学的な意味を論じなさい。

# CHAPTER

## 第 10 章

## 交通サービスの課税と補助

交通渋滞がもたらす経済損失は大きな問題です。

## INTRODUCTION

10章では交通分野における外部性の中でも外部費用，とくに道路混雑がもたらす外部費用とその対策ついて考えます。第1に，課税による外部不経済の対処策である混雑料金の理論とその問題点について論じます。次に，課税によらない混雑問題への対処策を幅広く学びます。最後に，課税と反対の意味を持つ補助金について，その政策が適切とされる場合と問題点を整理します。

> **新聞記事** 渋滞対策アジアで進む，ジャカルタ，利用料を徴収へ，ニューデリー，ナンバーで規制
>
> アジアの大都市圏で交通渋滞が深刻になり，対策が急がれています。
>
> インドネシアのジャカルタでは，働く人は郊外からの通勤者も含め約 600 万人なのに対して，中心部と郊外を結ぶバスなど公共交通機関の輸送能力は計 100 万人程度です。多くの人が自家用車や二輪車を使い，朝夕のラッシュ時は 2～3 km 移動するのに 1 時間かかる渋滞が慢性化しています。アジア開発銀行によると，渋滞による経済損失はアジア新興国の国内総生産の 2～5％に相当するそうです。
>
> インドネシアのジャカルタでは 2018 年にも街の中心部に進入する車から利用料を徴収することを計画しています。インドのニューデリーはナンバーの末尾が偶数か奇数かで走行を規制しました。
>
> （2016 年 2 月 22 日付『日本経済新聞』朝刊，31 面をもとに作成）
>
> ① なぜ慢性的な交通渋滞が発生するのでしょうか。
> ② 交通渋滞は経済にどのような悪影響をもたらすでしょうか。
> ③ 混雑の解消にはどのような政策が考えられますか。

# 1 交通の外部性

## 外部性

**外部性**（外部効果）とは，ある経済主体の活動が，市場を直接介さず，ほかの経済主体に影響を与えることを意味します。正確にいえば，外部性は**技術的外部性**と**金銭的外部性**に分けられます。前者が外部性の定義どおり，ある経済主体の活動が市場を通じないで波及する効果であるのに対して，後者は市場を通じて波及する効果です。

外部性にはほかの経済主体に便益をもたらす**正の外部性**（外部経済）と，反対に損害を与える**負の外部性**（外部不経済）があります。技術的外部不経済がある場合，市場による自由な取引では，過剰な供給になり，反対に技術的外部経済がある場合，過小な供給になります。これは**市場の失敗**であり，政府による市場介入が求められます。間違えやすいですが，金銭的外部性がある場合，5 章で学んだように，便益が市場を通じてほかの経済主体に移転しており，過小な供給にはならないので，市場の失敗にはなりません。たとえば高速道路が

開通し，物流費が削減され，ある商品の価格が値下がりした効果がこれにあたります。これ以降，とくに明記がない場合，外部性は技術的外部性を指します。

## 道路混雑

道路混雑は外部不経済の典型的な例です。道路が混雑すると走行速度がしだいに低下します。これは自分の車だけでなく，その道路を走行するほかの車にも影響を与えるからです。2章で学んだように，移動時間が長くなると，時間費用が多くなります。そして，この費用増加は誰も金銭による補償をされません。すなわち，負の外部性が発生しています。なぜ道路混雑が起きるのでしょうか。これは提供されている道路資源に比べて，利用希望者が多く殺到しているからです。私的財では混雑は発生しませんし，道路も一定水準までは消費の競合性を持ちません。

ここで交通量について正確に定義しておきましょう。ある道路の断面を一定時間内に通過した車両数を**断面交通量**（交通流量）といいます。単に交通量といった場合，断面交通量を指す場合が多いようです。これは交通需要予測で用いられる出発地から目的地までのトリップ数を意味する交通量とは違う概念である点に注意してください。断面交通量と通過速度は道路上に設置されたセンサー（トラフィック・カウンター）などで比較的容易に計測されます。一方，一定道路区間上に存在している車両数を**交通密度**と呼びます。交通密度と断面交通量は以下の関係にあります。

断面交通量（台/時間）＝交通密度（台/km）×走行速度（km/時間）

交通密度が増加すると走行速度が低下します。図10.1(1)は首都高速のある路線・ある日の交通密度と走行速度を示しています。交通密度の増加につれて走行速度が低下していくことがわかります。図10.1(2)は同じデータの断面交通量と走行速度を示しています。図の左上の点から見ていくと，断面交通量が増加していくと走行速度が低下しますが，ある点（臨界点）を超えると，かえって断面交通量が減少していくことが確認できます。

## 道路混雑の経済的損失

日本では道路混雑により，どの程度の経済的損失を被っているのでしょうか。

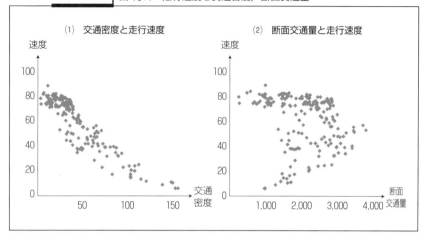

図10.1 走行速度と交通密度, 断面交通量

2012年度のプローブ・データ（走行する自動車に備えつけられたセンサーなどから得られるデータ）の分析によれば，渋滞による時間損失は50億時間であり，道路が空いているときの移動時間が80億時間なので，総移動時間の約4割に相当します。これは欧米の約2割より高い水準です。図10.2は各都道府県の渋滞状況を示したグラフですが，渋滞は都心部だけでないことがわかると思います。時間価値を1時間2400円とすれば，12兆円分の経済損失が毎年，発生しているように思えます。非常に大きな金額ですが，この数字の解釈は注意が必要です。渋滞が完全になくなることは必ずしも社会にとって最も望ましい状況ではありません。

**｜道路混雑と外部不経済｜**

図10.3は混雑の発生をわかりやすくグラフで示したものです。横軸が交通量，縦軸が価格になっています。最初に下のグラフを見てください。このグラフは交通量と限界外部費用を示しています。**限界外部費用**とは，交通量が1単位増えることによって追加的に発生する外部費用を意味します。一般に，ある道路容量で交通量が増えると限界外部費用は逓増的に増えていきます。

図10.3の上のグラフは需要曲線と2つの限界費用曲線が描かれています。ある道路の交通量は需要曲線と私的限界費用曲線の交点で決まる $q_1$ です。私的限界費用とは，自動車を運転する際に必要な費用（ガソリン代など）と時間費用の合計の限界費用です。この「市場」に最後に入ってくる自動車は，その人

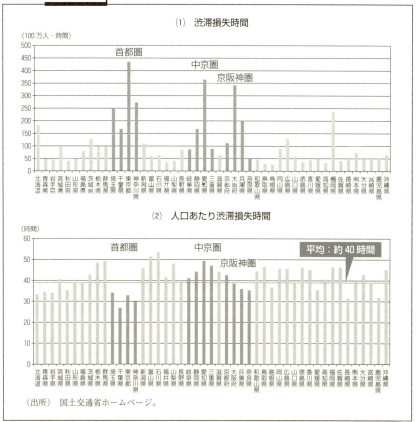

**CHART 図 10.2 渋滞損失時間**

(1) 渋滞損失時間

(2) 人口あたり渋滞損失時間

(出所) 国土交通省ホームページ。

の限界費用と限界便益が等しくなっているはずです。ところが，自動車利用者は自分が希少な道路空間を利用した結果，全体の走行速度がほんの少し低下する外部不経済を意識していません。社会全体が負担する費用は私的費用と外部費用の合計になります。ある特定の交通量でいえば，私的限界費用と限界外部費用の合計になります。これを**社会的限界費用**といいます。社会的限界費用曲線は私的限界費用曲線と限界外部費用曲線を垂直方向に足し合わせたものになります。

社会的に望ましい交通量は社会的限界費用と需要曲線（限界便益）が等しくなる $q^*$ です。ところが，実際の交通量は $q_1$ なので，過剰な交通量になっています。これは社会全体にとってどの程度，問題なのでしょうか。交通量が $q^*$ の場合，利用者の支払意思額の合計は台形 $AFq^*O$ ですが，ここから社会全体

1 交通の外部性 ● 173

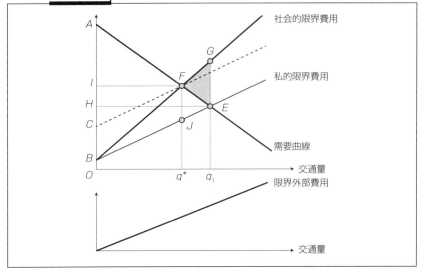

**CHART** 図10.3 混雑料金

が負担する費用の台形 $BFq^*O$ を差し引くと,総余剰(社会的総余剰)は三角形 $AFB$ になります。交通量が $q_1$ の場合,利用者の支払意思額は $AEq_1O$ ですが,社会全体が負担する費用は $BGq_1O$ になるので,総余剰は $AFB$ から $FGE$ を引いた値となります。すなわち,$FGE$ が余剰の損失になります。

### CHECK POINT

- □ 1 外部性には技術的外部性と金銭的外部性があり,前者が市場の失敗要因の1つになります。
- □ 2 道路混雑は外部不経済を生み出し,余剰の損失が発生します。

# 2 混雑料金

## 外部不経済の内部化

1節で議論したように外部費用が発生している場合,交通量を最適な状態にする政策の1つが**混雑料金**(ピグー税)です。混雑現象の問題は自動車を運転する人が外部費用を考慮せずに運転している点です。これを追加の料金を課すことで気づかせます。これを**外部不経済の内部化**といいます。再び図10.3を

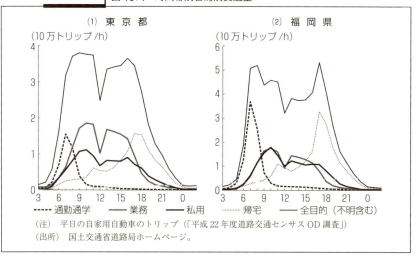

**CHART** 図10.4 時間帯別目的別交通量

(1) 東京都
(2) 福岡県

---- 通勤通学 ── 業務 ── 私用 ……… 帰宅 ── 全目的（不明含む）

(注) 平日の自家用自動車のトリップ（「平成22年度道路交通センサスOD調査」）
(出所) 国土交通省道路局ホームページ。

見てください。社会的に最適な混雑料金は，最適な交通量 $q^*$ で発生している限界外部費用と等しい金額 $FJ$ を課すことです。これにより私的限界費用が $FJ$ の大きさだけ上方に平行移動することがわかります。この結果，交通量は最適な $q^*$ まで減少します。それでは本当に総余剰は改善するのでしょうか。支払意思額は先と同じ $AFq^*O$ で，社会全体が負担する費用も同じ $BFq^*O$ です。ここで混雑料金 $CFJB$ を新たに運転者は支払わなければなりませんが，これはそのまま政府の収入になりますので，プラス・マイナスゼロになります。よって総余剰は $AFB$ となりますので，総余剰は改善されました。

注意しなければならないのは，最適な交通量でも混雑現象は発生していることです。最適な交通量 $q^*$ でも，限界外部費用は生じています。つまり $q_1$ のときよりは少ないのですが，適度に道路は混雑しています。一見すると，混雑料金を取られているのに，混雑しているのは不満に感じるかもしれません。もし，より混雑を減らそうと混雑料金の値を $FJ$ 以上に設定すると，限界便益より社会的限界費用の方が大きくなります。道路渋滞は交通分野の最も重要な問題の1つですが，その外部不経済の大きさが問題なのではなく，余剰の損失部分の大きさが問題である点に十分注意してください。

また，道路混雑は時間帯によって大きく変わります。図10.4は時間帯別の自動車交通量を示したグラフです。東京都は夜間が少なく昼間は一定の交通量があることがわかります。これは図10.3のグラフでいえば，混雑時間帯以外

2 混雑料金 ● 175

は需要曲線が左に位置していることを意味します。すなわち，道路需要が少ない時間帯では余剰の損失はわずかな値にとどまります。

## ピーク・ロード・プライシングとの違い

混雑料金（congestion charge）と似ているのがピーク・ロード・プライシング（peak load pricing）です。混雑料金は外部不経済が生じている場合に用いられるのに対して，ピーク・ロード・プライシングは外部不経済とは無関係で，容量制約がある場合の，ピーク需要のために必要な設備投資を負担する価格差別です。紛らわしいですが，特定の道路や地域の自動車利用者への課金を**ロード・プライシング**（road pricing）と呼ぶことがあります。

## 混雑料金の実施例

大規模な混雑料金はロンドン，ストックホルム，シンガポール，ソウルなどいくつかの都市で行われていて，大きく2つの手法があります。1つが**エリア課金**です。これはライセンスを購入していれば何度でも課金地域に出入りできます。もう1つが**コードン課金**です。これは課金される地域との境界線（コードン・ライン）を跨ぐたびに料金が課せられる方式です。

ロンドンの混雑料金の概要を整理しましょう。2003年にロンドンの中心部に混雑料金（当時5ポンド）が導入されました。現在は平日の7:00から18:00の間に市中心部に進入する自動車に対して11.5ポンド（1682円）/日が課せられます。混雑料金地域内の居住者は申請により割引が適用できます。また，二輪車やタクシー，救急車両などは課金対象外になっています。事前に混雑料金を支払わなかった違反者には罰金が課せられます。こうして得られた料金収入は市内の公共交通の利便性向上の補助金に用いられます。導入直後，混雑料金は域内の交通量を対前年比18％，混雑を30％削減しました。ロンドン交通局の混雑料金に関する第5回報告書によれば，2007～08年の混雑料金の純収入は250億円程度，費用便益比は1.7となっています。

アメリカ・ニューヨークのマンハッタン島は，その名のとおり「島」で，ほかの地域から自動車で向かう場合，橋かトンネルを利用しなければなりません。たとえばジョージ・ワシントン・ブリッジはニュージャージー州からマンハッタン島に入る場合，通行料金が必要でピークとオフピーク料金が設定されてい

ますが，マンハッタン島から出るときは無料です。これは一種の混雑料金として機能しているといえます。

### 交通量減少のメカニズム

混雑料金の導入は交通量を減らしますが，このメカニズムを整理しましょう。第1に考えられるのは交通手段の変更です。鉄道やバスといった公共交通機関に移る，もしくは距離が短いのであれば自転車や徒歩もありうるでしょう。これに加えて，自動車の相乗りも増える可能性があります。しかし，公共交通が十分でない地域では，自動車の依存度は高く，自動車利用をやめる人は多くないでしょう。第2に出発時間帯の変更があげられます。混雑料金は混雑時間帯に設定される場合が多いので，その時間帯以外に変更するケースです。第3にルートの変更です。課金地域を迂回する経路を選択することで，課金地域外の道路が混雑する可能性があります。最後に長期的な意思決定である立地選択の変更です。混雑料金のない地域へ居住地や職場を移動することで，発生交通量を減らす可能性があります。

### 次善の混雑料金

いま述べたように，混雑料金の導入の結果，近接する道路に交通量が移転する可能性があります。このように道路をネットワークと考えると，混雑料金は必ずしも適切ではない可能性が出てきます。

いま，出発地から目的地まで道路が2本あり，高速道路（ルートa）と一般道（ルートb）が並行しているとします。現実的に一般道路へ混雑料金を導入するのは難しいですが，有料道路は比較的簡単です。

図10.5の(1)が有料道路，(2)が無料道路だとしましょう。有料道路も無料道路も私的限界費用と社会的限界費用が乖離しているため，$q_1^a$ では余剰の損失が発生しています。2章3節の配分交通量で学んだように，両方の道路は同じ一般化費用 $p_1$ になるように交通量が配分されています。

このとき，有料道路だけに混雑料金を課してみましょう。有料道路の交通量は $q^{a*}$ に減少し，余剰の損失は解消されます。しかし，有料道路を使っていた自動車は並行する一般道路に移るため，一般道路の需要曲線は右にシフトします。そのため，無料道路に限定すれば，混雑料金が導入される前よりも余剰の

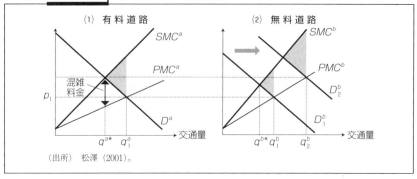

図 10.5 次善の混雑料金

(出所) 松澤 (2001)。

損失が増加しています。すなわち,有料道路だけで混雑料金を導入する次善の政策では,一般道路の混雑の悪化を考慮すると,図(1)で示された混雑料金よりも低い値になる可能性があります。

### 混雑料金の問題

一定の成果をあげている混雑料金ですが,数多くの問題を抱えています。混雑料金の第1の問題は,理論的には正しくとも非常に不人気な政策で,**社会的受容性**が非常に低い点です。とくに「無料」の一般道路に課金するのは困難です。現在でも,導入している都市はあまり多くありません。

第2の問題として,課金すること自体に費用が発生する点です。たとえば,混雑料金が導入された直後のロンドンの場合,料金を支払わずに課金エリアに入った車両を監視するための人件費などがかさみ,課金収入に占める費用の割合が非常に高いことが問題になりました。

第3の問題として,課金額の設定が容易ではない点です。道路交通量は時間帯や道路によって大きく変わります。これに対応した,正しい需要関数と限界外部費用を推定することが必要です。また,限界外部費用の推定については時間価値や各種の環境汚染物質の金銭評価値が必要です。とくに,$CO_2$などの地球温暖化原因物質の被害額は推定自体が困難です。

以上の理由から,混雑料金は理論的には正しいものの,実際の政策に適用されている例は現時点では多くないというのが現状です。3節では課金政策によらない混雑対策について学びます。

> **CHECK POINT**
> 
> ☐ 1 道路混雑が発生している道路に混雑料金を導入する手法を外部費用の内部化といいます。混雑料金は最適な交通量での限界外部費用になります。
> ☐ 2 混雑料金は社会的受容性が低いため，政策の導入があまり進んでいません。

# 3 その他の混雑対策

## 混雑道路への道路投資

　道路混雑に対する正攻法の政策は道路容量の拡張（車線数を増やす）や，バイパス道路を新規に整備することでしょう。図10.6はこの効果を示したグラフです。道路整備前，道路整備後の私的限界費用（PMC）を示しています。

　道路容量を拡張する投資を行うことで，走行速度が改善し，私的限界費用，社会的限界費用がそれぞれ減少します。一般化費用が低下するので，ABCDの面積の消費者余剰が新たに生まれます。この図では明示されませんが，道路整備の費用がこの面積よりも小さければ，社会にとって望ましい投資といえます。

　しかし，投資後も道路混雑により過剰な交通量が実現し，余剰の損失としてEFCが生まれています。道路整備後もEGの混雑料金を課した方が社会にとって望ましい状況であることは変わりません。

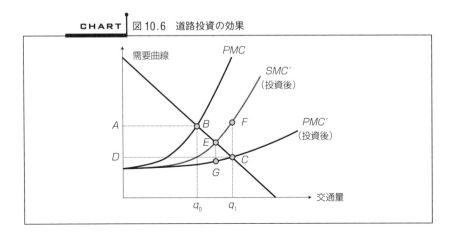

CHART 図10.6 道路投資の効果

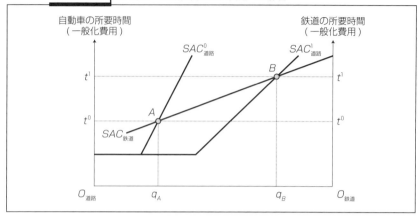

**図 10.7　道路投資の公共交通への影響**

## 道路投資が与える公共交通への影響

　少し特殊な議論ですが，道路投資と競合関係にある公共交通への影響をグラフで説明しましょう。いま，目的地に向かうために道路と鉄道があるとします。図 10.7 の左の軸は自動車の一般化費用です（一般化費用については 2 章 2 節を参照）。$O_{道路}$ から右に向かうと交通量が多くなり，途中から道路が混雑して，私的限界費用は増加します。自動車が 1 台増えたため走行速度が低下し，私的限界費用は増加しますが，それは最後に加わった 1 台だけではなく，その道路を走行するすべての自動車が同じ値になるため，私的限界費用は社会的平均費用（SAC: Social Average Cost）でもあります。

　図の右の軸は鉄道の一般化費用です。わかりにくいですが，$O_{鉄道}$ から左に向かうと鉄道の利用者数が増えます。このグラフの場合，横軸が移動者の合計で，これが常に一定であるという仮定が置かれています。一般化費用は時間費用と運賃の合計です。道路と異なり，鉄道は利用者が多くても少なくても移動時間はほとんど変わりません。しかし，利用者が増えると，その分，1 人あたりの固定費用の負担が少なくなり，運賃が低下すると考えてよいでしょう。これが鉄道の一般化費用のグラフが左下がりになる理由です。このとき，利用者は鉄道を使っても，道路を使っても一般化費用が同じになる水準で均衡すると考えられます。したがって，$SAC^0_{道路}$ と $SAC_{鉄道}$ の交点 A が均衡点になり，道路の利用者は $O_{道路}q_A$，鉄道の利用者は $O_{鉄道}q_A$ の線分の長さになります。このときの

一般化費用はどちらも $t^0$ になります。

いま,道路混雑を理由に道路容量が拡張したとしましょう。この結果,道路の私的限界費用は $SAC^1_{道路}$ になり,鉄道との均衡点は $B$ に移動します。鉄道客が道路に移転するため,鉄道は固定費用を賄うために運賃を値上げしなければなりません。その結果,道路容量が増えたのに,鉄道客が自動車を利用するようになり,かえって移動時間が長くなり,一般化費用が増加します。これを**ダウンズ・トムソンのパラドックス**といいます。鉄道が規模の経済のため利用者数が減少すると運賃が上昇するので,道路の拡幅で移動時間が増加する可能性を示したモデルとして有名です(詳細は竹内(2008)を参照してください)。

### 道路への流量調整

混雑料金以外の対処方法として,**流量調整**があります。特定地域内の自動車での進入を禁止したり,ナンバープレートで特定の末尾の自動車だけ進入を許可するものです。前者はドイツの貨物車の規制,後者は中国や発展途上国の都市部で採用されています。また,アメリカではHOV (High Occupancy Vehicle) レーンと呼ばれる複数の乗員が乗っている自動車だけが走行できる自動車レーンが存在します。これに類似したHOT (High Occupancy Toll) レーンと呼ばれる乗員が複数の車両は無料,それ以外の車両に課金する道路が存在します。さらに混雑具合に応じて課金額が変動するダイナミックHOTレーンも登場しています。

### 流量調整の効果

流量調整は数量規制の一種といえます。外部不経済を数量規制で対処するわかりやすい例として,ある鉄道会社の騒音が沿線住民に健康被害を与えている場合を想定します。図10.8はこれを示しており,図10.3とほとんど同じグラフです。政策介入がなければ,過剰な供給量 $q_1$ になります。

ここで,最適な交通量 $q^*$ で交通量を制限すると,鉄道会社の私的限界費用曲線は $q^*$ で垂直に折れ曲がります。もし,私的限界費用と需要曲線が交わる $I$ まで運賃が高くなるのであれば,総余剰は $AFB$ となります。これは $FJ$ の混雑料金を課す場合とまったく同じ総余剰になります。支払意思額が低い利用者を排除するからです。ただし,鉄道事業者が自発的に $FJ$ だけ値上げする可能性

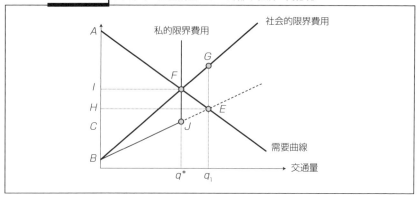

図 10.8　流量調整による外部不経済の内部化

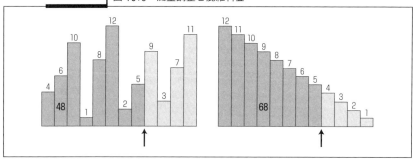

図 10.9　流量調整と混雑料金

は低いでしょう。

　同様に，道路混雑にも流量調整を通じた値上げは起こりえません。たとえば，1時間あたり交通量を 100 台から 80 台に制限するとしましょう。自動車の支払意思額が低い方から 20 台を排除すれば総余剰が最大になります。しかし，何らかの価格メカニズムを使わない限り，それは不可能です。ある時間帯だけトラックの通行を禁止する政策やナンバープレートに基づく特定地域への流入規制で渋滞は改善しますが，混雑料金に比べて消費者余剰が小さくなるので，社会的に最善であるとは限らないからです。

　これを端的に表しているのが図 10.9 のグラフです。図はある道路を利用する自動車の支払意思額を棒グラフで表現したものです。通常の需要曲線は右のように支払意思額が高い人から順に並べた形をしています。いま，先着順で道路が利用できるかどうかを決めるとしましょう。この場合，支払意思額が高い

> **Column ❿-1　空港と鉄道の混雑**
>
> 　交通分野の混雑現象は道路に限りません。羽田空港や関西空港などの大規模空港は国土交通省から混雑空港に指定されています。2016年2月22日付の『日本経済新聞』によれば，2015年，福岡空港では定時運航できる目安の年16万4000回を超える16万6000回に達しました。発着便の遅延も頻発し，混雑空港の指定が決まりました。
>
> 　鉄道も相互直通運転の増加により，遅延する路線が増加傾向になります。2016年3月5日付の『日本経済新聞』によれば，国土交通省は東京圏の鉄道を対象に，朝のラッシュ時の路線ごとの電車の速度や遅延状況を調べ，最も速い北総線が時速71.4 kmに対して，最も遅い京王線は時速32.6 kmとなっています。これは運行本数の差（北総線はピーク1時間に11本走るが，京王線は30本）が主な原因です。

人から順に来るとは限りません。図10.9の左のように矢印の自動車（8台目）までが利用可能な場合，消費者余剰は48になります。支払意思額が高い8台を選んだ場合，消費者余剰は68になります。これは，混雑料金を導入すれば容易です。5の混雑料金を課せば，実際に支払意思額が高い人から現れるわけではありませんが，支払意思額が5以上の人が道路を使うことになるので，右のグラフと同じ状況が達成されます。支払意思額の大きさで道路渋滞の外部費用は変わりませんので，左のグラフは明らかに非効率な道路空間の配分といえます。

　もう1点，混雑料金との違いは税収が手に入らないことです。図10.8の場合，外部不経済を発生させている事業者の余剰が三角形 *HEB* から台形 *IFJB* へと増加しますが，政府は税収が得られません。混雑料金収入は公共交通の充実に利用されるケースも多いのですが，流量調整はこれができないため，道路利用者の状況だけが悪化するという問題点が指摘できます。

　しかし，流量調整はいくつかの問題を抱えていますが，確実に一定以下の交通量にするという目標を達成できる利点があります。

### 駐車政策

　自動車交通は目的地に駐車することで完結するので，道路混雑に対する対処

策の1つに**駐車政策**があります。駐車場所は路外駐車場，路上駐車があります。コインパーキングなどの数は目的地での駐車のしやすさに直結します。空いている駐車場を探す時間も移動時間ですので，駐車場の数を少なくすることで，間接的に自動車を使いにくくすることができます。また2006年から路上駐車の取り締まりを民間事業者に委託できるようになり，路上駐車の取り締まりが強化された結果，路上駐車の台数は減り，道路での走行速度が改善しました。

海外では職場の駐車場に課金する政策が見られます。たとえば，オーストラリアのシドニーでは中心部の商業地と事務所の路外駐車場に課税（1スペースにつき最大で年間約21万円）されています。同じくオーストラリアのパースの中心部でも，路上と路外のすべての駐車場に許可証（1スペースにつき最大で年間約10万円）が発行され，得られた収入で，中心部のバスや鉄道を無料化する政策がとられています。

## 公共交通との連携と補助

公共交通に補助金を出して，間接的に自動車交通を削減する政策も考えられます。図10.10の(2)はバス市場の需要曲線と平均費用曲線を示しています。平均費用が水平ということで，限界費用は一定で固定費用がないバス会社を想定しています。平均費用で運賃が決まり，$T_0$ の利用者がいます。

ここで混雑対策のために補助金で運賃を半額にする政策を導入し，平均費用が下がりバスの利用者が $T_1$ に増えたとします。このとき，*KGIJ* の消費者余剰が増加しますが，この政策には *HIJK* の補助金が必要です。よって，*GHI* だけ総余剰が減少します。

この需要増の一部は自動車利用者からの転換なので，(1)の自動車の需要曲線が左にシフトします。4章2節で学んだように，通常，波及先の市場の余剰変化は考慮しませんが余剰の損失の変化は考慮します。この場合，余剰の損失は *ABC* から *DEF* に減少します。すなわち，*ABC* − *DEF* > *GHI* の場合，この政策は行う意味があるといえます。

しかし，この補助政策はいくつかの問題を抱えています。公共交通に補助金を与えることは，もともと自動車に乗らない公共交通利用者にも恩恵を与えます。また自動車と公共交通の需要の交差弾力性（ある財の価格が変化したときのほかの財の需要量に与える変化の度合い）が小さい場合，自動車から公共交通への

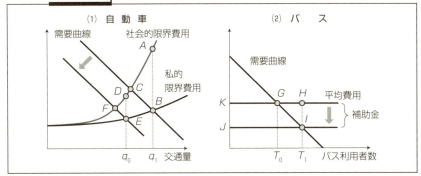

図 10.10 公共交通への補助と道路渋滞

転換が十分でない可能性があります。とくに自動車利用を前提とした都市構造になっている地域の場合，多少，公共交通の利便性が改善しても利用者は増えません。

もう1つ，公共交通を利用した現実的な道路渋滞対策にパーク・アンド・ライドがあります。これは，郊外の鉄道駅やバス停まで自動車で行き，都心には公共交通で向かう政策です。公共交通料金は割引される場合が多いようです。また，企業に対してフレックスタイムや時差通勤を依頼するという混雑対策もありますが，これらは抜本的な混雑対策とはいえません。

**CHECK POINT**

- □ 1 道路混雑のために流量調整する政策は，混雑料金と比べて非効率です。
- □ 2 道路混雑への間接的な対処策として，駐車政策，公共交通補助やパーク・アンド・ライドがあります。

# 4 外部補助

## 外部補助を行う理由

**外部補助**とは，経済的規制の誘導型規制に該当します。公的部門が民間の交通サービス事業者に補助金を出すにはいくつかの方法があります。民間の交通サービス事業者にサービスを委託する方法（**委託金**），民間の交通サービス事業者の赤字を補助する方法（**運営補助**），初期投資を補助する方法（**資本補助**），あ

るいは税金を控除する，出資金を出すなどの方法があります。12章で説明する内部補助と異なり，誰がどの程度，誰を何のために補助しているかが明らかになる点が利点といえます。

　なぜ外部補助を行うのでしょうか。1つ目の理由は，移動の公平性の実現です。地方の赤字鉄道を維持する，あるいは不採算のバス路線や離島航路を維持するなど，一定の移動の公平性を維持するために補助金が用いられます。

　2つ目の理由は，何らかの外部性が存在する場合です。鉄道の場合，道路混雑の減少というほかの交通機関が生み出す負の外部性を下げる効果があります。もちろん，鉄道事業者は道路混雑を考慮に入れて，鉄道を整備しませんので，過小な供給になる可能性があります。これらは，補助金を用いることにより，適正な供給量水準まで増やす機能があります。正の外部性がある場合，交通サービス事業者は過小な供給量しか市場に提供しませんので，補助金の根拠になります。しかし，これは技術的外部性がある場合です。たとえば，鉄道新線は沿線地域の地価を押し上げますが，これは市場を通じて交通利便性向上の便益が移転する金銭的外部性と考えられるので，補助金を与える根拠にはなりません。

　3つ目の理由は，価格規制と効率性の観点からのものです。固定費用が大きい場合，採算性がとれず，サービスが提供されない場合があります。固定費用の一部（もしくはすべて）を補助することでサービスを供給した方が，総余剰が増加する可能性は確かに存在します。図 10.11 はどのように均一運賃を設定しても赤字になる地方路線を示しています。

　いま，限界費用と需要曲線が交わった価格でサービスを提供するとします。すると，平均費用よりも価格が低いので $BDEC$ が赤字になります。この赤字を補助金で補塡するとします。すると，交通サービス事業者の利潤はゼロになりますが，$AEC$ の消費者余剰が得られます。これは補助金額よりも大きいので，この場合，この赤字路線を維持した方が総余剰は大きくなります。

### 外部補助の問題

　外部補助にはいくつかの問題があります。1つ目に財源の調達です。安定的に財源を確保できるか不透明ですし，政策目的によっては社会的受容性がない場合もあるでしょう。2つ目の問題は補助金を提供している交通サービス事業

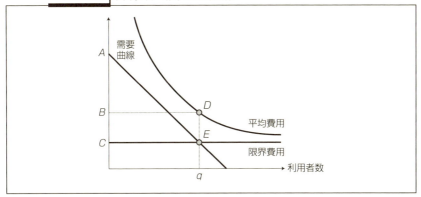

図10.11　赤字の地方路線

者の経営改善のインセンティブを損ねる可能性です。とくに**コスト・プラス型**といわれる，収入から費用を引いた赤字分を補填するタイプの補助金では，交通サービス事業者の経営努力がわからないため，高コスト体質になる危険性があります。3つ目の問題は，内部補助や一部の公的供給の問題と同じですが，もしそれが何らかの公平性の実現のための補助金の場合，補助の受け手にとっては満足度の低い補助になるという問題です。

### CHECK POINT

- □ 1　外部補助を行う理由は，外部性や固定費用が大きい場合といった効率性を根拠とするものと，公平性を根拠とするものがあります。
- □ 2　企業に対する補助金は運営補助と資本補助がありますが，前者は企業の経営改善を妨げる可能性があります。

### EXERCISE ●練習問題

1　以下の文章の空欄に入る適切な用語を考えましょう。

最適な混雑料金は（　①　）交通量で発生している（　②　）と等しい金額を課すことで，最適な交通量を実現する政策です。これを外部費用の（　③　）といいます。混雑料金は理論的には正しいのですが，（　④　）が低いため，現実の政策の導入にはハードルが高いといえます。

2  なぜ混雑料金が不人気な政策で，公共交通の値下げや充実が人気のある政策なのでしょうか。

3  ロンドンのような混雑料金を導入した場合，誰が便益を得て，誰が不利益を被るでしょうか。

4  ある企業の費用関数が $C=2q$ で，限界外部不経済が $q$ であるとします。この市場の需要関数が $D=12-p$ で与えられる場合を考察します。(1) 政府が介入しない場合の供給量を求めなさい。(2) 余剰の損失を求めなさい。(3) 混雑料金を求めなさい。

第4部

# 交通経済の展開

PART 4

CHAPTER 11 規制緩和と残された課題
12 人口減少・高齢化社会における地域交通のあり方
13 物流（ロジスティックス）

# CHAPTER 第11章

## 規制緩和と残された課題

新技術は思わぬ規制の壁にぶつかります。

## INTRODUCTION

11章ではこれまでの規制緩和とこれからの規制について論じます。最初に規制緩和の理論的根拠の1つとなったコンテスタビリティ理論を学びます。第2に規制緩和の背景，歴史を振り返り，1980年代の民営化，2000年代の需給調整規制と運賃規制の緩和を学習します。第3に，規制緩和の経済効果とその測定方法を理解します。最後に，残された政策課題と規制改革を学びます。

> **新聞記事** 海上飛行の規制緩和カギ，ドローン宅配，千葉市で実験
>
> 　国家戦略特区となっている千葉市美浜区の人工海岸で，政府が小型無人機（ドローン）による宅配実験を公開しました。東京・世田谷からドローンを遠隔操作し，海上を含む700メートルを自律飛行しました。現在は海の上を飛ぶ場合，飛行区域内への船舶の立ち入りを禁じることが必要な場合が多く，漁協などとの調整が必要な場合もあり，実証実験すら困難です。東京湾沿岸の物流施設から海上を通って千葉市幕張新都心のマンションへ荷物を届ける場合，海上での飛行規制の緩和が不可欠です。
> （2016年11月23日付『日本経済新聞』地方経済面，千葉，39面をもとに作成）
> ① 自然独占性がある産業でも規制緩和するべき理由は何があるでしょうか。
> ② 規制緩和と運賃，企業の生産性にはどのような関係があるでしょうか。
> ③ なぜタクシー市場は規制を強化したのでしょうか。

# 1 規制緩和の背景と経緯

## コンテスタビリティ理論

　第3部で論じたように，交通市場はさまざまな公的規制によって自由な競争が制限されています。しかし，1980年代から欧米を中心に，それまでの経済的規制を見直そうという動きが始まりました。これを**規制緩和**（deregulation）といいます。英語の意味からは規制撤廃というニュアンスがあり，**規制改革**という言い方もされます。規制緩和の理論的根拠の1つとなったのが，**コンテスタビリティ理論**です。この理論は規制緩和前のアメリカ航空市場を想定していました。

　この理論には3つ重要な前提条件が必要です。1つ目は，潜在的な参入企業が既存企業とまったく同じ技術で，同じサービスを生産することができるということ，2つ目は，参入時の固定費用は，市場から退出する際，その費用を回収することができる，すなわちサンク・コストがないという条件です。この2つの条件は，規模の経済以外に参入障壁が存在しないことを意味します。3つ目として，既存企業の価格変更にある程度時間がかかる必要があるということです。

　図11.1は，既存の交通サービス事業者が独占価格 $p^M$ を設定している状況

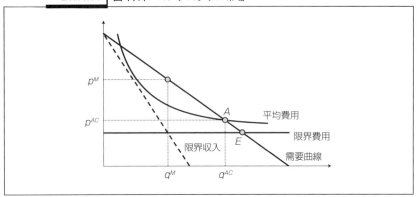

図 11.1 コンテスタブル市場

を表します。新規参入事業者は $p^M$ より少し安い価格をつけてすべての利用者を奪うことができます。既存事業者が価格を値下げしている間に利潤を独占し，価格が下がったら市場から退出します。退出してもサンク・コストがないので，参入企業は利潤を得ることができます。既存事業者は，これを知っているので，参入を起こさせないために，価格を平均費用に等しい $p^{AC}$ まで下げ，結果的に利潤はゼロになります（8 章で学んだ次善の価格）。このとき，もはや参入は起こりません。

コンテスタブル市場は，一見，独占市場であっても，独占企業は独占価格を設定せず，次善の価格を設定します。つまり，潜在的な参入の可能性が，既存企業の行動に影響を与えることを示唆しています。

しかし，この理論は数多くの批判を集めました。まず，参入に必要な費用がサンク・コストではないという条件は，現実的な仮定ではありませんでした。航空市場においては，第 1 にコンピュータ予約システムに莫大な投資が必要でした。このシステムにより，利用者やライバル事業者の動向を素早く把握し，価格を変更することが可能でした。第 2 に，マイレージ・システムの導入により，旅客は特定の航空会社から他社に移ることが難しくなりました。第 3 に，ハブ空港において，発着枠が不足し，新規参入が困難でした。以上の結果，規制緩和後，アメリカの航空市場は新規参入が相次ぎましたが，結果的に，寡占市場となっていきました。

コンテスタブル市場の理論は非現実的でしたが，既存の交通事業者が潜在的な参入可能性のある交通事業者の存在により，規制がなくとも，独占価格より

も安い価格を設定する可能性を示した点で意義があったといえます。既存事業者が参入企業よりも先に行動するメリットを活かして，新規参入の意図を挫く行動を**参入阻止行動**といいます。既存事業者は高い価格を設定することで，新規参入を招き，競争によって利潤を失うよりは，あらかじめ低い価格を設定することで，参入を防ぐことができます。ただし，これは参入費用の大きさによります。参入費用が十分に高い場合，既存事業者も参入阻止行動を起しません。以上を整理すると，コンテスタブル市場の条件に該当する場合，参入退出規制や運賃規制などを廃止して，市場競争に委ねる政策を採用すべきであり，そうでない場合でも，サンク・コストを低くするための政策をとることが重要だといえます。

### 規制緩和の背景

規制緩和が行われた時代を振り返ってみましょう。1970年代に石油ショックが2度発生し，日本をはじめ多くの先進国は経済が停滞し，財政赤字が拡大していました。そのため，財政再建，**小さな政府**，民間活力の利用などが重要な政策課題となっていきました。この時代，現在のJRは日本国有鉄道（国鉄）という公企業で，そのほかにも現在のNTTとなる日本電信電話公社やJTとなる日本専売公社（3つの公企業は3公社と呼ばれました）など多くの企業が「政府部門」であり，現在よりもずっと「大きな政府」でした。

たとえば国鉄は，1985年度の国鉄決算で，営業収入3兆5500億円に対して，営業経費は5兆5700億円，営業外損益を加味しても赤字は1兆8500億円でした。営業収入には6000億円程度の国の助成金が含まれます。分割民営化されたとき，長期債務（借金）は37兆3000億円にのぼり，そのうちの14兆2000億円はJR本州3社とJR貨物，新幹線保有機構が負担し，残りの23兆1000億円を国鉄清算事業団が処理することになりましたが，すべての負債を返済できず，大部分は国が引き継ぐことになりました。2015年度末時点でも，17兆7690億円の債務が残っており，現在でも多額の返済を続けています。

また被規制下にある民間企業の非効率さも大きな問題でした。料金の高止まりや，サービス・料金体系の多様化の遅れ，技術革新の停滞などが指摘されていました。これらは交通分野特有の問題ではなく，電力や通信など公益事業一般に共通の問題でした。**表11.1**は規制緩和される前の1994年段階での東京

CHART 表 11.1 過去の運賃の内外価格差

| 品　目 | 主な内容 | 東　京 | ニューヨーク | ロンドン |
|---|---|---|---|---|
| 国内航空 | 往復割引 | 100 | 52 | 50 |
| 高速道路 | 400km普通車 | 100 | 16 | 0 |
| 鉄道料金 | 往復正規 | 100 | 99 | 26 |
|  | 地下鉄5マイル | 100 | 78 | 67 |
| 路線バス |  | 100 | 69 | 51 |
| タクシー | 5km（チップ込み） | 100 | 48 | 47 |

（注）1994年度，東京を100とした場合。
（出所）中条（2000）

とニューヨーク，ロンドンの運賃を比較したものです。為替レートや料金体系の違いなどもあり厳密な比較は困難ですが，当時の東京が両都市よりも割高な運賃であったことはうかがい知れます。

## 規制緩和の歴史

　規制緩和はアメリカとサッチャー政権下のイギリスが先行し，日本の規制緩和は遅れました。たとえば，国内航空の規制緩和についていえば，アメリカが1981年に路線認可を廃止し，83年に運賃認可を廃止しました。イギリスも1985年に運賃規制が届出制となりました。一方，日本は2000年に入り需給調整規制が撤廃され，運賃規制が事前届出制という形で緩和されました。

　日本の規制緩和は1980年代の国有企業の民営化と2000年前後の需給調整規制の緩和とに時代を分けることができます。規制緩和に至った背景は先のとおりですが，この時代，日本はアメリカやヨーロッパ諸国との貿易摩擦があり，国内市場の開放が迫られていました。このため，規制緩和の推進機関として**臨時行政調査会**が設立され，さまざまな行財政改革が行われました。1981年の第2次臨時行政調査会，いわゆる土光臨調（会長：土光敏夫）で3公社の民営化が決まりました。

　その後，規制緩和の進展はゆっくりしたものでした。1990年代半ばには，規制企業の非効率さだけでなく，規制コストの高さ，すなわち，このころは中央官庁が統合される前で，規制当局の縄張り争いや二重規制が問題視されていました。

> **Column ⓫-1　国鉄のサービス**
>
> 　若い皆さんは国鉄がどのようなサービスを提供していたかわからないと思いますので，当時の肌感覚を伝える 1984 年の『日本経済新聞』（名古屋）の記事を紹介します。愛知県内の行政サービスに関するアンケート調査（総務庁）によれば，17 の行政窓口のうち，応対が一番悪いのは国鉄駅でした。警察署の方が評価は高かったのです。「国鉄の駅では高額紙幣で安いキップを買うと文句を言われる」といった横へいな応接態度に対する不満が高いと報じています。

　規制緩和は行政主導ではなく，政治的に推進されたといえます。橋本内閣時代の 1998 年に行政改革推進本部・規制改革委員会の「規制緩和推進 3 カ年計画」が閣議決定され，重要な指針が出ました。第 1 に，事前規制型行政から事後チェック型行政へ，です。これは価格規制のような事前規制ではなく，間接規制のような明確で具体的なルールを決め，これを企業が遵守する限り自由に活動できる行政を意味します。市場に参加する企業がルールを遵守しているかを監視することを行政の主たる業務とした方が，直接規制よりも規制コストが少ないという考え方です。第 2 に，横断的見直しです。旧運輸省や通産省などさまざまな分野を横割りに検証し，共通する問題について統一的に改革を進める考え方です。第 3 に，サンセット方式です。新しい規制を導入する際，一定期間後にこれを見直すことを法律に盛り込むことで，不要な規制の存続を防止します。

　以上のような経緯から，2000 年から 02 年にかけて交通分野でも需給調整規制と価格規制に関して大幅な規制緩和が行われました。2 節では具体的な規制緩和の内容とその経済効果の測定方法を学びます。

**CHECK POINT**

☐ 1　コンテスタブル市場の理論は，規模の経済があっても規制が必要ない可能性を示し，規制緩和の理論的根拠の 1 つになりました。

☐ 2　規制緩和は 1987 年の国鉄民営化と 2000 年代初頭の需給調整規制と価格規制の緩和が代表的なものとしてあげられます。

## 規制緩和の経済効果

### 需給調整規制の緩和

2節では交通分野における規制緩和の経済効果がどの程度のものであったのかを検証していきましょう。交通市場の供給を制限する需給調整規制には、参入規制と退出規制の2つがあります。表11.2は主な参入規制の緩和を示しています。これ以外にも、貨物鉄道、貸切バス、貨物運送取扱事業、国内旅客船事業（フェリーなど）、港湾運送事業が規制緩和されました。物流に関しては13章で詳しく論じます。

乗合バス事業は路線ごとの免許制から事業者ごとの許可制になりました。たとえば、規制緩和以前、渋谷－田町間のバスサービスを有料で運行するために**免許**を得なければなりませんでしたが、規制緩和後は「乗合バスサービスを行うこと」に対する**許可**だけでよくなりました。免許も許可も一般に法で禁止された行為を解除するという意味です。ただし、許可は行政官庁に**裁量**が認めら

**CHART** 表 11.2 主な参入規制の緩和

| 交通機関 | 対象事業法 | 緩和前 | 緩和後 |
|---|---|---|---|
| 旅客鉄道 | 鉄道事業法<br>(2000年) | 路線ごとの免許制<br>（需給調整規制あり） | 路線ごとの許可制<br>（需給調整規制なし） |
| 国内旅客航空 | 航空法<br>(2000年) | 路線・種別ごとの免許制<br>運行ダイヤの認可制 | 事業者ごとの許可制<br>原則届出制 |
| 乗合バス | 道路運送法<br>(2002年) | 路線ごとの免許制 | 事業者ごとの許可制 |
| タクシー | 道路運送法<br>(2002年) | 事業区域ごとの免許制 | 事業者ごとの許可制<br>（緊急調整措置条項つき） |
| | | 最低保有台数の引き下げ | |
| トラック | 貨物自動車<br>運送事業法<br>(2001年) | 営業区域制度 | 廃止 |
| | | 最低保有台数を全国一律5台に | |

（出所）国土交通省ほか。

CHART 表11.3 主な運賃・料金規制の緩和

| 交通機関 | 緩和前 | 緩和後 |
|---|---|---|
| 旅客鉄道 | 認可制 | 上限認可制のもとでの事前届出制（変更命令可能） |
| 乗合バス事業 | 認可制 | |
| タクシー事業 | 認可制 | 認可制（認可基準を上限価格の基準に変更） |
| 国内旅客航空 | 認可制 | 事前届出制（変更命令可能） |
| 旅客船・フェリー | 認可制 | 事前届出制（一部区間を除く）（変更命令可能） |
| トラック | 事前届出制（変更命令可能） | 廃止 |

（出所）国土交通省ほか。

れているので，申請書類に問題がなくとも不許可になる可能性があります。乗合バス事業は参入と同時に退出も規制が緩められました。以前は許可制であったものが，6カ月前の**事前届出制**に変更になりました。貸切バスも乗合バスと同様に参入規制が緩和されましたが，退出規制は許可制から**事後届出制**への変更になりました。一般に事前の届出の方が規制の程度は強いといえますが，これはより生活に密着した乗合バスの路線撤退に対して利用者の利益を配慮したものと考えられます。

　国内航空事業もバスと同様の需給調整規制の緩和が行われましたが，2000年を境に急に緩和したわけではありません。1992年にダブル・トリプル・トラッキング化基準を緩和しました。これは一定の旅客数がある路線では2社による競合，3社による競合を認めるという参入規制でした。1992年以前，2社運航は70万人以上，3社運航は100万人以上の年間利用者が必要だったものを，それぞれ50万人，80万人に下げる規制緩和でした。1996年に再度基準が下げられ，97年にこの基準は撤廃されました。

### 運賃・料金規制の緩和

　需給調整規制と同じタイミングで運賃・料金規制も大幅に緩和されました。**表11.3**は主な運賃・料金規制の緩和の概略を示しています。簡単にいえば，総括原価方式に基づく認可制だったものが，上限認可制（8章2節を参照）に移行し，上限認可運賃を下回る限り各社が自由に運賃を変更することが可能になった分野（鉄道やバス）と，明示的な価格規制が撤廃された分野（国内航空やトラック）に分類できます。**認可**とは「行政機関が第三者の行為に同意を与え，

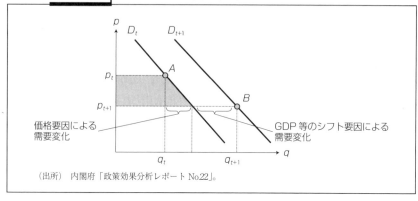

CHART 図11.2 消費者余剰の計測

(出所) 内閣府「政策効果分析レポート No.22」。

CHART 表11.4 消費者余剰の増加(単位:億円/年)

|        | 国内航空 | タクシー | 鉄道 | トラック | 車検  |
|--------|---------|---------|------|---------|-------|
| 2002年度 | 2,730   | 2,604   | 77   | 32,312  | 8,350 |
| 2005年度 | 1,206   | 4,840   | 125  | 34,308  | 8,642 |

(出所) 図11.2と同じ。

その行為を法律上有効に完成させる行政行為(大辞林)」をいいます。いくら経営が厳しくても国土交通省の認可を得ない限り,運賃を値上げすることはできませんでした。

ただし,厳密には運賃を完全に自由に事業者が設定できるわけではありません。たとえば,航空法第105条では,「特定の旅客又は荷主に対し」「不当な差別的取扱いをするものであるとき」「期限を定めてその運賃又は料金を変更すべきことを命ずることができる」とあります。これが表中の変更命令可能の意味です。実際,2002年に大手航空会社が国内線普通運賃の値上げを表明した際,国土交通省はその撤回を要求したことがあります。これはビジネス客が多く使う普通運賃だけを値上げし,大口向けの割引運賃は据え置くことが不当と判断されたためです。

### 規制緩和の経済効果

次にこうした規制緩和がどの程度の経済効果を生んだのか内閣府の「政策効果分析レポート No.7」を中心に論じてみましょう。図11.2は規制緩和に

よって価格 $p_t$ から $p_{t+1}$ に下がったある交通市場の消費者余剰の変化を示しています。規制緩和後の需要曲線は $D_{t+1}$ にシフトしますが，これは経済成長によるもので，規制緩和とは直接関係がないとします。実際に観測される需要量 $q_{t+1}$ はすべてが規制緩和による価格低下の成果とはいえません。そこで被説明変数を国内旅客人キロ，説明変数を実質 GDP と相対価格（平均運賃/消費者物価指数）とする需要関数を測定して，価格のパラメーターを測定します。そのパラメーターを利用して，需要に対する価格要因の寄与率を求めます。これにより，図の網かけ部分の消費者余剰の増加を求めます。

表 11.4 は交通産業における消費者余剰の増加を 2002 年度基準，2005 年度基準で示したものです。これは規制緩和年との比較です。交通分野ではトラック分野の効果がきわめて大きく，年間 3 兆円を超える消費者余剰を生み出しています。また，国内航空の消費者余剰が低下していることがわかります。これは航空運賃が値上がりしたためです。鉄道は新規参入も少なく，ほとんど効果が出ていません。なお車検制度は 1995 年に車検期間の延長や点検整備項目の簡素化が行われました。この数値には，サービス品質の向上による需要増は含まれていません。規制コストの削減も考慮されていない点に注意が必要です。

**CHECK POINT**

☐ 1　2000 年代初頭の参入緩和により，国内旅客航空，乗合・貸切バス，タクシーは事業者ごとの許可制に規制緩和されました。

☐ 2　価格規制の緩和では，鉄道・乗合バスは上限認可制に，国内航空やトラックは事実上撤廃されました。

# 3　寡占市場における競争政策

## 寡占市場

交通市場は純粋な独占と完全競争の中間に位置する寡占市場である場合が少なくありません。航空市場や宅配便市場，定期船市場の競争は典型的な寡占市場です。経済的規制が行われていない寡占市場では，社会的規制を除く市場への介入を考えなくてもよいのでしょうか。これを理解するために，ここでは航

空市場を念頭に置いて,簡単に寡占市場における企業の競争について説明します。

寡占市場は独占市場や競争市場と異なり,自社の最適な行動(戦略)が少数の他社の行動に依存します。供給量に基づく競争を**クールノー競争**,価格に基づく競争を**ベルトラン競争**といいます。航空の場合,短期的にはベルトラン競争,長期的にはクールノー競争をしていると考えられます。

簡単にクールノー競争を説明しましょう。企業はライバル企業の供給量を所与として,利潤を最大にする供給量を求めます。これを反応関数といいます。ライバル企業が供給量を増やした場合,自社も供給量を増やすと市場価格が低くなってしまうため,供給量を減らす方が最適な戦略になります。するとやがて,すべての会社が供給量を変える必要のない均衡状態になります。これを**クールノー・ナッシュ均衡**といいます。

寡占市場におけるクールノー・ナッシュ均衡の特徴として,独占市場よりも価格は安く,完全競争市場よりも価格は高くなります。総余剰は独占市場よりも多く,完全競争市場よりも少なくなります。企業の数が増えれば増えるほど,完全競争市場に近づきますが,企業が2社しかない複占でも一定の競争の効果が期待されます。証明は省きますが,同質財のクールノー・ナッシュ均衡では産業全体の利潤率(各企業の利潤の合計を各企業の収入で割ったもの)は以下の式で表されます。

$$産業全体の利潤率 = \frac{ハーフィンダル指数}{需要の価格弾力性}$$

**ハーフィンダル指数**(Herfindahl-Hirschman Index: HHI)とは,各企業の市場シェアを二乗したものを合計した市場の競合度の指標です。市場シェアが0.5(50%)の企業が2社ある場合,HHIは0.5(=0.25+0.25)になります。独占の場合,HHIは1,完全競争に近づくとHHIは0に近づきます。この式から,ある市場の市場競合度が低下するほど,HHIは増加するので,企業の利潤率は増加する,すなわち限界費用に対して価格をより高く設定するといえます。

## 独占禁止法と競争政策

規制緩和をすれば,政府が市場に介入する必要がまったくなくなるわけではありません。企業間の公正で自由な競争を促進させ,より望ましい経済的成果

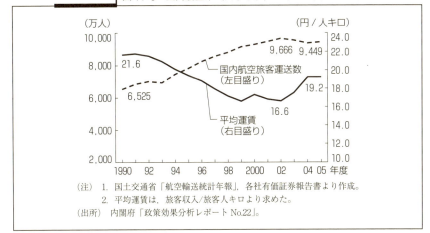

CHART 図11.3 国内航業（大手3社）の平均運賃および旅客運送数

(注) 1. 国土交通省「航空輸送統計年報」，各社有価証券報告書より作成．
2. 平均運賃は，旅客収入／旅客人キロより求めた．
(出所) 内閣府「政策効果分析レポートNo.22」．

を実現する一連の政策を**競争政策**といいます。

図11.3は国内航空業の平均運賃の推移を示しています。規制緩和前は，料金規制に加え，便数競争も制限されていたため，機内サービスの充実といった非価格競争が行われていました。需給調整規制の緩和により，国内旅客航空市場は徐々に競争が激しくなり，また新規航空会社の参入もあり，平均運賃は徐々に低下していきました。

ここで大手3社のうちJALとJASが2002年に経営統合し，国内市場シェアが50％に迫る新生JALが誕生しました。ジェット燃料の価格上昇などの外部要因があるため一概にはいえませんが，少なくとも2002年から05年にかけて航空運賃は値上がりし，2節で議論したように消費者余剰の改善額はピーク時の半分に落ち込みました。この理由の1つに競争圧力の低下をあげることができるでしょう。

**独占禁止法**において一定の条件を満たす企業結合は，**公正取引員会**に対して事前の届出が義務づけられており，審査の結果，企業結合により競争が阻害されると判断される場合，企業結合することができません。

合併は必ずしも総余剰を低めるとは限らないことが難しい点です。たとえば，規模の経済によって総費用が低下する便益が，競争低下の不利益を上回る可能性もあります。JAL－JAS合併の場合，公正取引員会は競争を阻害する恐れがあるとして，羽田空港の発着枠9便分を自主的に返納させ，新規航空会社に対

> Column ⓫-2　略奪的価格

　寡占市場における企業の反競争的な行為として略奪的価格があります。**略奪的価格**とは，競争相手を市場から撤退させるために価格を引き下げ，その企業が実際に市場から退出した後に，価格を引き上げることをいいます。独占禁止法では**不当廉売**として禁止している行為です。航空市場が規制緩和され，スカイマークとエアードゥが新規参入したときに，JAL，ANA，JAS の大手 3 社は新規航空会社が参入した路線の，参入した時間帯の前後の便だけ運賃を値下げしました。公正取引委員会は改善を要請しましたが，独占禁止法の違反にはなりませんでした。同様のことはスカイネットアジア（現ソラシドエア）が 2002 年に羽田－宮崎便に参入した際にも起こり，公正取引委員会は調査に入りました。結果的に，大手航空会社は新規航空会社への対抗値下げを打ち切りました。

して優先的に配分させることで統合が認められました。新規参入会社に羽田空港の発着枠を優先的に割り振る政策は，競争政策の 1 つといえます。

## 生産性の向上

　2 節で見たように適切な規制改革は競争を促進させ，競争は市場価格を引き下げ，企業利潤を低下させます。企業は，従来と同じ費用で供給量を増加させることが必要です。市場価格が低下しても，需要が変化しなければ，単に企業から家計への所得移転（売り手から買い手への余剰の移転）にすぎません。企業が生産性を高めて初めて，国全体の経済成長につながります。規制緩和は企業の生産性を高めたのでしょうか。

　生産性とは，アウトプットをインプットで割ったものです（インプット 1 単位あたりのアウトプット）。少ないインプットから多くのアウトプットが生み出されれば，生産性（生産効率性）が高いといえます。代表的な指標が労働生産性（labor productivity）と全要素生産性（Total Factor Productivity: TFP）です。中島（2001）によれば，1 人あたり GDP の成長率は，労働生産性の伸び率でほぼ説明可能です。労働生産性は以下で定式化されます。

$$労働生産性 = \frac{アウトプット}{労働量}$$

労働量は労働者数，労働時間などが取られます。アウトプットは人キロやトンキロなどが取られます。両指標とも比較的入手しやすいデータですが，労働者を減らす代わりに資本を増やしても，労働生産性が上昇したように見えてしまう点が問題です。労働だけでなく，資本や原材料などすべての投入物を使って測定することが必要で，それがTFPになります。以下で定式化されます。

$$\text{TFP} = \frac{\text{複数のアウトプットの集計指標}}{\text{複数のインプットの集計指標}}$$

問題は労働・資本・原材料などの各生産要素を1つの総投入指数にまとめることが必要な点です。複数投入物を1つにまとめる方法として，たとえば，労働者数5人＋車両数2台＝インプット7とするのは何の合理性もありません。1つの考え方に，各投入要素のコストシェアで重みづけする方法があります。たとえば，賃金が1，車両単価が10の場合，人件費5＋車両費20＝総費用25ですので，投入物の費用シェアは人件費20％，車両費80％になり，20％×5＋80％×2＝2.6になります。これを**ディビジア指数**といいます。アウトプットも同様に重みづけすることで1つの指標に集約化できます。

生産性は変化率で示される場合が多いです。この場合，以下のように定式化できます。

$$\text{TFPの伸び率} = \text{アウトプットの伸び率} - \text{インプットの伸び率}$$

たとえば，インプットの伸び率が2％で，アウトプットの伸び率が3％であれば，TFPの伸び率は1％になります。すなわち，インプットの増加では説明できない部分が，企業による何らかの生産性の向上になります。

航空市場は1990年代，徐々に参入規制を緩和し，競争が激しくなりました。「政策効果分析レポートNo.6」は，これが生産性と関係があるかを回帰分析により検証しています。被説明変数がTFPの自然対数値，説明変数を稼働率，競争の程度を示す代理変数として国内および国際旅客収入のハーフィンダル指数を用いた結果，TFPの約3分の1が規制改革の効果であり，労働生産性の上昇は労働投入の削減が寄与していました。

TFPは企業の生産性を測定する1つの指標で，比較的簡単に計算できます。しかし，交通市場における企業を評価する際，注意するべき点があります。第1に投資が需要増に直結しない場合，TFPは過小に推定されます。たとえば，

鉄道事業者に求められているバリアフリー投資は利用者数の増加に貢献しません。このため，こうした投資を積極的に行っている事業者ほど生産性が低いと判断されます。第2に，サービス品質が考慮されません。満員電車は誰もが不快ですが，混雑を放置している鉄道会社の生産性が高いと判断されます。第3に，期間の取り方で生産性の評価が変わります。鉄道事業において新線開業といった大規模投資の効果は1年で出るものではありません。最後にアウトプットの定義です。鉄道の場合，人キロで測定すると，短区間の乗客数が増えると，営業収入は同じでもTFPが低下することになります。以上のことから，プライス・キャップ規制（8章3節を参照）の交通サービス事業者に求める経営改善率にTFPを使うのは慎重に議論するべきであるということがわかります。

## CHECK POINT

☐ 1 企業の生産性を測る指標の1つに全要素生産性があります。
☐ 2 寡占市場においては，市場に参加する企業の数が増えれば，市場価格は低下する傾向にあります。
☐ 3 寡占市場においては，独占禁止法が反競争的行為の一定の抑止力を持ちます。

# 4 その後の規制改革

### 残された課題

　2000年代初頭の大幅な規制緩和は新規参入を促し，企業の生産性を高め，運賃の低下やサービスの向上に寄与し，経済的余剰を生み出した効果があったといえます。しかし，規制緩和をすればすべての経済主体の状況がよくなるわけではありませんし，一部の分野では思ったような成果が得られていません。加えて，安全性や労働環境の悪化など規制緩和の負の側面が表面化した分野も少なくありません。

　規制緩和が行われた直後の2002年に，消費者庁の報告書「公共料金の構造改革」では，交通を含む公益事業分野の規制緩和に関する3点の残された課題について言及しています。第1は，競争条件の整備です。一部の事業者が独占しているボトルネック施設がある場合，新規事業者は参入ができません。ボト

ルネック施設とは，あるサービスを提供するために必ず利用しなければならないものの，投資額が莫大になるといった理由から新規参入事業者が自ら整備することが困難な施設を意味します。交通分野では，発着枠（空港），駅前広場の利用権（乗合バス・タクシー），線路（鉄道）があげられます。ボトルネック施設に対する対処法としては6章で議論した適切なアクセス規制の導入があげられます。混雑空港の発着枠に関しては，以前は大手事業者の既得権化していましたが，現在では発着枠は5年に1度，配分先を見直すことになっています。第2は，公営・補助制度の見直しで，6章で議論しました。民営化の動きは2000年以降も続いています。第3は，料金設定方式の見直しで，8章や9章で議論したインセンティブ規制やピーク・ロード・プライシングの導入などが検討課題としてあげられました。

## 日本道路公団の民営化

現在に至るまで各交通分野における規制改革は粛々と行われていますが，2000年代初頭の規制緩和に匹敵する出来事は多くありません。以下重要な変化を4つ取り上げます。

第1に，民営化や民間委託，PFI事業の進展があげられます。日本道路公団は高速道路を建設・運営するために国が設立した特殊法人で，2005年に旧道路関係4公団（日本道路公団，首都高速道路公団，阪神高速道路公団，本州四国連絡橋公団）が民営化されました。日本道路公団は地域別に3つの会社に分割されました。各高速道路会社は，道路資産を保有している独立行政法人日本高速道路保有・債務返済機構（高速道路機構）に貸付料を支払うことで高速道路サービスを提供しています。すなわち，インフラを保有する会社・組織と運営する会社を分ける**上下分離方式**です。民営化の成果の1つとして，サービスエリア・パーキングエリアの売上高は2013年度で約5000億円と民営化直後に比べ25％増加しました。

道路については，2016年に愛知県道路公社が管理していた有料道路8路線がコンセッション（6章5節を参照）により民間に委託されました。空港についても，関西国際空港と大阪国際空港（伊丹空港）が2016年に民営化されました。オリックスやフランスの空港運営の大手企業であるヴァンシ・エアポートなどが出資する関西エアポートが経営を引き継ぎます。契約期間は44年間で，運

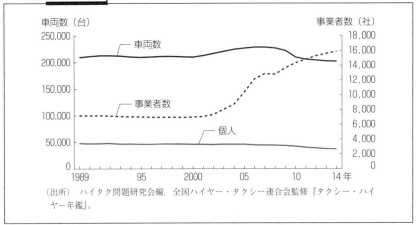

**CHART** 図11.4 タクシーの全国の事業者数と車両数の推移

(出所) ハイタク問題研究会編, 全国ハイヤー・タクシー連合会監修『タクシー・ハイヤー年鑑』。

営権は約2兆2000億円と報道されています。一方, 国管理空港は長期コンセッションの売却という形で, 事実上の民営化が可能になっており, 2016年に仙台空港が民営化第1号になりました。鉄道についても, 大阪市は2018年ごろを目途に, 市営地下鉄を民営化する予定です。公営バスについては民営化の動きが進んでおり, 札幌市営バスは2004年にすべての路線を手放しました。

### タクシーの規制再強化

第2に, 規制緩和の揺り戻しともいえる規制再強化がいくつかの分野で起こりました。タクシー市場は2000年初頭に行われた一連の規制緩和の中でも最も遅い2002年に需給調整規制が緩和されました。参入規制が事業区域ごとの免許制から事業者ごとの許可制になり, 数量規制が認可制から事前届出制になりました。また, 最低保有台数が大幅に引き下げられ, 営業所および車庫も所有からリースでも可になり, 導入車両も新車から中古車で可となりました。

この結果, 全国の事業者数はわずか数年で規制緩和前の2倍になり, タクシー台数も増加しました（図11.4）。一方, タクシーの利用者数・運送収入とも減少傾向にあります。この結果, 運転手の賃金が低下しました。東京都のタクシー乗務員の平均年収は規制緩和前（1998年）の496万円に対して, 2010年の348万円になりました。一方, 労働時間は長く, 2010年の月間労働時間で比較すれば, 東京都全産業男性労働者平均が174時間に対して, タクシー乗務員は221時間でした。

このため，事業者側からの規制再強化を求める声は強く，とくに競争が激しかった仙台では，2005年に構造改革特区で規制を強化する提案をするほどでした。まず，2008年に国土交通省通達によるタクシーの供給抑制策によるタクシーの減車が強化されました。続いて，2014年には改正「タクシー特別措置法」が施行され，特定地域に指定されると3年間，新規参入・増車が禁止となり，一定の運賃以下の値下げは変更命令が出せる大幅な規制強化が行われました。

　このタクシーの規制強化を私たちはどう考えればよいでしょうか。まず経済的規制と社会的規制（安全規制や労働環境）は分けて考えるべきです。タクシー企業の業績が悪化したことは規制の根拠にはなりません。タクシーがトラック事業やバス事業と大きく違う点は，流し市場（タクシーを走らせながら利用者を探す営業方法）では，価格メカニズムが機能しにくいということです。安いタクシーがいつ来るかわからないので，価格によって事業者を選択することが困難です。よってタクシー会社は価格を下げる理由が乏しく，これは市場に介入する根拠の1つになりえます。しかし，タクシーは電話やアプリで呼び出す場合，明らかに価格メカニズムは機能します。また，ハイヤーや大きな駅のタクシー乗り場でも価格メカニズムは機能するでしょう。こうした市場環境の違いを鑑みて，望ましい規制を考えることが重要です。

## 安全規制の強化

　第3に安全規制の見直しです。2012年に関越道で高速ツアーバス事故が発生し，7人が死亡しました。当時，高速ツアーバスは道路運送法ではなく，旅行業法に基づいて旅行会社が催行する旅行商品で，多くは貸切バス会社に運行を委託していました。これはバス運行の下請けでした。規制緩和により，貸切バスも参入規制が緩和され，事業者数は約2倍に膨れました。その結果，価格競争は激化し，事業者の1日1台あたりの収入は規制緩和前の2割減になっていました。費用削減のため，運転手の長時間労働が横行していました。

　乗合バス事業への参入は許可制で，運賃が事前届出制であるのに対して，ツアーバスはより柔軟に便数や価格を変更できました。これが高速ツアーバスの需要が伸びた要因の1つでした。関越道の事故を受け，高速バスは道路運送法による「高速乗合バス」規制に一本化されました。旅行会社も一定数のバスや

停留所を保有しなければなりません。また貸切バスの安全規制も強化され，400 km を超える夜間の運行では運転手を 2 名配置することなどが求められました。この結果，ツアーバスから新制度に移行した企業は 3 割程度で，安全対策の費用増は運賃に転嫁される動きも一部でありました。

こうした安全規制の強化にもかかわらず，2016 年に軽井沢でスキーツアーバス事故が発生し，大学生ら 15 人が死亡しました。これを受け，2016 年末に道路運送法が改正され，事業許可の更新制（5 年）の導入や不適格者の安易な再参入・処分逃れの阻止，罰則の強化（100 万円を 1 億円に），監査体制の強化などを打ち出しました。

## 新しい技術と規制緩和

最後に新しい技術の登場です。21 世紀に入り，IT を中心とした技術革新は交通分野にも及び，私たちの生活を豊かに便利にする反面，新しい規制の枠組み，規制緩和を考えなければならない分野も生まれています。ETC や Suica などの電子マネーの普及，携帯のアプリ（グーグルマップ）などすでに私たちの生活に深く根差した技術から，ウーバーなどのライドシェア，小型無線機（ドローン）を利用した物流，電気自動車などさまざまな新技術が日々進化しています。

今後，私たちの生活に最も大きなインパクトを与える可能性があるものに自動車の**自動運転**があります。自動運転はいくつかのレベルがあり，レベル 1 の運転支援，レベル 2 の部分運転自動化から，レベル 5 の完全運転自動化までさまざまです。現在，レベル 1 の技術は実用化され，より高度な自動運転の技術が開発されつつあります。

自動運転が実現すると，直接的には交通事故の減少や渋滞の緩和などが期待できます。また完全に無人化できれば，地方部での採算性がとれない公共交通や人手不足が深刻な問題になっているトラック輸送などに利用できるかもしれません。これらは交通サービスの生産性向上につながります。

政府の役割としては，車の安全基準を整備したり，実証実験や補助金・税制面での優遇措置などで自動運転の技術開発や普及を支援したり，事故を起こしたときの責任は誰がとるのか，これに関連した保険制度のあり方などについて議論を深める必要があります。

### CHECK POINT

- □ 1 旧道路公団は上下分離方式と分割民営化により民間企業として高速道路サービスを提供しています。
- □ 2 タクシーは規制緩和後，再び経済的規制が強化されました。高速バスは象徴的なバス事故を受け，安全規制が強化されました。

### EXERCISE ●練習問題

1. 以下の文章の空欄に入る適切な用語を考えましょう。
   既存事業者が新規参入を阻止するためにあらかじめ安い価格を設定する行動を（ ① ）といいます。運賃規制について，鉄道やバス事業は（ ② ）に移行し，国内旅客航空やトラック事業は規制が（ ③ ）されました。寡占市場において供給量に基づく競争を（ ④ ），価格に基づく競争を（ ⑤ ）と呼びます。
2. 11章で取り上げなかった規制緩和をあげて，それが経済学的にどのような根拠の規制なのかを論じてみてください。
3. 国鉄の民営化，道路公団の民営化，空港の民営化の類似点と相違点をあげて，比較検討してみてください。
4. 交通インフラの民営化後，どのような規制が必要か考えましょう。

# CHAPTER

## 第12章

## 人口減少・高齢化社会における地域交通のあり方

武蔵野市のムーバス：ワンコイン・コミュニティバスの先駆け。

## INTRODUCTION

12章は市場メカニズムでは対処できない地域の交通問題に対するさまざまな対処方法を学びます。第3部で学んだように，市場の失敗がなければ，政府は市場に介入しない方が資源配分上，望ましいとされます。しかし，実際には市場の失敗がなくとも，政府がさまざまな方法で公共交通を維持しています。12章では，なぜ政府が地域交通を支援するのか，どう支援するべきなのかについて学習します。

> **新聞記事** 駅前で預かり，保育所送迎，空き定員を活用
>
> 　町田市は，親が子供を「送迎保育ステーション」に預けた後，定員に空きのある保育所に専用バスで送り届ける送迎保育事業を始めました。町田駅周辺にステーションを整備し，夕方にバスで保育所に子供を迎えに行きます。子供は親が迎えに来るまでステーションで過ごします。町田市は，保育ニーズが大きくなる一方，駅からバスで30分ほどの市の西側の地区では，保育所の定員に余裕があります。親の送迎負担を減らすねらいで，導入ずみの別の自治体では待機児童が減る効果が出ています。
> 　（2017年1月7日付『日本経済新聞』地方経済面，東京，15面をもとに作成）
> ① どのような地域が交通不便地域で，どのような人が移動制約者でしょうか。
> ② 政府が補助金を通じて交通サービスを維持することは何が問題でしょうか。
> ③ 黒字部門が赤字部門を内部補助することで交通サービスを維持することは何が問題でしょうか。

# 1 交通不便地域の現状

## 過疎地域での交通

　最初に最も交通が不便だと思われる過疎地域における交通の現状を見ていきましょう。全国過疎地域自立促進連盟のホームページによれば，2017年，過疎市町村の数は全国の47.6％，面積は59.6％に相当します。過疎地域は交通が不便ですが，ほかの地域に移動する手段がまったくないわけではありません。人里離れた山間部を除けば，日本の隅々まで道路ネットワークが張りめぐらされています。国土交通省によれば，日本の道路の総延長は2015年4月1日現在で127万6857.4 kmです。農道・林道も十分に整備されてきました。自家用車があれば，程度の差はあれ，さまざまな目的地に到着することができます。日本の自動車保有台数は，乗用車だけでも6000万台を超え，国民の2人に1台の割合で普及しています。2015年度の全国の都市における人の動きを調査する「全国都市交通特性調査結果」の平日・休日別のモード・シェアによれば，とくに地方圏で自動車の分担率が高いことがわかります。

　多くの場合，交通が不便という意味は，いわゆる**公共交通**が十分ではない，もしくは存在しない地域を意味します。ここで公共交通という用語の使い方に

**CHART 表12.1　公共交通の空白地域**

| 条件 | | 空白地面積 | 空白地人口 |
|---|---|---|---|
| 鉄道 | バス | | |
| 1 km | 1 km | 17,084 km² (14.2%) | 2,362 千人 (1.8%) |
| 500 m | 300 m | 62,982 km² (52.2%) | 26,510 千人 (20.7%) |

（出所）　国土交通省「地域公共交通の現状等について」より抜粋
（原資料：「平成23年度 国土交通省調査」）。

は十分な注意が必要です。公共交通とは公的機関が提供する交通という意味ではありません。もし，そうであれば民間企業が提供する鉄道やバスなどは公共交通ではなくなります。しかし，公的機関が提供する交通サービスを，何となく公共交通と呼んでしまいますが，両者は同じではありません。厳密にいえば，鉄道やバスは公共交通ではなく，複数の利用者が同時に交通機関を使うことで効率的に移動（輸送）できる，**大量輸送機関**と呼ぶべき性質のものです。3章で学んだ，規模の経済から1人あたりの移動を安価に，低運賃で運ぶことができます。ここからわかるように，過疎地域のような人口密度が低い地域では，大量輸送機関は高コストになるため採算がとれず，最初から存在しない，もしくは地域の人口減少に合わせて撤退していくのです。

表12.1は公共交通空白地域の大きさを示したものです。バスや鉄道が1km以内にない地域は面積の14.2%，人口の1.8%を占めます。

### なぜ交通不便地域になったのか？

人口の減少だけが交通不便地域になった理由ではありません。平均所得の上昇や道路ネットワークの拡張に伴い，自動車交通，いわゆる**モータリゼーション**が進展しました。2章で学んだように，移動者は交通機関を選択しますが，自動車がバスや鉄道にとっての強力なライバルになりました。また自動車利用を前提とした街が形づくられました。結果的に，バスや鉄道の利用者は沿線の人口以上に減少しました。これは大量輸送機関にとっては大きな意味を持っています。固定費用を広く利用者に負担させることで安価な運賃を実現していましたが，利用者が減少すればするほど加速度的に運賃を上げなければ採算がとれない状況に追い込まれます。運賃値上げはさらなる利用者減を引き起こし，

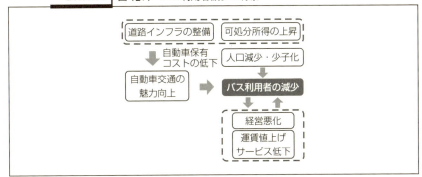

図12.1 バス利用者減少の背景

企業は便数を減らします。便数の減少は待ち時間を増加させ，密度の経済の便益を損ねます。こうした悪循環は最終的に路線の廃止を招きます。図12.1はこれを模式的に示したものです。これに加え，11章で学んだ規制緩和が拍車をかけたといえます。

### 誰が困っているのか？

バスや鉄道が廃止されると何が問題なのでしょうか。不採算サービスを継続し続けることは，民間企業では不可能です。しかし，廃止されたバスの利用者は不利益を被りますし，家人を送迎する家族の負担も増します。とくに自動車がない世帯，自動車を運転できない世帯の事態は深刻です。彼らにはほかの選択肢がないからです。現在では多くの人が自動車の免許を持っていますが，高齢者のとくに女性は免許保有率が低いことが知られています（図12.2参照）。また，後期高齢者は自動車の運転が困難になり，安全性の観点から免許の自主返納が促されています。

自動車が運転できない人（18歳未満も含む）は，即，移動できなくなるわけではありません。家族や知人に自動車で送迎してもらう（**相乗り**），目的地が近ければ徒歩や自転車でも移動することが可能です。回数が少なければ，タクシーで移動してもよいでしょう。交通は派生需要なので，サービスを呼び寄せることも可能で，買い物サービスの一部はネットで取り寄せできます。これらが何らかの理由で利用できない場合，長距離の移動が困難なことが問題になります。過疎地域では，自宅から病院や商店までの距離がかなり離れていますが，郊外に暮らす高齢世帯で，免許を持たない女性は移動が困難といえるでしょう。

1 交通不便地域の現状 ● 213

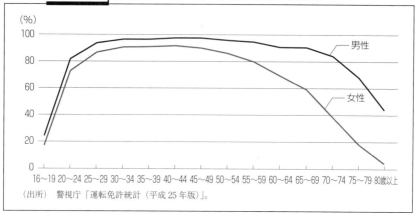

CHART 図 12.2 年齢階層別・男女別・運転免許保有率

(出所) 警視庁「運転免許統計（平成 25 年版）」。

### 移動制約者

　こうした自動車が利用できず公共交通が利用できない人を**移動制約者**（交通弱者という用語は現在あまり使われていません）と呼ぶ場合があります。同時に、体の不自由な人や介護が必要な高齢者、一時的に移動が困難な人（妊産婦、大きな荷物を持つ人など）、外国人を含めて移動制約者と呼ぶことも少なくありません。移動制約者の中でさらに移動が難しい人を移動困難者という場合もあります。

　こうした移動制約者の移動を円滑にするため、2000 年に交通バリアフリー法が制定されました。鉄道の駅にエレベーターやエスカレーター、多言語案内表示、多目的トイレ、最近ではホームドアの整備が進んでいます。バスにも乗り降りが容易な低床バスの普及が進んでいます。こうしたバリアフリー化は補助制度が企業の後押しをしています。

　本章では、こうした物理的な意味での移動が困難な人の議論ではなく、公共交通が十分でないため、移動することが困難な地域・移動者に焦点を当てて議論していきます。

**CHECK POINT**

- □ 1　人口の減少は大量輸送機関を営利的に提供することを困難にします。
- □ 2　地方は自動車を前提とした街が形成されており、大量輸送機関がなく、自家用車を利用しにくい人が移動制約者といえます。

# 2 移動の公平性

## 効率性と公平性

具体的な公共交通の維持策は後述しますが、たとえばある民間バス会社の路線がなくなり、代わりに市町村が代替バスを運行したとしましょう。これには補助金が必要です。なぜ、この施策が必要なのでしょう。

もう一度、規範的な話に戻ります。先に学んだように、完全競争市場では最も効率的な資源配分が実現します。しかし、これは公平性とはまったく関係がありません。市場の失敗がなくとも、市場メカニズムだけでは必ずしも貧しい世帯や地域に最低限必要な財・サービスを提供できません。憲法25条では「すべて国民は、健康で文化的な最低限度の生活を営む権利を有する」ことを保障しています。このため、課税（累進課税や贈与税など）や社会保障（生活保護など）を通じて所得を再分配しており、初期賦存量に依存する市場メカニズムの配分の問題を補完しています。

ここで重要なのは、いくら所得を再分配しても、過疎地域のように交通の市場が存在していない場合、最低限の交通サービスを享受することができない点です。先の**所得再分配**政策が行われたうえに、さらに「ある程度」の移動の機会を保障するための公的介入は一定の支持を受けるでしょう。「ある程度」移動することによって、医療・福祉・教育・雇用といった場に行き、それらのサービスを享受することができるからです。

## 移動の公平性

最低限の移動の機会の平等（公平性と言い換えてもよいです）を確保する施策に対して反対を唱える人は多くないでしょう。しかし、何が最低限の移動なのかは、議論を呼ぶ問題です。なぜなら、最低限の移動の水準によっては、莫大な補助金、すなわち税金が必要になるからです。日本では人は自由に移住できます。交通不便地域に住む人が移住しないのは、良好な住環境、緊密な人間関係などの便益が大きく、移住しないことを選択しているとも考えられます。そうした人たちの移動のために多額の公的資金を無批判に費やすのは問題でしょ

う。

　最低限の国民生活を営むために最低限必要な財・サービスの供給水準を**ナショナル・ミニマム**といいます。また，より地理的に狭い範囲で，ナショナル・ミニマムよりも高い水準を**シビル・ミニマム**，**リージョナル・ミニマム**と呼びます。こうした公平性の基準は効率性と異なり，とくにこれといった算定式があるわけではありません。

　もう1つ重要な論点は，交通サービスがあればそれだけでよいのか，という問題です。サービスが利用できるという意味で**利用可能性**（アベイラビリティ）という言葉があります。これに対して，適切な運賃で利用可能であることを示す言葉に**負担可能性**（アフォーダビリティ）があります。たとえば，相当な過疎地域でもタクシー会社はあります。しかし，町の中心部にある病院まで週に何度も高額なタクシー料金を支払い続けることができなければ，交通サービスは利用可能だが負担可能性を欠いていると判断できるでしょう。

### 都心部の交通不便地域

　交通不便地域は過疎地域に限られた話ではありません。冒頭の新聞記事の例は人口稠密な地域である首都圏の話です。駅前に保育所を作れば便利であるのは誰の目にも明らかですが，地価も高く十分に整備できるとは限りません。一部の都市は各種のサービスが点在しています。これは人の移住よりもサービス施設の移転が遅れてしまう可能性があるからです。このとき，地域の施設は混雑と過疎が混在しており，こうした需給をマッチングさせる機能を交通は持っています。

　最近，話題になっている**買い物難民**も同様です。これは過疎地域だけの問題ではなく，高度成長期に建設されたニュータウンの一部など都心部の交通不便地域でもすでに起こっている問題です。居住地周辺の小売業がなくなることにより，食料品等の日常の買い物が困難になる人を指します。

### 都市間交通の交通不便地域

　ここまでは都市内交通の問題でしたが，都市間交通に対して公的支援は必要でしょうか。日本は島国であり，多くの離島があります。離島は本土と船か飛行機を利用しなければ移動できません。地域交通と異なり，買い物難民などの

> **Column ⓬-1　公平性の基準**
>
> 　最低限の移動の公平性を担保するため，補助金を通じて交通サービスを提供することに反対する人は少ないでしょう。しかし補助金の原資は税金であり，どの程度，どのようにサービスを提供するかは別問題です。現実的な方法の1つにスタンダード・アプローチがあります。これは一定の公平性の基準を作り，その中で最も費用が少なくてすむ方法を選ぶという考え方です。しかし，公平性は効率性と異なり，誰もが納得する基準を作ることがきわめて困難です。田邉（2005）は，ある過疎地域におけるコミュニティバスの維持基準を，バスを普段利用しない地域住民の支払意思額から求めました。この結果，多くの住民は自ら税金を払ってバスを維持したいと回答したにもかかわらず，バスの運行費用に及ばない支払意思額を示しました。

問題とは関係がありませんが，一部の離島では十分な医療・教育サービスを利用することができません。そこで国は事業者に対する補助である「離島航路運営費等補助」と利用者に対する補助である「離島住民運賃割引補助」を設け，日常生活における移動や生活必需品等の輸送のための支援を行っています。

　もう1つ重要な論点は赤字の鉄道線です。先ほどの離島と異なり，住民は自動車やバス，タクシーといった代替の交通手段を持ちます。鉄道はバスと異なり，定時性に優れ，町のシンボルとしての機能があることは確かですが，バスの方が運営費や設備の減価償却費も少ないうえ，結節点までのアクセスや便数も改善する可能性があります。当該市町村が費用負担しない場合，赤字鉄道の維持には慎重な議論が必要です。

**CHECK POINT**

- □ 1　所得再分配しても市場がなければ住民は移動することができません。
- □ 2　最低限の国民生活を営むために必要なサービス水準をナショナル・ミニマムといいます。

# 3 地域交通の維持策

### 補助金を用いた移動制約者対策

この節では,より具体的な政策について論じていきましょう。議論が広がらないように,交通不便地域におけるバスサービスを主眼に置いて論じていきます。交通不便地域における移動制約者に対する補助政策は,大きく企業に対する支援策である**サプライサイド補助**と個人に対する**ユーザーサイド補助**に分けられます。

図 12.3 は交通不便地域で民間のバス会社が路線撤退した場合の可能性を示しています。別の民間事業者が現れない限り,地元自治体がサービスを存続させるために,民間事業者に補助金を出して維持を図る方法があります。民間事業者に対する税の控除,資本金の出資なども補助金の一種です。これに加えて,後述する市町村自らがサービスを担う方法があります。

### 補助金の問題

10 章 4 節で見たように,政府が民間企業に直接,補助金を提供することを**外部補助**といいます。外部補助には大きく**運営補助**と**資本補助**があります。企業に対して前年度の赤字分に相当する補助金を支給する場合,合理的な企業は費用削減をしなくても後年,補助金を得ることで経営を続けることができると判断します。これは,企業に経営改善のインセンティブを与えず,非効率な経営を促します。これに対して,運営補助サービスに対する入札制の導入などで,仮想的な競争メカニズムを導入することは可能です。一方,資本補助は,たと

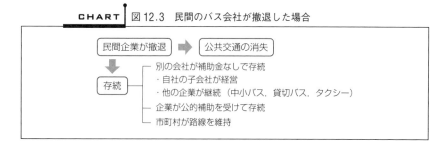

CHART 図 12.3 民間のバス会社が撤退した場合

> **Column ⑫-2　イギリスのバスサービスの補助金入札**
>
> 　1986年に，ロンドンを除くすべてのバスサービスの需給調整規制は撤廃され，一定の基準を満たす事業者は自由に参入することが可能になりました。このため，民間では採算のとれない路線のうち社会的に維持すべき路線に対して，地方自治体は補助金を入札にかけることを条件として追加のバスサービスを獲得する権利が与えられました。公共輸送補助金は導入前の1985年の7億9200万ポンドから1996年の2億5400万ポンドへと大幅に減少しました。加えて，懸念された過疎地域での路線数の大幅な減少は起こりませんでした。

えばバスの購入代金，すなわち固定費用の一部を補助する支援策であり，企業の経営努力を損ないません。

　外部補助の別の問題点として**無差別補助**になる危険性が指摘できます。仮に移動の公平性の観点から，ある交通サービスに対して補助を出して維持をすることが適当と判断された場合，外部補助は補助されるべき対象者だけでなく，移動制約者以外の利用者にも間接的な所得移転になる点が指摘できます。

## サービス別補助と現金給付

　交通不便地域のバスサービスへの補助金を通じた支援策は，補助によって本来は享受できないサービス，あるいは安価でサービスが提供されることを意味します。これは，利用者以外の経済主体からの，特定サービスを通じた所得移転（再分配）であり，**サービス別補助**と呼ばれます。これは採算のとれないサービスを安価に公的供給する場合や，都心部における高齢者福祉パスのようなユーザーサイド補助も該当します。

　図12.4はある補助対象者の無差別曲線，予算制約線を示しています。横軸が補助対象の交通サービス，縦軸がその他の財を示しています。補助される前が $E$ 点で均衡しており，$q_1$ と $q_2$ だけサービスを需要しています。企業に対して補助金が提供され，運賃が半額になったとします。このとき，予算制約線は切片が同じで，傾きが1/2倍になります。この結果，均衡点は $E'$ に移動します。政府のねらいどおり，補助対象サービスの利用は増加していることがわかります。

**CHART** 図 12.4 サービス別補助の非効率性

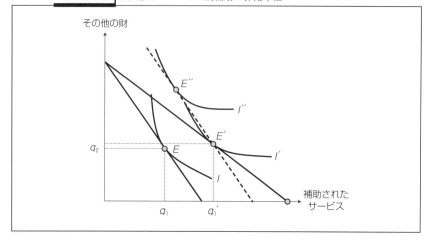

　一方,これは補助対象者から見ると,最善の補助ではありません。もし均衡点 $E'$ を実現するために,特定のサービスに対する補助(現物給付)ではなく,直接的な所得再分配政策(現金給付)がとられたと仮定しましょう。予算制約線は傾きが同じで,切片が上方にシフトします。この新しい予算制約線のもとでは,均衡点は $E''$ となります。無差別曲線は $I'$ よりも右上方向,すなわち高い満足度になることがわかります。わかりやすい例でいえば,人から何かもらうときに,1000 円分の図書券をもらうより,現金で 1000 円をもらった方が満足度は高いことと同じです。

### サービス別補助の利点と問題

　サービス別補助は補助の受け手の視点では非効率な政策です。しかし,直接的な所得再分配では,政策目標と異なる財・サービスを購入する可能性があります。図 12.4 の均衡点 $E''$ が示すように,政府のねらいとは異なるその他の財を多く需要してしまいます。いくら満足度が高いとはいえ,交通費のための補助が娯楽費に使われる場合,納税者の理解が得られるとは思えません。

　とくに都心部においてサービス別補助が批判される理由の 1 つに,特定の事業者だけが補助されているという実態があります。たとえば,東京都の敬老パス(シルバーパス)は 70 歳以上の高齢者で区市町村民税が非課税の人はわずかな手数料で無料になりますが,対象は都営交通と都内の民営バスだけです。足

の不自由な人はタクシーで病院に向かいたいと思っても，このサービス別補助の恩恵を得られません。また，タクシー事業者や私鉄にとっても，不公平な競争環境といえます。

　これらの問題に対する対処策の1つに，交通クーポン券の配布が考えられます。補助対象者に特定の交通機関を利用する割引クーポンを配布することで，ほかの支出に使われずにすみます。もし鉄道，バス，タクシーなどあらゆる交通手段に対して割引クーポンが利用可能であれば，交通サービス事業者間の競争を促進できる可能性があります。ただし，この政策はある程度，交通機関の選択ができる地域に限定されます。

## コミュニティバス

　次に自治体が直接，バスサービスを提供する場合を考えてみましょう。国土交通省の「コミュニティバスの導入に関するガイドライン」によれば，交通空白地域・不便地域の解消等を図るため，市町村等が主体的に計画し運行するバスをコミュニティバスと呼びます。武蔵野市が始めたワンコインバス「ムーバス」の成功がコミュティバスブームのきっかけになりました。国土交通省によれば，2006年度のコミュニティバス数は1549台であったものが，2013年度には3063台と倍増しています。

　法律的に区分すれば，市町村が乗合バス事業者に委託しているもの（道路運送法4条，許可），市町村自らが有償でバスを運行するもの（道路運送法79条，登録），市町村自らが無償でバスを運行するもの（道路運送法適用外）があります。また市町村でなくとも，NPO法人などが有償でバスを運行するもの（道路運送法79条，登録）には過疎地有償運送，福祉有償運送があります。さらに「特定」のものだけを輸送するスクールバス，患者輸送バスや従業員送迎バスがあります（道路運送法43条，許可）。有償でなければ，地域住民が主体となった運行も可能です。

　とくに人口密度が低い地域を運行するコミュニティバスは利用者数が少なく，便数が少ないのが共通した問題です。そこで，大型バスではなくミニバスやジャンボタクシーのような乗合タクシーでバスサービスを提供している地域も少なくありません。さらに，事前に予約するなどして利用者の要望に応じて，ルートが柔軟に変わり，希望の目的地まで送迎するバスやタクシーをデマンド

交通といい，国土交通省によれば 2013 年度で 311 の市町村で導入されています。さらに，過疎地有償運送よって，ライドシェア大手のウーバーが京丹後市でサービスを提供しています。これは一般の地域住民が自分の自家用車を使って有償で利用者の送迎を行うものです。

自治体が直接バスサービスを提供する問題の一部は，サービス別補助の問題と共通です。別の問題点として，第 1 に，自治体が費用をあまり気にせずサービスを提供する可能性が指摘できます。これは公共交通の維持のため自治体が費やした経費の 80％が後年の交付税で補塡されるからです。日本のバス事業によれば 2015 年度で約 600 億円の特別交付税が交付されています。もちろん，地方財政は厳しい状態が続いていますが，その費用の大部分を国が補助するため，先に示したさまざまなメニューから高費用のサービスが提供される可能性があります。第 2 に，すべての自治体が対象ですが，豊かでない地方公共団体は財政的な余裕がないため，地域が必要とする生活交通を十分に提供できない可能性があります。第 3 に，バスやタクシー会社の民業圧迫となる可能性です。

### CHECK POINT

- □ 1　移動制約者に対する補助政策は企業に対するサプライサイド補助と個人に対するユーザーサイド補助があります。
- □ 2　サービス別補助は受け手にとって現金給付より満足度の低い補助です。

# 4　内部補助

### 社会的内部補助

公的部門の直接的な支援に加えて，交通不便地域に対する対処策として企業による内部補助があります。**内部補助**（cross subsidy）とは企業が採算部門の収益を不採算部門の赤字補塡のために用いることを指します。内部補助は交通分野以外の企業でも普通に見られる行為で，多額の開発費をかけた新製品は当初赤字でも販売するのは，企業の自主的な判断です。これを**企業内内部補助**と呼びます。これに対して，明示的あるいは暗黙的に，民間企業に対して政府が内部補助を強いる場合，これを**社会的内部補助**と呼びます。政府は補助金を支出

することなく，黒字部門の利用者から少しずつ得た利益を用いて，赤字部門のサービスを維持することができます。内部補助に対して公的部門から企業への直接的な補助政策である外部補助の原資を安定的に確保できるかどうか難しい場合がありますし，そもそも民間企業に補助金を与えることが困難な場合があります。これに対して，内部補助は企業内の資金融通だけで比較的簡単に不採算サービスを維持することができるため，規制緩和前に好まれた地域交通の維持策でした。

### 内部補助テスト

内部補助は黒字部門の収益を赤字部門の欠損に充てると述べましたが，共通費の問題を考えるとこの定義は厳密ではありません。共通費とは生産に共通してかかる費用を意味します。会計のルールに基づけば，収入，供給量，固定費用による配賦などの方法があります。すなわち，共通費の配分方式によっては，赤字にも黒字にもなる可能性があるということです。

表 12.1 は簡単な数値例で内部補助の仕組みを示しています。都心サービスと郊外サービスに分離できない共通費（たとえば広告費）が 20 あり，固定費用の比率（1:1）で按分した費用（これを**完全配賦費用**と呼びます）と供給量の比率（10:1）で按分した費用で示しています。これを郊外部門の収入 20 と比較すると，固定費用比例の費用は 25 となるため郊外部門は 5 の赤字ですが，供給量比例の費用は 17 となるため 3 の黒字になっています。この状態は内部補助しているといえるでしょうか。このように完全配賦費用に基づく内部補助の判定には恣意性を免れない問題があります。

もう 1 つの考え方が**単独採算費用テスト**です。単独採算費用とは，複数のサービスを提供する企業が，ある 1 つのサービスを単独で提供するときに必要となる費用をいいます。この場合，共通費はどちらのサービスの費用にも含まれることになります。以下の条件を満たすとき，そのサービスは内部補助していると判定されます。

各サービスグループからの収入＞そのサービスの単独採算費用

表の例の場合，都心サービスの単独採算費用 125 よりも収入 200 の方が多いため，都心サービスが郊外サービスを内部補助していると判定されます。

**CHART** 表12.2　内部補助の数値例

| | 項　目 | 都心サービス | 郊外サービス |
|---|---|---|---|
| 基礎情報 | 料金 | 2 | 2 |
| | 供給量（需要量） | 100 | 10 |
| | 限界費用 | 1 | 1 |
| | 固定費用 | 5 | 5 |
| | 共通費を除く費用 | 105 | 15 |
| | 共通費 | 20 | |
| 収入 | | 200 | 20 |
| 費用 | 完全配賦費用①固定費用比例（共通費1:1で配分） | 115（＝105＋10） | 25（＝15＋10） |
| | 完全配賦費用②供給量比例（共通費10:1で配分） | 123（＝105＋18） | 17（＝15＋2） |
| | 単独採算費用 | 125（＝105＋20） | 35（＝15＋20） |
| | 増分費用 | 105 | 15 |

　これとは反対に，内部補助されているかどうかを見極めるテストが**増分費用テスト**です。増分費用とは，あるサービスを追加的に行う際に必要な追加費用を示すものです。なお，あるサービスをやめることで減る費用を**回避可能費用**と呼び，増分費用と対をなす概念となりますが，この数値例では同じ値を取ります。以下の条件を満たす場合，そのサービスは内部補助されていると判断されます。

各サービスグループからの収入＜そのサービスの増分費用

　表の例に戻りましょう。郊外サービスの収入は20で，増分費用は共通費を除く費用そのものになりますので15となり，内部補助されていないと判定されます。仮に，郊外サービスの料金が1に下がり，得られる収入が10だけになるなら，増分費用テストにおいて内部補助されていると判断されます。
　ここまでの議論を整理しましょう。図12.5の左は単独採算費用と増分費用，完全配賦費用の関係を示しています。費用の上限が単独採算費用で下限が増分費用になり，共通費の配賦の方法に従って，両者の間に完全配賦費用が位置します。対象となるサービス部門から得られる収入が単独採算費用を上回れば，ほかの部門を内部補助しているといえます。収入が増分費用を下回れば，ほか

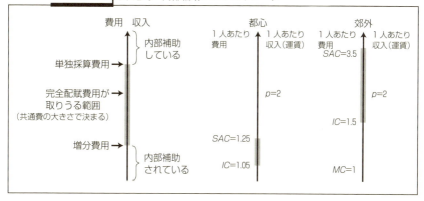

図 12.5 内部補助テストのイメージ

の部門から内部補助されているといえます。

右の図は**表 12.2** の数値例を利用者 1 人あたりの費用と運賃（各サービスの供給量で割った費用と運賃）に置き換えたものです。右の都心と郊外のグラフの記号はそれぞれ，利用者 1 人あたりの単独採算費用（$SAC$），増分費用（$IC$），運賃（$p$）を示しています。都心のグラフから，単独採算費用テストは内部補助をしていることを示しますが，郊外のグラフから，増分費用テストは内部補助されていないことを示しています。このように 2 部門であっても，両テストが異なる結果を示す場合があります。両テストが内部補助を示す場合，かなり強い意味で内部補助しているといえます。両サービスの運賃を同じにする場合，この数値例では，1.25 より大きく 1.5 より小さい値になったとき，これが成り立ちます。

## 内部補助の問題

内部補助は外部補助に比べて実施が容易で，政策の意思決定が早く，企業の経営の効率化を妨げない利点を持ってますが，いくつかの問題点があります。第 1 に資源配分上，非効率な政策であることです。**図 12.6** はこれをわかりやすく説明した図です。いま，都心路線（$u$）と郊外路線（$r$）の 2 つの路線を運行するバス会社があるとします。都心路線の需要は多く，限界費用が低いと仮定します。また固定費用は考慮しません。各々の限界費用で価格を設定する場合，それぞれ $p_r$ と $p_u$ になり，郊外路線の方が高い運賃になります。郊外路線は運賃が高すぎて誰も利用しません。

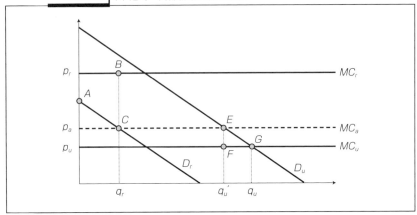

**CHART** 図12.6 内部補助の非効率性

**CHART** 表12.3 一律運賃と別々の運賃との余剰差

|  | 都心路線 | 郊外路線 |
|---|---|---|
| 生産者余剰 | $p_a EF p_u$ | $-p_r BC p_a$ |
| 消費者余剰 | $-p_a EG p_u$ | $AC p_a$ |
| 余剰の損失 | $-EGF$ | $-p_r BCA$ |

　ここで内部補助により，同じ均一運賃を設定することを考えます。限界費用は利用者数で重みをつけた両市場の平均とすると，都心路線の限界費用より少しだけ高い限界費用になります。これで両市場，同じ運賃でサービスを提供します。都心路線はわずかに利用者が減少し $q_u'$ となる一方，まったく利用者のいなかった郊外路線は $q_r$ の利用者が生まれています。このグラフの場合，総利用者は増えていますが，補助金はいっさい使われていません。とても素晴らしい政策のような気がします。しかし，都心路線，郊外路線それぞれ余剰分析してみましょう。その結果が**表12.3**で示されています。

　容易にわかるように，両路線とも余剰の損失が生まれています。内部補助により，都心路線は過小な需要，郊外路線は過剰な需要を生み出しています。つまり資源配分上，非効率な状態になっています。唯一，郊外路線の利用者だけが余剰を増やしています（生産者は都心路線で余剰を増やしていますが，郊外路線で大きな損失が生じているため，全体では余剰が減少しています）。

　内部補助の第2の問題は先に論じた所得再分配上の問題です。つまり，内部

> **Column ⑫-3　高齢者の移動と割引運賃**
>
> 　都市における人の動きを調査した「全国都市交通特性調査結果」の2015年度速報によれば，休日における年代別の1日の移動回数が20代の1.43回に対し，70代は1.60回と調査を開始して初めて20代を上回りました。このように，現代の高齢者の多くは健康を維持し，積極的に外出する「アクティブシニア」と呼ばれる新しい世代ともいえます。
>
> 　また現代のとくに都心に住む高齢者は若年層に比べて十分な貯蓄があり，経済的にも恵まれているといえます。こうしたシニア層に対して，映画の割引のように，経営戦略上の価格差別としての割引でなく，内部補助でもなく，外部補助により敬老パスなどを使って安価な運賃で公共交通を利用できることは果たして妥当なのか，という疑問が生まれます。もちろん外出の促進は，間接的な医療費の節約につながる可能性もあります。このほかの理由については，皆さん自身で考えてみてください。

　補助は黒字部門の消費者から，赤字部門の消費者への特定の財を通じた所得移転という意味があります。これは先に指摘した現金給付よりも**非効率**になるという問題点以外にも課題があります。まず，なぜ黒字サービスを利用する人が赤字の負担をしなければならないのかについて，とくに理由がなく**不公正**という点です。内部補助をする採算サービスの利用者が，必ずしも不採算サービスの利用者よりも豊かではない可能性もあります。また，補助の水準や範囲が，その内部補助を行っている企業の採算性や規模によって決まってしまう点です。たとえば，JR北海道はJR東海に比べて同程度の採算性である赤字路線を維持できません。加えて，内部補助は外部からはどの程度，補助しているか**不透明**という問題があります。

　内部補助の第3の問題は，内部補助を行うために，参入規制などが必要な場合があるからです。参入規制を撤廃すると，収益性の高い市場だけに企業が参入します。これを**クリーム・スキミング**といいます。この結果，赤字部門を維持することが困難になります。これを防ぐため，参入規制を維持することが必要ですが，競争原理が働かず，交通サービス事業者の経営が非効率になる可能性があります。

### Column ⑫-4　給油所過疎地

　経済産業省によれば，ガソリンスタンド（給油所）数は減少傾向にあり，1994年の6万から2016年は約3万カ所へと半減しました。ガソリン消費量はこれほど減っていません。この結果，2016年3月31日段階で，ガソリンスタンドがまったくない町村は11，1つしかない市町村が71カ所もあります。こうした地域は給油所過疎地と呼ばれ，新たな移動制約者を生みかねない問題になっています。

### CHECK POINT

- [ ] 1　内部補助されているかどうかを確認する方法に，完全配賦費用テスト，単独採算費用テスト，増分費用テストがあります。
- [ ] 2　内部補助は資源配分上非効率なだけでなく，補助の原資を同じサービスを利用する黒字部門の利用者が負担しなければなりません。

### EXERCISE ●練習問題

1. 以下の文章の空欄に入る適切な用語を考えましょう。
　　地域人口の減少は鉄道やバスなどの（　①　）を民間企業が営利的に提供することを困難にします。また，そうした地域で自家用車を利用しにくい人が（　②　）といえます。最低限の国民生活を営むために必要なサービス水準を（　③　）といいます。（　④　）は補助対象者にとって現金給付より効用の低い政策です。
2. 規制緩和と交通不便地域との関係について論じてみましょう。
3. 12章で取り上げた以外の分野における内部補助を1つあげ，どのような問題があるのか論じてみましょう。
4. 12章で取り上げた以外の移動の公平性に関する指標を考えてみましょう。

# CHAPTER

## 第 13 章

# 物流（ロジスティックス）

アマゾンの物流倉庫（ドイツ。AFP＝時事提供）。

## INTRODUCTION

　13章は物流のメカニズムと機能を学びます。最初に物流の基礎知識を学びます。次に物流の買い手である荷主から見た物流費の概要，そして荷主の意思決定を学習します。次に交通機関別に物流市場の特徴を概観します。とくにシェアの大きいトラック輸送と海上輸送の仕組みを中心に学びます。最後に物流政策と今日の物流が抱える問題を議論します。

> **新聞記事** ヤマト，27年ぶり全面値上げ，アマゾンと交渉入り，秋までに，再配達有料化に含み
>
> 　ヤマト運輸が2017年9月末までに宅配便の基本運賃を引き上げる方針を固めました。全面値上げは消費税の増税時を除くと27年ぶりで，アマゾンジャパンなど大口顧客と交渉に入りました。宅配便の9割は荷物の量に応じて基本運賃から割引される法人契約が占めています。現在は無料の再配達についても，有料化の可能性を示唆しました。ヤマトは宅配便で約5割のシェアを握る最大手です。インターネット通販の拡大と人手不足で現場の負担が高まり，サービス維持のためには値上げが不可避と判断しました。
>
> 　　　　　　　　　（2017年3月7日付『日本経済新聞』朝刊，1面をもとに作成）
>
> ① 旅客と物流の類似点と相違点を考えてみましょう。
> ② 荷主と物流企業の関係を考えてみましょう。荷主は何を優先しますか。
> ③ 物流モード別の市場の特徴について整理してみましょう。

# 1　物流の機能

### 物流の具体例

　交通経済の中で物流は人流と並ぶ2本柱でありながら，企業間で取引される物流が多いことから皆さんには少し馴染みが薄いかもしれません。しかし，宅配便（宅急便はヤマト運輸の登録商標）だけでなく，Eコマースの進展に伴い，インターネットで商品を購入し，自宅まで商品が届けられるなど，物流は私たちの生活にも身近な存在です。

　最初に物流市場の規模を見てみましょう。**表13.1**は日本の交通産業における旅客と物流の割合を示したものです。驚くべきことに，物流の方が営業収入と就業者数，ともに大きいことがわかります。圧倒的にトラック運送事業の規模が大きく，次いで外航海運業，倉庫業と続きます。

### 貨物輸送の特徴

　物流も人流と同じ派生需要です。物を運ぶことは本源的需要ではなく，ある商品を作り，売るために，物が運ばれます。すなわち，生産の場と売る場が異なっており，それをつなぐ役割を持ちます。しかし，人流との違いも少なくあ

表13.1 物流業界の市場規模（2012年度）

|  | 営業収入 | 就業者数 |
|---|---|---|
| 旅客運送 | 10兆円 | 150万人 |
| 物流 | 24兆円 | 169万人 |
| 　トラック運送事業 | 14兆3,685億円 | 144万人 |
| 　JR貨物 | 1,312億円 | 6,000人 |
| 　内航海運業 | 8,998億円 | 2万人 |
| 　外航海運業 | 4兆3,337億円 | 7,000人 |
| 　港湾運送業 | 1兆942億円 | 5万2,000人 |
| 　航空貨物運送事業 | 2,684億円 | 3万4,000人 |
| 　鉄道利用運送事業 | 2,529億円 | 6,000人 |
| 　外航利用運送事業 | 3,185億円 | 4,000人 |
| 　航空利用運送事業 | 5,564億円 | 1万5,000人 |
| 　倉庫業 | 1兆7,608億円 | 10万5,000人 |
| 　トラックターミナル業 | 286億円 | 500人 |

（出所）国土交通省。

りません。第1に，移動品目が多様であることです。ICチップのような高額で軽い完成品からセメントや石炭，石油のような重く重量の割に安価な素材まで多種多様です。荷物によって運び方を変えなければなりませんが，これは旅客交通ではほとんど配慮されない特徴です。第2に，荷役が必要な点です。人は自分で勝手に輸送機関に乗り込みますが，荷物は人が運んであげなければなりません。一時的に倉庫に保管するときや，海外から船で輸入された商品をトラックに積み替える場合などに荷物の積み降ろしが必要になります。第3に，保管する（移動しない）という特徴です。このとき，荷物を加工したり包装したり組み合わせたりすることで付加価値をつける場合があります。第4に，輸送時間の多様性です。多くの貨物は旅客輸送市場ほど所用時間に敏感ではないため，運ぶものによって輸送時間はさまざまです。最後に，物は一方通行ですが，人は出発地に戻ります。これは，帰路を空で運ぶ片荷問題を発生させます。

## 物流の機能

物流の主活動は産業や企業によってさまざまですが，輸送，在庫管理，注文処理の3つに集約されます。また，物流の機能は大きく6つに分類されます。第1に，輸送です。輸送とは，物を物理的に空間的に移動させて出発地から目的地まで運ぶことです。輸送の手段はトラック，鉄道輸送，海上輸送，航空輸送，パイプラインなどがあります。

コンテナとパレット

　第2に**保管**です。製造業の場合，工場で完成した商品をすぐに市場に運ぶわけではありません。大量生産された商品は一時的に倉庫で保管され，買い手側の発注量に応じて輸送します。保管では適切な**在庫管理**が重要になります。第3に荷役があります。荷役とは荷物の積み降ろしを意味します。荷役の合理化に一役買っているものが**コンテナ**と**パレット**です。

　コンテナは箱状の輸送容器で，世界で規格が統一されています。パレットは荷物を格納・運搬するための企画化された荷台を指します。コンテナやパレットなどを使って，一定の単位で輸送・保管・荷役を行い，荷姿を崩すことなく一貫輸送することを**ユニット・ロード・システム**といいます。第4，第5の機能の包装と流通加工は，倉庫や物流センター内で行われるもので，前者は輸送時の商品の破損を防ぐために，後者は値札やラベル貼りなどが行われます。最後が情報です。物流を効率的に行うために，ITを利用したさまざまな技術（たとえば電子タグ）が用いられています。

## ロジスティックスとサプライチェーン

　物流は物的流通（physical distribution）の略で，対になる言葉は商的流通（商流）になります。物流は大きく，供給者からの物の流れ（**調達物流**）と需要者への物の流れ（**販売物流**あるいは**製品物流**）に分類されます。これに加えて自社内における物の流れ（**社内物流**）と不良品の返品やリユース，リサイクルなどの物の流れ（**回収物流**あるいは**静脈物流**）があります。日本ロジスティックシステム協会「2015年度 物流コスト調査報告書」によれば，企業アンケートに基づく費用シェアは，調達物流費（5.1％），社内物流費（21.8％），販売物流費（73.1％）となっています。圧倒的に売るときの物流費の負担が大きい，すなわち売り手が物流費を多く負担している，と解釈できます。

最近では「物流」という用語とほとんど同じような意味合いで「ロジスティクス」という用語が使われます。もともと，ロジスティクスは軍事用語の兵站（後方支援）に語源を持ちますが，企業活動での意味合いを明示するためにビジネス・ロジスティクスという用語も用いられます。ロジスティクスは企業内の各部門の部分最適ではなく，調達・生産・販売に関わる物流の一元的な管理による**全体最適**を図る仕組みです。別の言い方をすれば，従来型の物流に付加価値をつける試みです。たとえば，生産部門では規模の経済が働くよう大量生産した方が費用を削減できるかもしれませんが，それが調達・販売を含めた企業全体の利潤最大化になるとは限りません。大量生産は商品が売れ残り，在庫が発生する可能性があります。

　さらに一歩進んだ考え方が，**サプライチェーン・マネジメント**です。これは簡単にいえば，個別企業の最適化ではなく，取引相手も含めた全体最適です。サプライチェーンとは，調達業者，製造業者，流通業者（卸・小売り業者）などから構成される一連の調達・生産・流通過程のことで，**供給連鎖**ともいわれます。このように，物流の高度化は企業のさまざまな意思決定と密接な関係があることがわかります。

---

**CHECK POINT**

- □1　物流と人流との違いは，移動品目が多様で，荷役が必要であること，保管という機能がある点です。派生需要という点では同じです。
- □2　コンテナやパレットは物流に革命をもたらし，輸送費を大幅に削減しました。

---

　物流の費用

### 荷主から見た物流費

　企業（荷主）は**物流費**（ロジスティクス費）を最小にするよう行動しています。荷主は大きく3通りの方法で物流を調達します。第1に，自家物流です。自らトラックや倉庫を保有し，自社工場内や販売先へ荷物を運搬します。第2に，物流子会社を設立し，子会社に物流機能を移管する方法です。親会社は自社倉庫などの資産を売却し，人件費の削減などが可能になる一方，子会社は親

CHART 表13.2　支払形態別の費用シェア（単位：%）

| | 自家物流費 | 支払物流費 | |
|---|---|---|---|
| | | 対物流子会社 | 対専業者支払分他 |
| 1996年 | 22.6 | 23.1 | 54.3 |
| 2015年 | 15.3 | 13.3 | 71.4 |

（出所）日本ロジスティックシステム協会「2015年度 物流コスト調査報告書」（概要版）。

会社以外の荷主企業からの収益が期待できます。第3に外部からの調達です。表13.2はアンケート調査に基づく，支払形態別の費用シェアです。支払物流費のうち，対専業者支払分のシェアが増加しており，現在では全体の7割を超える水準であることがわかります。同じアンケート調査によれば，2016年の売上高・物流費比率は4.97%となっています。

### サードパーティ・ロジスティクス

　荷主が物流業務をアウトソーシング（外部委託）する際，古くは輸送をトラック会社，保管を倉庫会社に委託する形で行われていました。現在では，サードパーティ・ロジスティクス（3PL）が重要な役割を持ち始めています。3PLとは荷主企業（First Party）でも，物流事業者（Second Party）でもない第三者（Third Party）が，荷主から物流業務を包括的に請け負うことをいいます。3PLは個々の物流業務を行うアセット型と，事業者が自ら物流業務を行わず，物流業者に再委託するノンアセット型があります。

　3PLに類した用語にフォワーダー（フレイト・フォワーダー）があります。フォワーダーとは，運送事業者の行う運送を利用して貨物の運送を行う事業（貨物利用運送事業）を行う者を指します。図13.1は荷主とフォワーダー，運送会社の関係を示しています。このことからフォワーダーは3PLの一形態ともいえます。日本における代表的なフォワーダーがNVOCC（非船舶運航一般輸送人）で，自ら船舶を運行せず，複数の荷主の元請けとして船会社を利用して，運送サービスを提供する貨物利用運送事業者を意味します。

### 物流における費用のトレードオフ

　物流費は物流のサービスの品質とトレードオフの関係にあります。荷主に

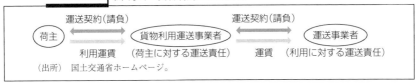
図 13.1 貨物利用運送の概念

（出所）国土交通省ホームページ。

とっての物流のサービス品質とは何でしょうか。たとえば，多頻度小口配送や指定時間配送はサービス品質が高く，物流費用を押し上げます。また，在庫を多く抱えていると，注文に応じて商品を販売できるため販売機会の損失を抑えることができる反面，在庫保有費用が増加します。

在庫保有費用とは，倉庫を整備するための資本コスト（金利），倉庫を借りる賃貸料，損傷や盗難などの在庫リスクなどが該当します。また物流拠点の数を減らせば在庫保有費用は減少しますが，配送距離が長くなり，その分，配送費用も増加します。「2015年度 物流コスト調査報告書」によれば，物流費の構成比は輸送費（56.6％），保管費（16.3％），包装費（5.6％），荷役費（15.5％），物流管理費（6.0％）となっており，実は輸送費が5割強にすぎないのがわかります。

### 在庫管理

今まで議論してきたように，企業物流を考える際に在庫の管理が非常に重要です。ここでは最適な在庫量（倉庫の大きさ），すなわち最適な発注量に関する簡単なモデルを紹介したいと思います。図 13.2 は発注量と平均在庫量の関係を示したグラフです。横軸が時間で，縦軸が在庫量（ロットサイズ）です。縦軸の安全在庫量とは需要やリードタイム（商品の発注から納品までの時間）が不確実である場合，品切れを起こすことがない在庫量をいいます。在庫がこの水準まで減った場合，企業は商品を倉庫の容量一杯まで発注します。このグラフは時間の経過とともに一定比率商品が売れていることを意味します（このグラフの場合傾きは−1です）。このとき，平均在庫量は三角形の面積の公式から「発注量÷2」になります。もし，企業がより小さな倉庫を選べば，その分，発注回数は増えます。

ここで，物流の年間総費用が「年間発注費用＋年間在庫費用」であるとします。年間発注費用は「1回あたり発注費用×年間発注回数」になります。年間発注回数は年間発注総量（すなわち総需要）を1回の発注量で割った値になりま

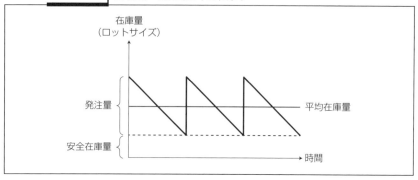

**図 13.2 発注量と平均在庫 1**

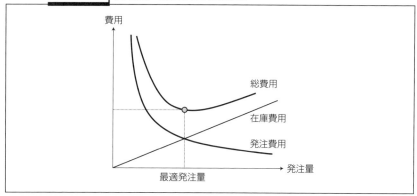

**図 13.3 発注量と平均在庫 2**

す。よって,1回の発注量が大きくなれば発注する回数が減少するので,発注費用は低下します。次に,年間在庫費用は「単位あたり年間在庫費用×年間平均在庫量」になります。よって,1回の発注量が大きくなれば在庫費用が増加します。これをグラフで示したものが図 13.3 になります。

　ここで,年間総費用を発注量の関数とみなせば,微分して＝ゼロと置くことで最適発注量が求められます。この場合,以下のように表されます。

$$最適発注数量 = \sqrt{\frac{2 \times 年間発注量 \times 1回あたり発注費用}{年間在庫費用}}$$

## 物流の一般化費用

　次に荷主の輸送モードや経路の選択を考えてみましょう。最初に荷主は貨物

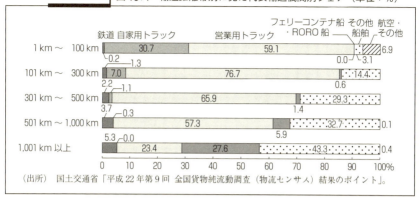

図13.4 輸送距離帯別に見た代表輸送機関別シェア(単位:%)

(出所) 国土交通省「平成22年第9回 全国貨物純流動調査(物流センサス)結果のポイント」。

を輸送するかどうかを決断します。輸送する場合，どの輸送機関や経路を選択するかを決断します。その際，荷主は輸送による便益と費用を比較します。この物流の費用は以下の6つの要素から構成されます。①輸送に適した形態の梱包と開梱の費用，②輸送の前後に荷物を保管する費用，③積み込みと荷降ろしの費用，④発着地間を輸送する費用，⑤輸送中の貨物の紛失または損傷のリスクの割合，⑥積み込み，荷降ろし，輸送に要する時間費用の6つです。コンテナを使って荷物を運ぶこと(コンテナリゼーション)は③と⑤の費用を削減したといえます。

　貨物の輸送費用は，貨物の種類と量，そして移動距離によって決まります。第1に，需要量が大きくなるにつれ，鉄道と水運が道路輸送に比べて有利になります。図13.4は距離帯別に見た代表輸送機関別シェアを示しています。100km以内の短距離輸送では営業用トラック輸送のシェアが多く，自家用トラックも30%のシェアを有します。一方，1001km以上の長距離輸送では，海運による輸送が目立ちます。少なくとも航空は国内輸送ではあまり大きなシェアを占めていないことがわかります。同様に鉄道も大きなシェアを得ていません。また，日本では多くありませんが，輸送量が十分に大きければ，パイプラインも経済的な選択肢になりえます。第2に，輸送距離が長くなるにつれ，鉄道と水運が相対的に魅力的な輸送手段になります。第3に，より高価値の貨物(いわゆる軽薄短小)は時間に感応的，すなわち時間価値が高いので，より輸送速度が速い輸送機関を選択します。ここで航空輸送が現実的な選択肢となります。

CHART 表13.3 産業別・交通機関別・交通関連費シェア（2011年, 単位：%）

| | 農業 | 建設 | 商業 | 電気機械 | 輸送用機械 |
|---|---|---|---|---|---|
| 交通支出比率 | 10.0 | 7.7 | 17.4 | 2.7 | 2.0 |
| 鉄道旅客輸送 | 0.3 | 3.1 | 10.8 | 15.9 | 2.7 |
| 鉄道貨物輸送 | 0.3 | 0.2 | 0.0 | 0.2 | 0.4 |
| 道路旅客輸送 | 0.2 | 2.0 | 4.4 | 8.1 | 2.1 |
| 道路貨物輸送（自家輸送を除く） | 32.5 | 44.2 | 3.9 | 40.1 | 57.6 |
| 自家輸送（旅客自動車） | 8.0 | 26.4 | 38.3 | 7.8 | 4.1 |
| 自家輸送（貨物自動車） | 45.8 | 15.1 | 26.3 | 2.6 | 1.9 |
| 沿海・内水面輸送 | 2.3 | 1.7 | 0.3 | 1.7 | 2.9 |
| 港湾運送 | 3.4 | 1.8 | 0.1 | 2.5 | 10.7 |
| 航空輸送 | 0.3 | 0.5 | 7.5 | 4.4 | 2.1 |
| 貨物利用運送 | 1.9 | 2.1 | 0.2 | 2.3 | 3.7 |
| 倉庫・こん包・その他 | 4.9 | 3.0 | 8.3 | 14.5 | 11.8 |

（注）取引基本表・生産者価格評価表・統合小分類（190部門）より。電気機械は電子部品，電気機械，情報・通信機器の合計。

### 産業別物流費の割合

次に主な産業別の物流費率を見てみましょう。**表13.3**は2011年の産業連関表から求めた，産業別の交通関係費比率を示したものです。この表には旅客交通も投入物として含まれている点に注意してください。たとえば，農業はちょうど10％を交通関係支出に費やしており，そのうち約半数が自家輸送による貨物自動車への支出であることがわかります。農業は自動車による輸送が主であるといえます。これは建設業界も同様の傾向が見られます。一方，商業（小売・卸売）は意外なほど交通費の比率が高いのですが，先の2産業と異なり，鉄道旅客支出や航空輸送も多く利用していることがわかります。また，日本の代表的な製造業である電気機械，輸送用機械は交通関連費の支出割合が少ないこと，その中でも自家輸送でない道路貨物輸送の比率が高いことがわかります。

CHECK POINT

☐ 1 物流費は輸送費だけでなく，保管費，包装費，荷役費，物流管理費の合計になります。約半分が輸送費になります。

☐ 2 最適な発注量（最適な倉庫のサイズ）は発注費用と在庫費用で決まります。

# 3　交通機関別に見た物流市場

### トラック輸送

　日本の貨物輸送の大半を担う交通機関がトラック輸送です。1章で見たように，重量シェアで日本国内の物流の92.2％を占めており，輸送トンキロベースでも63.9％のシェアを占めています。トラック輸送は自家用トラックと営業用トラックに大きく分かれます。白地のナンバープレートが自家用トラックで，緑色のナンバープレートが有償で他者の荷物を運搬する営業用トラックになります。

　営業用トラック輸送は貨物自動車運送事業法により3つに分類されます。**一般貨物自動車運送事業**は，不特定多数の荷主の貨物を運び，**特定貨物自動車運送事業**は，特定単一の荷主の貨物を運びます。どちらも，有償で自動車を使用して運送する事業を指します。一般貨物自動車運送事業には特別積合せ貨物運送が含まれますが，これはトラック・ターミナルを利用して定期的な輸送を行う事業のことで，**宅配便**がこの代表例になります。

　トラック事業者の大半は中小企業です。国土交通省によれば2016年3月31日現在，一般貨物自動車運送事業者は5万6722社ですが，100両以上，車両を保有する会社は1.8％にすぎず，10両以下が過半数を占めます。一方，特別積合せ貨物運送事業者は全国に286事業者しかありませんし，501両を超える事業者は37社だけです。これは特別積合せ貨物が，小型トラックで集荷した貨物をトラック・ターミナルで方面別に仕分けし，大型トラックで幹線輸送するため，全国ネットワークを持っている事業者の方が有利になるからです。

　以上により，宅配便を除くとトラック輸送は非常に同質的なサービスを提供しており，価格競争が激しく行われています。とくに小規模事業者は荷主に対する価格交渉力を持たず，採算性の合わない業務を引き受け，大手事業者の下請け（**傭車**と呼ばれます）になることが多いのです。この結果，大手事業者を頂点としたピラミッド型の下請け構造が成立しています。

**CHART** 表13.4 トン・kmあたりの貨物輸送費(単位:円)

| 貨物重量 | 使用道路種別 | 50 km | 100 km | 200 km | 400 km | 800 km |
|---|---|---|---|---|---|---|
| 1トン | 一般道路 | 284.3 | 154.0 | 88.9 | 56.3 | 40.0 |
|  | 高速道路 | 431.7 | 230.1 | 127.3 | 75.4 | 49.5 |
| 2トン | 一般道路 | 147.5 | 82.3 | 49.8 | 33.5 | 25.3 |
|  | 高速道路 | 219.6 | 118.8 | 67.4 | 41.5 | 28.5 |
| 4トン | 一般道路 | 83.5 | 49.9 | 33.2 | 24.8 | 20.6 |
|  | 高速道路 | 116.0 | 65.8 | 40.0 | 27.1 | 20.6 |
| 8トン | 一般道路 | 56.1 | 37.3 | 28.0 | 23.3 | 20.9 |
|  | 高速道路 | 66.2 | 41.3 | 28.5 | 22.0 | 18.8 |
| 16トン | 一般道路 | 39.1 | 28.5 | 23.1 | 20.5 | 19.1 |
|  | 高速道路 | 39.0 | 26.8 | 20.7 | 17.3 | 15.7 |

(出所) 小西ほか (2012)。

## トラック輸送の費用

トラック事業は**労働集約的**です。全日本トラック協会 (2017) によれば 2015 年度の営業費に占める人件費比率は 47.6% になっています。また燃料費も 15.4% と多く,比較的固定費用が少ない企業構造になっているといえます。

表13.2 は小西ほか (2012) に基づく,重量別・距離別・道路種別の単位あたり輸送費です。貨物重量が 1 トンで輸送距離が 50 km の場合,輸送費は一般道利用で単位あたり 284 円,高速道路利用で 432 円であることがわかります。また,輸送距離が長くなると単位あたり輸送費が低下し (長距離輸送の経済),重量が重くなると単位あたり輸送費が低下することがわかります。

輸送費は取引が頻繁に行われている地域間では,帰路にも荷物を運ぶ可能性が高くなり,輸送費が低下する可能性があります。また,トラック事業者間の競争が激しい地域も輸送費が低下する可能性があります。小西ほか (2012) によると,競争により輸送費 (運賃) の約 1 割程度の地域差が生まれました。

## 外航海運

外航海運市場はサービスの差別化が難しいため競争的であるといわれますが,より正確にいえば,競争市場である**不定期船市場**と寡占市場である**定期船市場**に分類されます。定期船と不定期船との間の競争はあまりありません。

定期船サービスは,決まった航路をスケジュールに従って,船隊 (2隻以上

の船で構成された一隊）を組んで輸送します。現在ではほとんどの貨物はコンテナで輸送されますが、コンテナではない荷物をそのまま運ぶ在来船市場も存在します。定期船の技術革新であったコンテナリゼーションはとくに港湾における荷役作業を軽減し、従来、1週間から10日程度要した荷役時間が2日程度に短縮しました。この結果、輸送サービスは一定の規格のコンテナを輸送・荷役するため標準化されました。

定期船市場は航路単位に形成されています。主要航路は北米－極東、北米－ヨーロッパ、ヨーロッパ－極東の3つになります。定期船サービスを供給するためには巨額な資本を必要とする船隊が必要なため、企業の最適規模が大きくなり、その結果、定期船市場は寡占市場です。しかし、「定期」に運航しなければならないため、赤字でも運航をやめられず、激しい運賃競争が行われています。これに対処するため、**海運同盟**というカルテル組織が各航路に存在しています。しかし、1984年のアメリカ海運法による規制緩和以来、事実上、現在はカルテルが崩壊しています。

不定期船サービスでは原油、鉄鉱石、石炭、穀物などの原材料を大量輸送します。石油や天然ガスは**タンカー**で運ばれます。一方、鉄鉱石、石炭、穀物などは梱包せずに輸送する**ばら積み船**があります。不定期船市場は貨物別・航路別・船型別に細分化されています。不定期船市場は公開された自由市場と非公開の固定市場に分かれます。

自由市場の不定期船サービスの取引は海運取引所で行われます。ロンドンのバルティック海運取引所が有名です。この取引所でのサービスは完全競争市場に近いといわれます。短期の運賃は、各船舶の**係船点**（船をつなぎとめた方がよい運賃水準）が類似しているため、供給曲線がなだらかで弾力的であり、需要の変動がスポット運賃に反映されやすい特徴があります。

非公開の固定市場が専用船の長期契約によるものです。専用船とはばら積み船を特定の貨物輸送に特化した船舶で、自動車専用船や木材専用船、セメント専用船などがあります。専用船市場は、売り手は多数存在しますが、荷主が特定産業に限定されるため買い手寡占の状態にあるといえます。

日本の主要海運会社の現状を見てみましょう。**表13.3**は2016年の大手海運3社の売上構成を示しています。先に学んだように、大きく定期船市場（≒コンテナ市場）と不定期船市場に分かれています。

CHART 表 13.5 コンテナ船事業の売上高に占める割合および事業規模

| | | 日本郵船 | 商船三井 | 川崎汽船 | 合　計 |
|---|---|---|---|---|---|
| 売上高<br>(億円) | コンテナ船事業 | 7,063 | 7,191 | 6,149 | 20,403 |
| | 不定期船事業 | 9,023 | 8,389 | 5,676 | 23,088 |
| | 合計（億円） | 16,086 | 15,580 | 11,825 | 43,491 |
| | コンテナ船事業の<br>割合（％） | 44% | 46% | 52% | 47% |
| 運航隻数 | コンテナ船 | 97 | 82 | 61 | 240 |
| | 不定期専用船 | 313 | 365 | 330 | 1,008 |
| 運行船腹量 | コンテナ船<br>(千 TEU) | 506 | 510 | 353 | 1,369 |
| | 不定期専用船<br>(千 DW トン) | 31,251 | 31,611 | 29,594 | 92,456 |

(注)　DW は載貨重量トン（Dead Weight Tonnage）の略。
(出所)　国土交通省。

　日本発着の外航海運の特徴として，輸出では日本籍船の競争力が極端に弱い状態になっています。船舶の国籍を船籍といいます。船舶は必ず何れかの国に属して船籍を持つことが必要ですが，船舶登録税・トン税が安い，企業所得が非課税，配乗船員に外国人が認められるなどの理由から，特定の国（パナマ，リベリアなど）に便宜的に籍を置いている船を**便宜置籍船**といいます。日本からの海上輸送のうち，日本商船隊（日本の外航海運会社が運航する船隊全体）によって運ばれる荷物は重量ベースで，輸出が 36％，輸入が 70％，輸出入合計 64％であり，日本商船隊の 8％だけが日本籍船になっています。日本商船隊の乗組員のうち日本人船員が占める割合はきわめて低く，フィリピンなど外国人船員が船舶の運航を担っています。

## 内航海運

　内航海運の貨物輸送量に占めるシェア（2014 年）は，輸送量ベース（トン）で 7.81％ですが，平均輸送距離は約 500 km と長く，輸送活動量ベース（トンキロ）で 44.1％を占めています。全貨物の輸送活動量は低下傾向（2014 年は 2007 年に比べ 71.5％）にあり，内航海運の輸送量も低下傾向にあります。内航海運で運ばれているものは，輸送活動量ベースで，石油製品（22.9％），鉄鋼（11.4％），セメント（10.2％），石灰石（7.6％）などの産業用原材料が大半を占めます。船舶隻数は 2015 年度末で 5184 隻，内航船舶全体の平均総トン数は

**CHART** 図 13.5 ピラミッド型の多重構造

（出所） Shipping Now 2016-2017.

10 年前に比べ 24.6％増と大型化が進んでいます。

　内航海運業は**船舶運送業**と**貸渡事業**（内航運送をするための船舶の貸し渡しをする事業）から成り立っています。貸渡事業者（オーナー）は，船舶を建造し，運送事業者（オペレーター）に船を貸し出します。運送事業者数，貸渡事業者数ともに約 1500 社あります（2015 年度末）。オーナーは集約化が進んでいますが，保有する船舶が 1 隻である一杯船主が 7 割を占めています（2010 年度末）。輸送事業は元請輸送事業者を頂点に，下請け業者である運送事業者が輸送を行うピラミッド型の多重構造になっています（図 13.5 参照）。

　元請の上位 50 社が輸送量の 8 割を占めていますが，日本内航海運組合総連合会（2010）によれば，荷主企業の子会社，もしくは荷主企業が筆頭株主になっている会社が少なくありません。荷主系船社（上場会社荷主による持ち株比率が 20％を超えるもの）は内航船の輸送量の約半分を占めます。このため，内航海運は，荷主物流といわれる場合があります。内航海運市場は，需要と供給に基づいて運賃や用船料が決まらず，荷主によってコントロールされ，外航海運よりも需要変動に伴う運賃の変化が少ない市場です。図 13.6 は貨物の企業向けサービス指数の推移を示しています。内航海運は 2003 年ごろを底として値上がり傾向にありますが，いまだに 1985 年の運賃水準に満たない水準であることがわかります。

　また，オペレーターとオーナーの関係については，特定のオペレーターから

**CHART** 図 13.6　貨物の企業向けサービス指数の推移

（出所）　日本銀行「企業向けサービス価格指数」1985 を 1 として。

の収入が大半を占めるオーナーが多く，オーナーの価格交渉力は小さいことが知られています。

　内航海運は需要の影響を受けやすい反面，船舶の使用期間が長期で固定費用の比率が高いことから供給の価格弾力性が低く，需給のギャップが大きい**船腹過剰**な市場特性を有すると考えられていました。このため，新たに船舶を建造する場合には，それに見合った船舶の解体を求めるスクラップ・アンド・ビルド方式による需給調整規制が行われていました。この制度は 1998 年で終了し，業界団体に船を建造する場合は納付金を支払い，船を解体する場合は交付金を受け取る**暫定措置制度**が現在も続いています。

### CHECK POINT

- □ 1　トラック輸送費の費用は輸送距離が長くなる，あるいは重量が重くなると単位あたり輸送費が低下します。
- □ 2　外航海運市場は，競争市場の不定期船市場と寡占市場の定期船市場に分けられます。内航海運は荷主の力が強く競争市場であるとはいえません。

## 4　物流政策と物流の問題

### 日本の物流政策

　トラック市場はほかの交通分野に先駆けて需給調整規制を廃止しました。

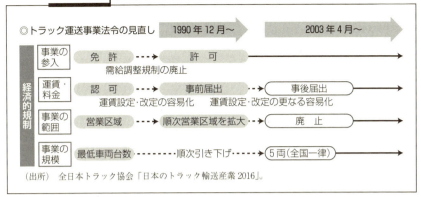

図13.7 トラック事業の段階的規制緩和

(出所) 全日本トラック協会「日本のトラック輸送産業2016」。

1951年の道路運送法に代わり，90年にいわゆる**物流二法**（貨物自動車運送事業法，貨物運送取扱事業法）が制定されました。中小事業者はこの規制緩和に反対していました。同法は2003年に改正され，さらなる規制緩和が行われました。図13.7はこれをわかりやすく示したものです。最初の規制緩和で事業の参入が免許制から許可制へ緩和され，料金も認可制から事前届出制へと緩和されました。次に事業の範囲です。以前は，全国的にネットワークを持つ会社が特定路線の積合せ輸送を行う路線事業と，特定の営業区域もしくはその営業地域を発着地とする「一車貸切輸送」を行う区域事業に分かれており，各々に免許が必要でした。これが2003年に廃止されます。また最低車両台数も順次引き下げられ，2003年以降は5両に削減されました。

　この規制緩和の結果，1990年に約4万社であったトラック運送事業者数は，2005年には約6万2000社に増加し，それ以降，事業者数はあまり変化していません。トラックの台数も4割増加しました。この結果，競争は激化し，トンキロあたり売上高は低下しました（図13.8(1)参照）。そして，11章で論じたように，消費者（荷主）の余剰は増加しました。しかし，トラックの走行キロあたり原価は2008年ごろまで増加傾向にあり（『数字でみる物流』より），図13.8(2)が示すように企業の営業利益率は低下傾向で，近年ではゼロを下回っています。

### 物流産業における労働力不足

　トラック事業における競争の激化は賃金に反映されました。図13.9は営業

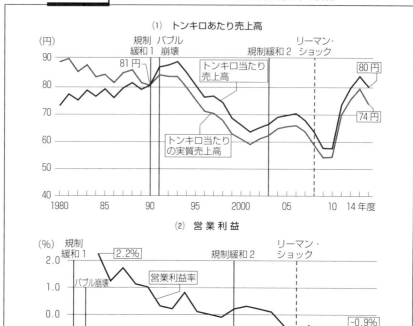

**図13.8　トラック事業の運賃と営業利益率の変化**

(出所)　国土交通省「運賃・料金に関する問題の構造について」。

用大型貨物自動車運転手と普通・小型貨物の運転手の賃金の推移を示したものです。大型は1997年をピークに所得水準が低下傾向にあり，近年，上昇傾向に転じたものの，全産業平均を大きく下回っていることがわかります。トラック運転手の給与は歩合制（出来高制）になっている場合もあり，待機時間が給与に反映されなかったり，深夜労働の割増賃金が反映されない場合もあります（長野，2015）。

　トラックに限らず，運輸産業の労働条件は厳しいといえます。「毎月勤労統計調査」によれば，月間実労働時間（2016年度）は143.7時間なのに対して，運輸業・郵便業は171.2時間と長くなっています。賃金が低く，労働時間が長

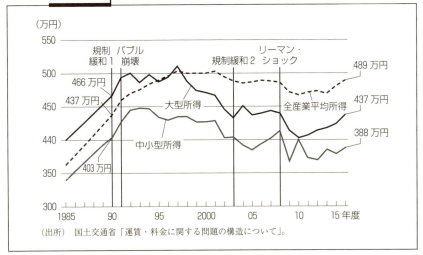

図13.9 トラック運転者の年間所得の推移
(出所) 国土交通省「運賃・料金に関する問題の構造について」。

く,労働環境は3Kといえるほど厳しく,若者が求人に応じない状態です。「職業安定業務統計」の「職業別一般職業紹介状況〔実数〕(常用〔含パート〕)」によれば,2016年度末の有効求人倍率は自動車運転の職業が2.63倍と職業計の1.34倍より高く,人手不足であることがわかります。

### 荷主との関係

完全競争市場であれば,労働者の賃金は以下の式で求まります。限界生産力とは労働が1単位増えた場合に増える供給量を意味します。

$$賃金 = サービスの価格 \times 限界生産力$$

この式より,賃金はサービス価格と正の相関を持つことがわかります。人手不足であれば,賃金を上げればすむ話ですが,賃金を上げるほどの運賃をトラック事業者は荷主から得ていません。とくに中小トラック事業者は荷主との価格交渉力を持たず,原価割れの運賃でも荷物を運ばざるをえない企業も少なくありません。そのため,賃金も上がりません。

これに対して公正取引委員会は独占禁止法に基づき物流業務を**特殊指定**とし,荷主による不公正な取引の規制を強化しました。たとえば,荷主が運賃を期日までに支払わなかったり,事前に取り決めた運賃を減額したり,作業内容より

明らかに安い運賃を強要したり，こうした要求を拒否した場合に取引を減らしたり停止することなどがあげられます。

センターフィー問題もこれに類した問題です。**センターフィー問題**とは物流センターの運営費や店舗までの配送費を，荷主である小売業が納入業者に対して負担を強いる行為です。

また，決められた重量以上の荷物を運ぶ違法な**過積載車両**の問題も物流業者の利益率の低さが招いている問題の1つであるともいえます。過積載は道路や橋梁に大きな損傷を与えるため，効果的なインフラ維持管理の視点からも大きな問題であるといえます。

## CHECK POINT

- ☐ 1　トラック市場はほかの交通分野に先駆けて需給調整規制を廃止し，新規参入が増加し，競争は激しくなりました。
- ☐ 2　トラック事業者は荷主対する価格交渉力が弱く，その結果，トラック運転手は厳しい労働環境のもと，賃金が抑えられ，人手不足の問題が発生しています。

## EXERCISE ●練習問題

1. 以下の文章の空欄に入る適切な用語を考えましょう。
   外航海運市場は，寡占市場の（ ① ）と競争市場の（ ② ）に分けられます。トラック市場は，事業者の（ ③ ）に対する価格交渉力が弱い市場構造を持っています。内航海運は過去に（ ④ ）方式の需給調整規制を行っていました。
2. コンテナやパレットが物流産業にもたらした影響を論じてみましょう。
3. サプライチェーン・マネジメントと旧来タイプの物流との違いは何か説明してください。
4. 距離帯別に最もシェアの多い物流モードをあげてみましょう。それに加えて，旅客との違いについても論じてみましょう。

# 参考文献

## 本書全体に関わる文献

- 竹内健蔵（2008）『交通経済学入門』有斐閣。
- 日本交通学会編（2011）『交通経済ハンドブック』白桃書房。
- 山内弘隆・竹内健蔵（2002）『交通経済学』有斐閣。

## 各章で参照した文献

各章で参照した文献は以下のとおりです。

### 第2章　交通サービスの特徴と交通需要
- 岡本憲明（2008）「特集 道路公社の誤算――全国調査，有料道路の8割が需要予測割れ」『日経グローカル』108号，8～25頁。

### 第3章　交通の供給と費用
- 安藤至大（2013）『ミクロ経済学の第一歩』有斐閣。
- 須田昌弥・依田高典（2004）「民営化後のJR6社の密度・範囲の経済性ならびに地域間費用格差」『運輸政策研究』7巻1号，34～42頁。

### 第4章　交通インフラの特徴
- 金本良嗣（1996）『交通投資の便益評価――消費者余剰アプローチ』日交研シリーズ A-201，日本交通政策研究会。
- 寺井公子・肥前洋一（2015）『私たちと公共経済』有斐閣。
- 林正義・小川光・別所俊一郎（2010）『公共経済学』有斐閣。

### 第5章　交通インフラの評価と費用便益分析
- 別所俊一郎・赤井伸郎・林正義（2003）「公的資金の限界費用」『日本経済研究』47号，1～19頁。
- ボードマン，A. E. ほか（2004）『費用・便益分析――公共プロジェクトの評価手法の理論と実践』ピアソンエデュケーション。

### 第6章　交通インフラの財源と運営
- 赤井伸郎（2010）『交通インフラとガバナンスの経済学――空港・港湾・地方有料道

路の財政分析』有斐閣。
- 猪原龍介・中村良平・森田学（2015）「空間経済学に基づくストロー効果の検証——明石海峡大橋を事例として」RIETI Discussion Paper Series 15-J-045。
- 関東経済産業局（2016）「ヒト・モノ・カネの動きからみた地域の特性について——上尾・越谷・柏・取手 4 都市分析」（http://www.kanto.meti.go.jp/seisaku/kikaku/data/4toshi.pdf）。
- 道路行政研究会編（2010）『道路行政 平成 21 年度』全国道路利用者会議。
- 中川雅之（2008）『公共経済学と都市政策』日本評論社。
- 森杉壽芳編（1997）『社会資本整備の便益評価——一般均衡理論によるアプローチ』勁草書房。

## 第 7 章 交通サービスの規制と競争政策
- 植草益（2000）『公的規制の経済学』NTT 出版。
- 林宜嗣（2008）『地方財政（新版）』有斐閣。

## 第 8 章 交通サービスの運賃規制／第 9 章 交通サービスの料金体系
- 江副憲昭（2003）『ネットワーク産業の経済分析——公益事業の料金規制理論』勁草書房。
- 太田和博・青木亮・後藤孝夫編（2017）『総合研究 日本のタクシー産業——現状と変革に向けての分析』慶應義塾大学出版会。

## 第 10 章 交通サービスの課税と補助
- 松澤俊雄（2001）「混雑費用と道路料金の適用性」山田浩之編『交通混雑の経済分析——ロード・プライシング研究』勁草書房。

## 第 11 章 規制緩和と残された課題
- 中島隆信（2001）『日本経済の生産性分析——データによる実証的接近』日本経済新聞社。
- 中条潮（1995）『規制破壊——公共性の幻想を斬る』東洋経済新報社。
- 中条潮（2000）『公共料金 2000——21 世紀の公共料金制度のありかた』通商産業調査会。
- 藤井弥太郎監修，中条潮・太田和博編（2001）『自由化時代の交通政策——現代交通政策 2』東京大学出版会。

## 第 12 章 人口減少・高齢化社会における地域交通のあり方
- 田邉勝巳（2005）「地域交通におけるミニマム基準の考え方——選択型コンジョイン

ト分析によるアプローチ」『運輸政策研究』7 巻 4 号，27〜35 頁.

## 第13章　物流（ロジスティックス）
- 苦瀬博仁編（2014）『ロジスティクス概論——基礎から学ぶシステムと経営』白桃書房.
- 小西葉子・文世一・西山慶彦・成知恩（2012）「地域間貨物輸送費用の要因分析」(http://www.rieti.go.jp/jp/publications/nts/12e016.html).
- 全日本トラック協会（2017）『日本のトラック輸送産業——現状と課題』.
- 長野潤一（2015）「トラック運転手の長時間労働——現状と対策」『物流問題研究』64 号，8〜12 頁.
- 日本内航海運組合総連合会（2010）「内航海運の概況と暫定措置事業について」(http://www.mlit.go.jp/common/001012612.pdf).

# 索　引

### ● アルファベット

BOT（Build Operate Transfer）　111
BTO（Build Transfer Operate）　111, 115
CVM　→仮想評価法
HHI　→ハーフィンダル指数
HOT（High Occupancy Toll）レーン　181
HOV（High Occupancy Vehicle）レーン　181
LCC（Life Cycle Cost）　113
NIMBY（Not In My Back Yard）　78
OD データ　→トリップ・データ
OD 表　30
PBR　→成果基準規制
PFI（Private Finance Initiative）　111
PPP（Private Public Partnership）　111
PSC（Public Sector Comparator）　112
RP　→顕示選好法
SP　→表明選好法
TFP　→全要素生産性
Uber　→ウーバー
VFM　→バリュー・フォー・マネー
X 非効率　53

### ● あ　行

相乗り　213
アクセス規制　111, 205
アクセス交通　26
アクセス・チャージ（接続料金）　111
足による投票　106
アバーチ・ジョンソン効果　143
アフォーダビリティ　→負担可能性
アベイラビリティ　→利用可能性
安全規制　128, 130, 207
安全在庫量　235
安全性の最適水準　129

イグレス交通　26
一車貸切輸送　245
一般化費用　24, 64, 80, 84, 179
一般貨物自動車運送事業　239
一般均衡　64
一般均衡需要曲線　86
一般財源　69
一般道路　58, 67
移動時間　26
移動制約者　214, 228
移動量　6
インセンティブ規制　143, 144, 205
インバウンド　4, 12
インフラストラクチャー（インフラ）　4, 17, 57
　　──・サービス　42, 46
ウーバー（Uber）　5, 208, 222
運営補助　186, 218
運行頻度　27
運　賃　27
　　──規制　120, 121, 138, 194
運搬具　16
営業活動の制限　130
エリア課金　176
応益原則　69
応能原則　69
応用一般均衡モデル　64
大きな政府　193
オーツの〔地方〕分権化定理　99
オプション価値　83
オフピーク　22, 166
オープン・アクセス規制　111

### ● か　行

海運同盟　241
海運取引所　241

外航海運　240
会社管理空港　59
回収物流（静脈物流）　232
快適性　27
回避可能費用　224
外部性（外部効果）　22, 102, 128, 170, 186
　　正の——（外部経済）　170
　　負の——（外部不経済）　82, 170
外部不経済の内部化　174
外部補助　185, 186, 218
買い物難民　5, 216
価格差別　153, 159, 160
価格受容者（プライス・テーカー）　39, 123
貸切バス　207
過剰参入　125
　　——定理　126
貸渡事業　243
課税の平準化　73
過積載車両　248
寡占市場　199
過疎　5, 211
　　——地有償運送　221
仮想評価法（CVM）　82
ガソリン税　→揮発油税
片荷問題　231
合併　201
過当競争　45, 122, 127
可変費用　42
過密　5
貨物　15
　　——利用運送事業　234
観光　4, 12
間接規制（ルール型規制）　120, 132, 195
間接効果　62
間接ネットワーク効果　167
完全競争市場　38, 123
完全差別　→第一級価格差別
完全配賦費用　223

機会費用　24
企業結合　201
企業内内部補助　222
技術的外部性　170
基準・認証制度　131
規制　45, 119
　　——改革　191
　　——緩和　191, 193, 194, 198, 204, 245
　　——コスト　132, 143, 195
　　無駄な——　132
犠牲量　23
　　——モデル　23, 24
帰着ベース　62, 84
揮発油税（ガソリン税）　69
規模の経済　42, 49, 139
逆進性　157
逆選択　128
給油所過疎地　228
供給関数　38
供給の硬直性　22
供給連鎖　233
競合性　171
強制収用　78
競争政策　201
共通費（結合費）　48, 223
共謀　145
共用空港　60
許可　130, 196, 197
漁港　59
許認可制度　130
距離抵抗　30
均衡　38
　　——価格　38
金銭的外部性　62, 169
空間的応用一般均衡分析　64
空港　59
国管理空港　60, 206
グラビティ・モデル　→重力モデル
クラブ財　66, 104

クリーム・スキミング　122, 227
クールノー競争　200
クールノー・ナッシュ均衡　200
グループ別価格差別　→第三級価格差別
経済的規制　120, 185, 207
係船点　241
敬老パス（シルバーパス）　220, 227
結合費　→共通費
結節点（ノード）　16, 67
限界外部費用　172
限界収入　50
　――曲線　50
限界生産力　71
限界費用　38
　――価格規制　138, 156
　――曲線　43
限界評価　68
現金給付　220
現在価値　87
検査・検定制度　130
顕示選好法（RP）　82
建設国債　98
現物給付　220
公企業　134, 193
公共交通　184, 211
公共財　65, 104, 107
　――の最適な供給量　68
公共事業　61
公共投資　61
公共輸送補助金　219
航空産業　160
公債　73
　――の中立命題　73
公社　193
公正取引委員会　201
公正報酬率　141
　――規制　141, 142
公設民営　110
高速ツアーバス事故　207

高速道路　67
　――機構　→日本高速道路保有・債務返済機構
高速乗合バス　207
交通　3, 16, 20
　――の需要構造　23
　――の利便性　30
交通インフラ　16, 34, 45, 57
　――整備　96, 115
交通空白地域　133
交通クーポン券　221
交通結接点　26
交通サービス　17, 37, 42
交通事故　5
　――の損失の範囲　82
交通渋滞　22
交通需要　81
　――予測　28, 33
交通戦争　130
交通ネットワーク　46
交通不便地域　212, 216
交通密度　171
交通流量　→断面交通量
交通量　171
公的規制　119
公的供給　133
公的支援　115
公的資金　91
　――の限界費用　91
公の生産　133
公平性　69, 93, 166, 186, 187, 215, 217
後方連関効果　63
効用関数　81
港湾　59
国債　98
国際物流　5, 15
国際旅客　10, 12
国鉄　→日本国有鉄道
国内物流　13

国内旅客　14
国民所得アプローチ　62
コスト・プラス型補助金　187
国庫支出金　98, 102, 103
固定認可制　138
固定費用　42
コードン課金　176
個票データ　31
コミュニティ・サイクル　3, 6
コミュニティバス　133, 217, 221
コモンズ（コモンプール財）　66
混　雑　22
　——空港　183, 205
　——現象　105
　——料金　174, 176, 178
コンセッション　60, 96, 114, 149, 205
コンテスタビリティ理論　191
コンテナ　232
コンテナリゼーション　237, 241

●さ　行

債　券　73
在庫管理　232, 235
在庫保有費用　235
財政投融資　98
最善の価格（ファースト・ベストの価格）
　　139
最低所有台数制限　131
最適発注量　236
再評価　79
在来船市場　241
裁　量　196
サードパーティ・ロジスティックス（3PL）
　　234
サービス別補助　219, 220
サプライサイド補助　218
サプライチェーン・マネジメント　233
産業連関表　63, 238
サンク・コスト（埋没費用）　45, 57, 191

サンセット方式　195
暫定措置制度　244
参入規制　121, 123, 126, 196
参入障壁　191
参入阻止行動　193
参入費用　132
資格制度　130
死荷重　73
自家物流　233
時間価値　24, 80, 93
時間節約効果　93
時間選好率　88
時間的共通費　74
時間的内部補助　74
自給可能性　22
事業法　120
事後規制　132
事後届出制　197
事後評価　79
市　場　37
　——の欠落　134
　——の失敗　52, 65, 170
　——の歪み　86
市場差別　→第三級価格差別
市場利子率　88
事前規制　133, 195
自然独占　45, 49, 65, 121
事前届出制　194, 197
次善の価格（セカンド・ベストの価格）
　　140, 162, 192
事前評価　79
指定管理者制度　115
私的限界費用　172
自動運転　6, 208
シートベルト規制　130
支払意思額　39, 82
シビル・ミニマム　216
資本化仮説　108
資本補助　186, 218

社会資本　57, 71
　——整備重点計画　100
　——の最適供給量　71
社会的規制　120, 128, 130, 131, 207
社会的限界費用　173
社会的受容性　164, 166, 178
社会的内部補助　222
社会的割引率　88
シャドウ・トール　112
社内物流　232
集計データ　31
集計モデル　31
囚人のジレンマ　67
集積の経済　109
渋　滞　5
　——損失時間　173
集中交通量　28, 33
重力モデル（グラビティ・モデル）　30
受益者負担　157
　——金　109
　——の原則　70
需給調整規制　120, 121, 194, 196
需　要
　——関数　38
　——創出効果　61
　——の価格弾力性　52, 74, 160, 161, 164
　——の交差弾力性　184
　——の波動性　21, 165
　——予測　93
純現在価値法　88, 92
準公共財　66
純粋公共財　65
純ストック額　58
上下限付公正報酬率規制　148
償還主義　74
上下分離　49, 111, 205
上限許可制　197
上限認可制　138, 142
消費者余剰　39

　——アプローチ　62
情報公開　131
情報の非対称性　99, 113, 128, 131, 143
静脈物流　→回収物流
将来価値　87
所得再分配　215, 219, 226
所得接近法　80
シルバーパス　→敬老パス
新規参入　124
シングルティル規制　167
人命の金銭評価　81
垂直分離　111
水平分離　111
数量規制　121, 122, 181
数量差別　→第二級価格差別
スタンダード・アプローチ　217
ストック効果　61
ストロー効果　109
スピルオーバー　101, 104
スライディング・スケール方式　148
3PL　→サードパーティ・ロジスティックス
成果基準規制（PBR）　148
生産者余剰　40
生産性　202
生成交通量　28
整備効果　61
製品物流　→販売物流
セカンド・ベストの価格　→次善の価格
接続料金　→アクセス・チャージ
線形料金　153
選好接近法　81
全国総合開発計画　100
船　籍　242
全体最適　233
選択的二部料金　157, 158
センターフィー問題　248
船舶運送業　243
船腹過剰　244
前方連関効果　63

全要素生産性（TFP）　202
戦略的インフラ・マネジメント　100
総括原価方式（フルコスト方式）　140, 142, 197
走行距離課金（対距離課金）　74
総費用　42
　——の弾力性　44
増分費用テスト　224
総余剰　40
即時財　21
即地財　21
存在価値　83
ゾーン料金　153

● た　行

第一級価格差別（完全差別）　159
対キロ区間制　153
対キロ制　153
第三級価格差別（市場差別，グループ別価格差別）　155, 159
第三セクター　33, 60, 110, 133, 135
退出規制　127, 196
第二級価格差別（数量差別）　159
大量輸送機関　212
ダウンズ・トムソンのパラドックス　181
多基準評価　93
タクシー　5
　——減車法　119
　——市場　206
　——特別措置法　207
宅配便　239
ただ乗り　→フリーライダー
ダブル・トリプル・トラッキング化基準　197
ターミナル・チャージ　155
タリフ・バスケット方式　147
タンカー　241
短期限界費用曲線　165
単独採算費用テスト　223

断面交通量（交通流量）　171
地域独占　45, 50
小さな政府　193
地　価　107
地方管理空港　60
地方揮発油譲与税　98
地方公営企業　110, 133
地方公共財　104
　——の便益　108
地方公社　110, 133
地方交付税交付金　98, 103, 104
地方債　99, 104
地方譲与税　98
駐車政策　184
長期限界費用曲線　165
長期平均費用　42
長距離輸送の経済　240
調整項　146
調達物流　232
直接規制　120, 195
直接効果　61
貯蔵不可能性　21
通勤ラッシュ　5, 22
通　路　16
定額料金　154, 156
定期船市場　240
逓減料金　159
ディビジア指数　203
ティブー，C.　106
適正利潤　140, 141
鉄道建設・運輸施設整備支援機構（鉄道・運輸機構）　96
デベロッパー定理　108
デマンド交通　221
デュアルティル規制　167
投資収益率　88
投入係数　63
動　力　16
道　路　58, 67

――運送法　207, 221
――交通量　178
――混雑　128, 171
――投資　179
――目的税　69
特殊指定　247
独占価格　50, 161
独占企業　161
独占禁止法　132, 201, 247
独占権　→フランチャイズ
独占市場　50, 52
独占的価格差別　162
独占的供給権　123
特定貨物自動車運送事業　239
特定財源　69
特定都市鉄道整備積立金制度　115
特定の行為の禁止　130
特別交付税　222
――措置　104
特別積合せ貨物運送　239
独立行政法人　96
都市間移動　9
都市内交通　7
届出制　194
トラック〔運送〕事業者　239, 245
トラック輸送　239
トリップ　3, 27
――・データ（ODデータ）　28

● な 行

内航海運　242
内部収益率法　89
内部補助　122, 222, 225
ナショナル・ミニマム　216
ナッシュ均衡　67
二重課税　70
荷　主　233
――物流　243
二部料金　154, 156, 157, 159

日本高速道路保有・債務返済機構（高速道路機構）　96, 205
日本国有鉄道（国鉄）　115, 134, 193, 195
日本商船隊　242
日本道路公団　205
二面性市場　167
荷　役　231, 232
入　札　150
ネットワーク　16, 177
――外部性　47, 167
――規模の経済　47
ノード　→結節点
乗合バス　144, 147, 196, 207

● は 行

配分交通量　32, 33, 177
波及効果　61, 63, 84, 86
パーク・アンド・ライド　185
派生需要　20, 63, 213, 230
パーソントリップ調査　8, 31
発生交通量　28, 33, 177
発生ベース　62, 84
ハブ・アンド・スポーク　46
ハーフィンダル指数（HHI）　200
ばら積み船　241
バリュー・フォー・マネー（VFM）　112
バルティック海運取引所　241
パレット　232
パレート最適　78
範囲の経済　48, 49
反応関数　200
販売物流（製品物流）　232
非競合性　65
ピーク　21, 166
ピグー, A. C.　159
ピグー税　128, 174
ピーク・ロード・プライシング　156, 165, 166, 176, 205
非効率　227

非市場財　82
ビジネス・ロジスティックス　233
非集計モデル　31
非線形料金　153
非排除性　65, 68
費用
　——関数　42
　——の補完性　48
　——の劣化法性　45
標準原価　144
費用対効果分析　77
費用調整方式　148
費用積み上げ方式　141
費用逓減産業　139
費用便益
　——比率　88, 92
　——分析　62, 72, 77, 79, 90, 92
　——マニュアル　79
表明選好法（SP）　82
非利用価値　83
ファースト・ベストの価格　→最善の価格
フォワーダー（フレイト・フォワーダー）
　　234
福祉有償運送　221
複　占　200
不公正　227
　——な取引　247
負担可能性（アフォーダビリティ）　216
物　流　4, 13, 14, 230
　——市場　230
　——二法　245
　——費（ロジスティックス費）　233,
　　234, 237
不定期船市場　240
不透明　227
不当廉売　202
プライス・キャップ規制　145, 204
プライス・テーカー　→価格受容者
フランチャイズ（独占権）　149

　——入札　149, 150
フリーライダー（ただ乗り）　67
プリンシパル・エージェント　113
フルコスト方式　→総括原価方式
プール制　60, 74
フレイト・フォワーダー　→フォワーダー
フロー効果　61
プローブ・データ　172
分担交通量　31, 32, 81
分布交通量　29, 33
平均費用　42
　——価格規制　139, 156
　——曲線　42
並行在来線　48
ヘドニック法　82
ベルトラン競争　200
便益帰着表（便益帰着構成表）　107
便益の計測　79
便宜置籍船　242
変更命令可能　198
ヘンリー・ジョージ定理　108
包括民間委託　115
保　管　232
補償原理　78
補助金　91, 102, 139, 186, 218
ボトルネック施設　204
本源的需要　20

● ま 行

埋没費用　→サンク・コスト
マイレージ・サービス　27
密度の経済　46, 213
民営化　114, 194, 205
民間委託　133
民間資本　71
無差別補助　219
免　許　196
モータリゼーション　212

● や 行

ヤードスティック規制　144
誘導型規制　120, 185
有料道路　58
ユーザーサイド補助　218
輸　送　231
　──サービス　42
　──費用　237, 240
輸送トン　13
　──キロ　13
ユニット・ロード・システム　232
傭　車　239
用地買収　78
余　剰　39
　──の重複計算　85
四段階推定法　28, 80

● ら 行

ライドシェア　5, 208
ラインホール交通　26
ラムゼイ価格　155, 159, 162, 163
ラムゼイ・ナンバー　162
利潤の最大化　50
利潤分配方式（利益分配方式）　148
リージョナル・ミニマム　216
リスク分担　114
リードタイム　235

リトルチャイルド, S. C.　146
略奪的価格　202
流量調整　181
利用可能性（アベイラビリティ）　216
料　金　27
　──自動調整方式　148
　──体系　27, 153
旅　客　14
　──数　6
　──人キロ　6
リンク　17, 68
臨時行政調査会　194
リンダール・メカニズム　68
ルール型規制　→間接規制
レートベース　141
レベニュー債　99
労働集約的　240
労働生産性　202
ロジスティックス　233
　──費　→物流費
ロジット・モデル　31, 81
路線間内部補助　75
ロード・プライシング　176

● わ 行

ワトキンス・レポート　69
ワードロップの原理　32
割引率　88

## 交通経済のエッセンス
*The Essence of Transport Economics*

2017年12月20日 初版第1刷発行

|著　者|田た邉なべ勝かつ巳み|
|発行者|江草貞治|
|発行所|株式会社 有斐閣|

郵便番号　101-0051
東京都千代田区神田神保町2-17
電話　(03)3264-1315〔編集〕
　　　(03)3265-6811〔営業〕
http://www.yuhikaku.co.jp/

印刷・萩原印刷株式会社／製本・牧製本印刷株式会社
©2017, Katsumi Tanabe. Printed in Japan
落丁・乱丁本はお取替えいたします。
★定価はカバーに表示してあります。
ISBN 978-4-641-15049-2

[JCOPY] 本書の無断複写(コピー)は、著作権法上での例外を除き、禁じられています。複写される場合は、そのつど事前に、(社)出版者著作権管理機構(電話03-3513-6969、FAX03-3513-6979、e-mail:info@jcopy.or.jp)の許諾を得てください。